JN106117

学習日 [　　月　　日]

時間	合格	得点
15分	40点	50点

1 次の漢字の読み方を書きなさい。(1点×10)

① 世間体をきにする。　（　　　　）
② 風情をあじわう。　（　　　　）
③ 支度をいそぐ。　（　　　　）
④ 発作をおこす。　（　　　　）
⑤ 意図をかくにんする。　（　　　　）
⑥ わすれものは紫物だ。　（　　　　）
⑦ 家賃をはらう。　（　　　　）
⑧ 再検討する。　（　　　　）
⑨ 連盟にはいる。　（　　　　）
⑩ 重傷をおう。　（　　　　）

2 次の──線の漢字の読み方を書きなさい。(1点×20)

① 快く引き受ける。　（　　　　）
② 花屋を営む。　（　　　　）
③ プリントを刷る。　（　　　　）
④ 海に臨む家。　（　　　　）
⑤ 受付を設ける。　（　　　　）
⑥ 異なる意見。　（　　　　）
⑦ 休む時間を縮める。　（　　　　）
⑧ 親を敬う。　（　　　　）
⑨ 花を供える。　（　　　　）
⑩ 人を裁く。　（　　　　）
⑪ 職に就く。　（　　　　）
⑫ 肉を蒸す。　（　　　　）
⑬ 幼い行動。　（　　　　）
⑭ 朗らかな態度。　（　　　　）
⑮ 支払いを済ませる。　（　　　　）
⑯ 歴史を刻む。　（　　　　）
⑰ 厳しくしかる。　（　　　　）
⑱ 先人の教えを尊ぶ。　（　　　　）
⑲ 処置に困る。　（　　　　）
⑳ 役目を担う。　（　　　　）

3 次のうち、──線の漢字の読みとして正しいほうを選び、記号で答えなさい。(2点×4)

① 目下の目標は達成した。
　ア めっか
　イ もっか　　（　　　　）
② かれは天文学の大家だ。
　ア だいや
　イ たいか　　（　　　　）
③ 家でゆっくり養生してください。
　ア ようじょう
　イ ようせい　　（　　　　）
④ ロボットを操る。
　ア ひきこ
　イ あやつ　　（　　　　）

4 次の──線の漢字の読み方を書きなさい。(1点×6)

①　ア 大きく報じる。　（　　　　）
　　イ 恩に報いる。　（　　　　）
②　ア 頭上に落ちてきた。　（　　　　）
　　イ 音頭をとる。　（　　　　）
③　ア 功名心がはやる。　（　　　　）
　　イ 名人のわざ。　（　　　　）

5 次の──線の漢字の読み方を書きなさい。(1点×6)

① 趣味は登山だ。　（　　　　）
② 時間は貴重だ。　（　　　　）
③ あたり一面雑木林です。　（　　　　）
④ 短冊に俳句を書く。　（　　　　）
⑤ 納豆は苦手です。　（　　　　）
⑥ 出納係を選ぶ。　（　　　　）

1 次の——線の漢字の読み方を書きなさい。（1点×10）

① これは会議の決定だ。
② 今から留意点を言います。
③ 平生から注意している。
④ 外科から入院するだけ。
⑤ 磁石を買う。
⑥ 点呼をとる。
⑦ 縦横に動く。
⑧ 指針をあたえる。
⑨ 腹筋をきたえる。
⑩ 豆乳を飲む。

（　）（　）（　）（　）（　）（　）（　）（　）（　）（　）

2 次の——線の漢字の読み方を書きなさい。（1点×6）

① 実行が危ぶまれる。
② 長年にわたる漢字を継承した。
③ 科学の発達を経て。
④ 作戦の発達が著しい。
⑤ みの毛糸を直す。
⑥ ようやく結論に至る。

（　）（　）（　）（　）（　）（　）

3 後から選んで——線の漢字と同じ読み方をする言葉を記号で答えなさい。（5点×2）

① 強情　（ア）強力（イ）強調（ウ）強引
② 兄弟　（ア）大工（イ）強調（ウ）工作
③ 門弟　（ア）都度（イ）直下（ウ）図引
④ 直筆　（ア）直面（エ）工面
⑤ 都合　（ア）古都（イ）直言（ウ）正直

師弟

（　）（　）（　）（　）（　）

4 次の——線の漢字の読み方を書きなさい。（1点×10）

① 名残が残る
② 意気地がない
③ 相殺する
④ 景色がきれいな
⑤ 迷子になる
⑥ これに精進する
⑦ 石灰をまく
⑧ 高貴な身分をかくす
⑨ 発着材料
⑩

（　）（　）（　）（　）（　）（　）（　）（　）（　）（　）

5 次の——線の漢字の読み方を、送りがなに注意して書きなさい。（1点×10）

① ｛ア 毎日厳しい式典　イ 厳かな雰囲気｝
② ｛ア 好きな物を集める　イ 日本人は物を厳しく集める｝
③ ｛ア 無理に相手と戦う　イ 強い相手と好む｝
④ ｛ア 列が無理を強いる　イ 散歩に犬を連れる｝
⑤ ｛ア 歩道を通る　イ 定期便が通る｝

（　）（　）（　）（　）（　）（　）（　）（　）（　）（　）

6 次の——線の漢字の誤りを正しく書き直しなさい。

① 理科で熱の伝道を習う。
② 使った経費を精算する。
③ 問題を検討する。
④ 宿題を飼う。

（　）（　）（　）（　）（　）

学習日〔　月　日〕

時間 15分　合格 40点　得点 ／50点

1 次の──線のカタカナを漢字に直しなさい。(1点×12)

① サンカイしてしまった。（　　　）
② 人口のスイイ。（　　　）
③ 美しいコウケイ。（　　　）
④ ノウゼイする。（　　　）
⑤ オンセンに行く。（　　　）
⑥ 親コウコウする。（　　　）
⑦ シリョク検査。（　　　）
⑧ ジコクを伝える。（　　　）
⑨ ニュウギュウを飼う。（　　　）
⑩ ヨクジツに備える。（　　　）
⑪ イブンの混入。（　　　）
⑫ 歌のカシを覚える。（　　　）

2 次の──線のカタカナを漢字に直しなさい。(1点×10)

① あの人はユルせない。（　　　）
② 責任をハたす。（　　　）
③ 正直にアヤマる。（　　　）
④ 畑をタガヤす。（　　　）
⑤ 魚をホす。（　　　）
⑥ 作業をスませる。（　　　）
⑦ 話をウタガう。（　　　）
⑧ ベンチにスワる。（　　　）
⑨ 言葉をオギナう。（　　　）
⑩ ほりをメグく。（　　　）

3 ①〜⑤の文の──線のカタカナを漢字に直したときに、その漢字と同じ漢字をふくむほうを選び、記号で答えなさい。(2点×5)

① イガイな事実におどろいた。
　ア イチョウの人。
　イ 明日イコウ電話する。（　　　）

② おにのようなキョウソウ。
　ア 武器をソウビする。
　イ 日本のシュショウ。（　　　）

③ かれに同情のヨチはない。
　ア 明日のヨテイを確認する。
　イ ヨハクに書きこむ。（　　　）

④ 責任をオう。
　ア 子どもを背中にオう。
　イ 山でウサギをオう。（　　　）

⑤ 情報をキョウユウする。
　ア キョウカンを呼ぶ話し方。
　イ キョウダイを部屋に置く。（　　　）

4 次の──線には誤っているものがあります。正しいものは○を、誤っているものは正しく書き直しなさい。(2点×5)

① 卒業生が一同に会した。（　　　）
② 前後策を練る。（　　　）
③ 子どものころを回想する。（　　　）
④ 心蔵を調べる。（　　　）
⑤ 彼の姿は野生的です。（　　　）

5 例にならって、上の漢字と同じ読みを持つ漢字を□に入れ、しりとりを完成させなさい。(2点×4)

例　姿勢→成功→口頭→投票

① 希望→[ア]等→[イ]句→[ウ]真
　（ア　　イ　　ウ　　）

② 修理→[ア]口→[イ]服→[ウ]習
　（ア　　イ　　ウ　　）

③ 意図→[ア]会→[イ]画→[ウ]流
　（ア　　イ　　ウ　　）

④ 境内→[ア]用→[イ]点→[ウ]居
　（ア　　イ　　ウ　　）

1 次の──線のカタカナを漢字に直しなさい。(1×12)

① 有名なガッショウ団が先生に聞く。

② 念願がセイシュウして家族にほほえむ。

③ ケイカンが地いきをジュンカイする。

④ ドゴクの国語ケイジョウを聞いてみる。

⑤ ジョウキセンが港のセキユをはこぶ。

⑥ ド国語ケイジョウをはこぶキキがせまる。

⑦ 船にドベンをツイカしてコウコウする。

⑧ ケイカンがコウコウで止がたねる。

⑨ 江戸バンプクで止がたねる。

⑩ コウセツを練習する。

⑪ コウウセツクブンを調べる。

⑫ 市のチョウゼン量を調べて回る。

2 次の──線のカタカナを漢字に直しなさい。なお、送りがながある場合は送りがなも正しく書きなさい。

① 劇で主役をエンじる。　（　　　　）

② コロシヨ役をトメル。　（　　　　）

③ コロヨ風がフく。　（　　　　）

④ ジュンイをアヤマル。　（　　　　）

⑤ 自信をアタエる。　（　　　　）

⑥ ヤしないとのキズナがフカい。　（　　　　）

⑦ コウソンをエルたす。　（　　　　）

⑧ リビアソンの列事にウツる。　（　　　　）

⑨ 皿にモリル。　（　　　　）

3 次の各文の（　）にあてはめて各文の（　）にカタカナを、送りがながある場合は送りがなも正しく書きなさい。なお、上のカタカナを送りがなが直し、送りがなもあてはめる漢字に直しなさい。(1×12)

② カ｛ア　事件の（　　）相手の正
　　キ｛イ　新体制へ（　　）に書く。
　　ク｛ウ　勝負に勝（　　）。
　　　　　従う。
　　　　　勝負の（　　）に従う。

4 次の文章中の──線のカタカナを漢字に直しなさい。なお、送りがながある場合は送りがなも正しく書きなさい。(2×4)

③ ジ｛ア　辞書を使う。
　　　｛イ　スープを飲む。

④ コウ｛ア　会をアイする。
　　　｛イ　会を開く。

⑤ ソン｛ア　国民のソン。
　　　｛イ　明らかにソンする。

⑥ キュウ｛ア　旧暦。
　　　｛イ　教会で祈る。

⑦ ヨ｛ア　次の月に（　　）は当てはて説いて選
　　｛イ　（　　）を歌う。

わたしが正しいと思ったのは初めてだった。「初心を忘れない」わたしはこの座右の銘を大切にしています。

たしかに選手にとってチームの勝負は大切ですが、あこがれのプロ選手が言うように、勝ち負けだけにこだわってはいけないと言うことに監督が気付きました。そのとき、その言葉をわたしは見たのです。この集団の中で、わたしの答えが正しいとされたのです。

監督が問いかけに対して手をあげたとき、数人の選手がそれにならいました。みんなの集まりの中で、わたしの思いが通じたと感じ本当にうれしかったです。監督がわたしの意見を尊重してくれたこと、そして日々の練習を一生懸命に取り組んできたことが実り、試合で勝利をつかめたのです。

本当にうれしかったです。ジュンイ差もわずかでしたが、日々の練習をつづけてきたことがオメダルという形でむくわれたのだと思います。

① （　　　　）　② （　　　　）
③ （　　　　）　④ （　　　　）

〔神戸女学院中―改〕

時間　15分
合格　40点
得点　／50点
学習日　月　日

学習日〔　月　日〕

時間 **15**分　合格 **40**点　得点 ＿＿／50点

① 次の──線の漢字の読み方を書きなさい。（1点×12）

① クレーンを操縦する。（　　　）
② 毎朝同じ改札を通る。（　　　）
③ 指に熱湯がかかる。（　　　）
④ 生活の変化に順応する。（　　　）
⑤ 因果関係を調べる。（　　　）
⑥ 相手の口調をまねる。（　　　）
⑦ 思いがかなって本望だ。（　　　）
⑧ 体裁を気にする。（　　　）
⑨ 奈良時代に建立された寺。（　　　）
⑩ 一切人の話を聞かない。（　　　）
⑪ 相手の意見を尊重する。（　　　）
⑫ 事の発端となる出来事。（　　　）

② 次の──線のカタカナを漢字に直しなさい。（1点×12）

① キャッカン的な見方。（　　　）
② よいインショウを持つ。（　　　）
③ カンケツにまとめる。（　　　）
④ あれこれシアンする。（　　　）
⑤ その後のケイカを伝える。（　　　）
⑥ 自転車をシュウリする。（　　　）
⑦ 勝利にコウフンする。（　　　）
⑧ 事情はショウチしている。（　　　）
⑨ 背後でカンセイが上がった。（　　　）
⑩ ほらあなをタンケンする。（　　　）
⑪ コウボ者をしぼる。（　　　）
⑫ ウツワのこもった作り方。（　　　）

③ 次の──線の漢字の読み方を書きなさい。（1点×10）

① 仕事の割り当てを決める。（　　　）
② じゅ文を唱える。（　　　）
③ 暖かい空気が流れ込む。（　　　）
④ 言葉を交わす。（　　　）
⑤ 健やかに育つ。（　　　）
⑥ トマトが熟れてくる。（　　　）
⑦ 感情を損ねる。（　　　）
⑧ 優れた才能の持ち主。（　　　）
⑨ 余計なところを省く。（　　　）
⑩ 速やかに下校しなさい。（　　　）

④ 次の──線のカタカナを漢字に直しなさい。（1点×10）

① 申し出をコトワる。（　　　）
② ピアノをやめてヒサしい。（　　　）
③ 言いワケをくり返す。（　　　）
④ 荷物をアズかる。（　　　）
⑤ お金をカす。（　　　）
⑥ 布を草花でソめる。（　　　）
⑦ ぜいたくをキワめる。（　　　）
⑧ 失敗をセめる。（　　　）
⑨ 楽しい時間をスごす。（　　　）
⑩ 自分からシリゾく。（　　　）

⑤ 例にならって、上の漢字と同じ読みを持つ漢字を□に入れ、しりとりを完成させなさい。（3点×2）

例　姿勢→成功→口頭→投票

① 軽率→ア□薬→イ□事→ウ□書
（ア　　イ　　ウ　　）

② 態勢→ア□神→イ□告→ウ□物
（ア　　イ　　ウ　　）

1 次の——線の漢字の読みを書きなさい。（1×12点）

① この薬には習慣性の作用がある
② 始終、辺りに気を配る
③ チーム一の数を便乗する
④ 私はゲームの態勢に不精だ
⑤ 精を出して勉強する
⑥ 容態が悪化する
⑦ 激しく奮起して勉強する
⑧ 戸外で遊ぶ
⑨ 思わしくない競り合う
⑩ 一人で本音がもれる
⑪ 家路に思わす
⑫ 街角に立つ

（　　　　　） ①
（　　　　　） ②
（　　　　　） ③
（　　　　　） ④
（　　　　　） ⑤
（　　　　　） ⑥
（　　　　　） ⑦
（　　　　　） ⑧
（　　　　　） ⑨
（　　　　　） ⑩
（　　　　　） ⑪
（　　　　　） ⑫

2 次の——線のカタカナを漢字に直しなさい。（1×12点）

① 勉強不足をツウカンする
② おそいカゼをウンする
③ およその値をスイテイする
④ 商品の品質をホショウする
⑤ 地図のシュクシャク
⑥ 寺組織のソッシンをねらう
⑦ 新聞をカクシンする
⑧ 神社にサンカイする
⑨ ビッシリとおしよせた光景
⑩ 登場人物はつきのケジ をつかまえる
⑪ スデて魚をつかまえる

（　　　　　）
（　　　　　）
（　　　　　）
（　　　　　）
（　　　　　）
（　　　　　）
（　　　　　）
（　　　　　）
（　　　　　）
（　　　　　）
（　　　　　）

3 次の——線のカタカナと同じ漢字が使われるものを後から選び、記号で答えなさい。（3×4点）

(1)
ア 安カな品をさがす
イ 対カを論ずる
ウ 体力を収める
エ 成力を収める

(2)
ア 人口増加の要インがある
イ 退インを考える
ウ 紅茶を愛インする
エ 酸素を吸インする

(3)
ア 布地の余地を喜ぶ
イ 神地をサイ断する
ウ 退インを考える
エ 名語をサイ集する

（　　　　） (1)
（　　　　） (2)
（　　　　） (3)

4 次の□のまわりの四つの漢字と中央に入る漢字とで、それぞれ二字の熟語を作りなさい。その字の漢字を組み合わせる。（3×5点）

〔例〕
好／人／手／般　→（　　）一般
球／影／降／象
集／空／混／圧
流／冷／熱

① 応手／体育
② 声学重／半読訓
③ 空落投／自倒

（答え）

以降層等
投降校回
自倒半声
空落 診流
坂行至救
告級行流
流診
前行至救行列 垂 通
以 層 等 経

❶ 次の──線の言葉の読みを、かなづかいに注意して書きなさい。(1点×12)

① 三日月がきれいだ。（　　　）
② 父は年中忙しい。（　　　）
③ 身近な話題。（　　　）
④ 中学生のお姉さん。（　　　）
⑤ 彼は遠い存在だ。（　　　）
⑥ 地面がぬかるむ。（　　　）
⑦ 同じクラスの連中。（　　　）
⑧ 成長が著しい。（　　　）
⑨ 小包が届く。（　　　）
⑩ 彼女の浅知恵だ。（　　　）
⑪ 地道に努力する。（　　　）
⑫ 図画工作の授業。（　　　）

❷ 次の言葉のかなづかいが正しいものは○を、誤っているものはひらがなで正しく書き直しなさい。(1点×12)

① こじんまりと集まる。（　　　）
② おおやけの情報。（　　　）
③ 底ぢからを出す。（　　　）
④ 質問にうなづく。（　　　）
⑤ 山菜の塩づけ。（　　　）
⑥ 布ぢから服を作る。（　　　）
⑦ 町ぢゅうのうわさ。（　　　）
⑧ 荷物が片ずく。（　　　）
⑨ ぶつくしの品物。（　　　）
⑩ 散りぢりに逃げる。（　　　）
⑪ 竹ずつに茶を入れる。（　　　）
⑫ 証言に基づく。（　　　）

❸ 次の□に入るひらがな一字を、文の意味やかなづかいを考え、答えなさい。(2点×4)

おと□と「○い□ろぎの鳴き声が聞こえだ」と□って、草むらから近□いた。

❹ 次の漢字を漢字と送りがなに直すと、ア〜ウのどれになりますか。記号で答えなさい。(2点×4)

① すくない
　ア 少ない　　イ 少い　　ウ 少くない
（　　　）

② こころざす
　ア 志ざす　　イ 志ろざす　　ウ 志す
（　　　）

③ かならず
　ア 必ならず　　イ 必ず　　ウ 必らず
（　　　）

④ かんがえる
　ア 考える　　イ 考る　　ウ 考がえる
（　　　）

❺ 次の──線のカタカナを漢字と送りがなに直しなさい。(1点×10)

① このひもは三シジカイ。（　　　）
② ネコが姿をアラワシた。（　　　）
③ 結果をホウジル。（　　　）
④ ツメタイお茶を飲む。（　　　）
⑤ 正しい方向にミチビク。（　　　）
⑥ 道路が十字にマジワル所。（　　　）
⑦ 窓をトジル。（　　　）
⑧ 毛がチヂレル。（　　　）
⑨ 城をキズク。（　　　）
⑩ 箱をステル。（　　　）

時間	15分
合格	40点
得点	——／50点
学習日	［ 月 日 ］

1 次の——線は送りがながあやまっているものが
あります。正しいものには○を、送りがなを
まちがっているものは正しく書き直しなさい。
(1点×6)

① 温かいおゆにあります。（　　　）
② 勢いよく本をめくる。（　　　）
③ 幸わせが強くなった。（　　　）
④ 訪ねておじゃました。（　　　）
⑤ 京都へはおさない妹がいく。（　　　）
⑥ 誤解が解ける。（　　　）

2 次の——線の漢字を送りがなのつく部分に
ちゅういして、漢字と送りがなに書きなおし
なさい。〈例〉にならって答えなさい。(2点×9)

〈例〉ご飯を食べる。 → 食べる（　　　）

① 別の方法でこころみる。（　　　）
② 命をうしなう。（　　　）
③ 不足分をおぎなう。（　　　）
④ 人をうたがう。（　　　）
⑤ 遠足の日程をへらす。（　　　）
⑥ 目的地に足る。（　　　）
⑦ 時をきざむ。（　　　）
⑧ もう仕事にとりかかる。（　　　）
⑨ ミスをあらためる。（　　　）

3 次の——線のカタカナを漢字と送りがなに直し
なさい。(1点×13)

① マトを目がけて進む。（　　　）
② 敵にシタガッて足を取る。（　　　）
③ 息がミダレル。（　　　）
④ チームメイトをフヤス。（　　　）
⑤ 多くをケンキュウする。（　　　）
⑥ コンリュウ糸を...（　　　）
⑦ ジャレツな風の音。（　　　）

4 次の文章には、正しく直さなければならない、
かなづかいのあやまっている所が三つあります。
正しいかなづかいに直しなさい。(1点×13)

⑧ 結論にいたる。（　　　）
⑨ 上位にランクされる。（　　　）
⑩ 命令にしたがう。（　　　）
⑪ 品物をナラベル。（　　　）
⑫ 差し引きサッカンのある表現。（　　　）
⑬ 親の数えにしたがう。ムレ。（　　　）

〈例〉すずしい風がふいてきました。
正しく直しなさい。

① 昨日からの雪が積もっておりました。町では、おおぜいの子どもたちがおおよろこびで遊んでいるようです。外に出られないおさないおとうとは、「ぼくも遊びに行く」とないたそうです。おかあさんはおとうとをつれておよそ三十分ほど外へ遊びに行きました。

② 病院に帰るとおじいさんはおこった顔をしていましたが、母は気にせずカレーライスを考えました。母の作った荷物を力いっぱい「理由をつけてアイスを入れました。」

学習日〔　月　日〕

時間 **15**分　合格 **40**点　得点 ＿＿＿ /50点

1 例にならって、——線の読み方をひらがなで答えなさい。また、それが音読みの場合は音、訓読みの場合は訓と答えなさい。（2点×4）

例　花粉　（　か　・　音　）
① 朝刊　（　　・　　）
② 野原　（　　・　　）
③ 時間　（　　・　　）
④ 立場　（　　・　　）

2 次のそれぞれの組み合わせの中から、——線の漢字が訓読みのものをすべて選び、記号で答えなさい。（2点×4）

① ア 平ら　イ 平和　ウ 平等
② ア 作業　イ 作る　ウ 作文
③ ア 供給　イ 子供　ウ 供える
④ ア 生徒　イ 一生　ウ 生もの
　①（　　　　）　②（　　　　）
　③（　　　　）　④（　　　　）

3 次の漢字の音読みをカタカナで、訓読みをひらがなで答えなさい。送りがながいるものは、送りがなも書きなさい。（1点×6）

① 姿　（音　　・訓　　）
② 宝　（音　　・訓　　）
③ 筆　（音　　・訓　　）
④ 品　（音　　・訓　　）
⑤ 岸　（音　　・訓　　）
⑥ 困　（音　　・訓　　）

4 次の漢字の二通りの訓読みを答えなさい。ただし、答えるのは送りがなをのぞいた漢字の部分だけとします。（1点×6）

① 治　（　　・　　）
② 負　（　　・　　）
③ 重　（　　・　　）
④ 数　（　　・　　）
⑤ 危　（　　・　　）
⑥ 胸　（　　・　　）

5 次の——線の読み方をひらがなで答えなさい。ただし、すべて訓読みとします。（1点×12）

① ア ビデオを映す （　　　　）
　イ 夕日に映える山 （　　　　）
② ア 場所が空く （　　　　）
　イ 心が空回りする （　　　　）
③ ア かぎを探す （　　　　）
　イ ポケットを探る （　　　　）
④ ア 先頭から後れる （　　　　）
　イ 後ほど連絡する （　　　　）
⑤ ア ゆったり過ごす （　　　　）
　イ 過ちを許す （　　　　）
⑥ ア 人口が増す （　　　　）
　イ 文字を増やす （　　　　）

6 次の二字熟語を重箱読み（音訓読み）と湯桶読み（訓音読み）に分類し、番号で答えなさい。（3点×2）

① 残高　② 団子　③ 株券
④ 本屋　⑤ 血肉　⑥ 新顔
⑦ 野宿　⑧ 大字

重箱読み（　　　　　　　）
湯桶読み（　　　　　　　）

7 次の二字熟語のうち、上の字と下の字が主語と述語の関係になっているものを二つ選び、番号で答えなさい。（2点×2）

① 年長　② 道路　③ 開門
④ 日没　⑤ 心情　（　　　）（　　　）

1 次の──線が音読みなら音、訓読みなら訓と答えなさい。(1点×6)

① ア 人 イ 人生
② ア 木 イ 木立
③ ア 物 イ 物語
④ ア 魚 イ 人生
⑤ ア 砂 イ 砂防
⑥ ア 貿易 イ 頭文字

2 次の──線のカタカナを漢字と送りがなに直しなさい。(1点×12)

① ア コタエ イ アタタ
② ア ヌノ イ アツ
③ ア ヤド イ ミヤコ
④ ア スム イ ミヤコ
⑤ ア キル イ キル
⑥ ア クラス イ コタエ

3 次の□に上の字を入れ、それぞれカタカナの音を持つ熟語を完成させなさい。別の漢字を入れて熟語を完成させなさい。

ア 料
イ 歌

ア 雑
イ 合

ア 面
イ 談

ア 護
イ 実

ア 送
イ 長

(1点×8)

4 次のそれぞれの漢字と同じ音を持つ漢字を後から選び、記号で答えなさい。(2点×4)

⑥ シ
⑦ タ
⑧ ヒ

カ ── ア
タ ── イ
シ ── ア

組　査　判
皮　生　難

5 次の二字熟語の読み方が、後のどれと同じか選び、記号で答えなさい。(1点×10)

① 納品　② 石段　③ 砂場
④ 楽器　⑤ 右手　⑥ 肉厚
⑦ 約束　⑧ 旅館　⑨ 半年
⑩ 相棒

ア 音と音
イ 音と訓
ウ 訓と訓
エ 訓と音

① (　)　② (　)　③ (　)
④ (　)　⑤ (　)　⑥ (　)
⑦ (　)　⑧ (　)　⑨ (　)
⑩ (　)

6 次の──線の読み方を書きなさい。(1点×6)

① 近道を進む
② コースを常に書きなさい
③ 美しい絵に
④ 記用具を
⑤ 達筆

時間 15分　合格 40点　得点 ／50点　学習日 月 日

時間 15分　合格 40点　得点 　　／50点

学習日〔　　月　　日〕

1 次の――線の言葉はどの漢字で書くとよいですか。後から選び、記号で答えなさい。(1点×10)

① 飛行機がコウカする。
　ア 効果　イ 高価　ウ 降下　（　　）

② シュウセイの思い出。
　ア 修正　イ 終生　ウ 習性　（　　）

③ ヨウシが美しい人。
　ア 容姿　イ 用紙　ウ 養子　（　　）

④ セイサンのある戦い。
　ア 成算　イ 精算　ウ 生産　（　　）

⑤ シジで退席する。
　ア 師事　イ 支持　ウ 私事　（　　）

⑥ エイセイに気をつける。
　ア 衛生　イ 永世　ウ 衛星　（　　）

⑦ 窓をカイホウする。
　ア 回報　イ 解法　ウ 開放　（　　）

⑧ 人類のシンカを研究する。
　ア 進化　イ 真価　ウ 深化　（　　）

⑨ カイシンの作。
　ア 改新　イ 改心　ウ 会心　（　　）

⑩ カクシンにせまる。
　ア 革新　イ 核心　ウ 確信　（　　）

④ ア 秘密キ地にする。
　イ 新しくキ定する。
　ウ キ則を守る。　（　　）

⑤ ア キ怪な風景。
　イ キ会を待つ。
　ウ キ械を操作する。　（　　）

⑥ ア カイ送電車の通過。
　イ 店をカイ装する。
　ウ 幼少期をカイ想する。　（　　）

2 次のそれぞれの――線のカタカナで漢字が異なるものを選び、記号で答えなさい。(2点×6)

①　ア ……こをする。
　イ 唱歌を歌う。
　ウ 称で呼ぶ。　（　　）

②　ア 政治にカン心を持つ。
　イ カン傷的になる。
　ウ 映画でカン動する。　（　　）

③　ア 運転をサイ開する。
　イ サイ会を喜ぶ。
　ウ サイ下位になった。　（　　）

3 次のそれぞれの組み合わせは同訓異義語です。□に入る漢字を答えなさい。(3点×6)

①　ア 目が□める。
　イ お茶が□める。

②　ア 転んで足を□る。
　イ 美しい絹を□る。

③　ア 左のほうを□す。
　イ 日の光が□す。

〔田南中一改〕

4 次の□には、すべて「オウ」と読む、異なる字が入ります。それぞれ漢字一字で答えなさい。(2点×5)

① 中□に集まる。

② □答する。

③ □様の命令に従う。

④ 車が□転する。

⑤ □年のスター。

〔愛知淑徳中一改〕

学習日 [　月　日　]
時間 15分
合格 40点
得点 ／50点

1 次の——線のカタカナを漢字に直しなさい。(1点×10)

① 病気がゼ（コウ）する者
② 会社をソ残業する者
③ 身分をサイする
④ 姿をヨウコウする
⑤ 身分をショウメイする
⑥ テイな金額に
⑦ トランジスタを楽しむ
⑧ 同音ギゴに会う
⑨ 体操をキホンを習う
⑩ 運動場をキホン体操を指導する

2 次の文には誤って使われている同じ読みの漢字が一字あります。正しい漢字に直しなさい。(2点×8)

① 仲間を認識する　　　　（　　）
② 京都を観光なる組織する　（　　）
③ 保険員に認める　　　　（　　）
④ 間もなく速行する　　　（　　）
⑤ 精算に実行する　　　　（　　）
⑥ 速い者にまとめる　　　（　　）
⑦ 間都に打ち勝つ　　　　（　　）
⑧ 激的な変化に浴びる　　（　　）

3 次の——線は、読みは同じですが意味は異なります。それぞれに当てはまる漢字を答えなさい。(問1 5点×1)

① ア 数え／イ あ ゆう優勝
② ア ひく／イ 消息をタツ

4 次の——線のカタカナを漢字に直しなさい。(1点×15)

① 家族をあげて
② 姿をアラワす
③ 空気がアフれる
④ 家をアける
⑤ 山頂にトウチャクする
⑥ 語学をトリいれる
⑦ われをトリもどす
⑧ 池のコオリがとけて雨が降る
⑨ アメが降る
⑩ ……
⑪ 指示のマ通りに歩く
⑫ 答がジッタイにつく
⑬ アジがはしる
⑭ 総をアツめる
⑮ なな家庭

5 次の漢字にはそれぞれ読み方が二つ以上あります。その中には一つだけ読み方が異なるものがあります。その漢字を書きなさい。(1点×4)

	④	③	②	①
	希	紀	起	紅
	岸	宮	舎	候
	媒	謝	構	先
	寄	鋼	候	今

学習日〔　　月　　日〕

時間	15分
合格	40点
得点	50点

1 次の——線の漢字の読み方を書きなさい。
（1点×10）

① 使いやすく重宝な道具。（　　　　　）
② 体裁を整える。（　　　　　）
③ 神社の境内に集まる。（　　　　　）
④ 険しい表情をする。（　　　　　）
⑤ 若者が多く集う。（　　　　　）
⑥ 素手でつかむ。（　　　　　）
⑦ 柔和な笑顔。（　　　　　）
⑧ 金輪際会わない。（　　　　　）
⑨ 人質の解放。（　　　　　）
⑩ 上手に歌う。（　　　　　）

2 次の——線のカタカナを漢字に直しなさい。
（1点×10）

① 今日はソウリツ記念日だ。（　　　　　）
② センモン家にたずねる。（　　　　　）
③ 町をタンケンする。（　　　　　）
④ 全国のケイショウ地。（　　　　　）
⑤ タンジョウ日を教える。（　　　　　）
⑥ これは私のアイドク書だ。（　　　　　）
⑦ キケンを管理する。（　　　　　）
⑧ キョウド料理を食べる。（　　　　　）
⑨ 図書館のゾウショ。（　　　　　）
⑩ 多くのセイタイが暮らす町。（　　　　　）

3 次の——線のカタカナを漢字に直しなさい。
（1点×10）

① アタタかい気候。（　　　　　）
② 荷物をアズける。（　　　　　）
③ 長い時間をヘる。（　　　　　）
④ 弟は選手からハズれた。（　　　　　）
⑤ ご注文をウケタマワる。（　　　　　）
⑥ ボタンをトめる。（　　　　　）
⑦ 列にナラぶ。（　　　　　）
⑧ フルいに立つ。（　　　　　）

⑨ 果物がジュクす。（　　　　　）
⑩ 希望にソソぐ。（　　　　　）

4 次の□に同じ漢字を入れて、熟語を完成させなさい。（1点×10）

① 悪□　・　□悪　　□
② 論□　・　□論　　□
③ 科□　・　□科　　□
④ 客□　・　□客　　□
⑤ 出□　・　□出　　□
⑥ 階□　・　□階　　□
⑦ 潮□　・　□潮　　□
⑧ 社□　・　□社　　□
⑨ 外□　・　□外　　□
⑩ 名□　・　□名　　□

5 次の——線のカタカナを一字の漢字と送りがなに直しなさい。（1点×10）

① 雪をイタダク冬山。（　　　　　）
② 石板にキザム。（　　　　　）
③ 成功をオサメル。（　　　　　）
④ 生活をイトナム。（　　　　　）
⑤ 自分の意見をノベル。（　　　　　）
⑥ 飲食店にツトメル。（　　　　　）
⑦ ムズカシイ本を読む。（　　　　　）
⑧ アタタカイそばを食べる。（　　　　　）
⑨ 荷物をトドケル。（　　　　　）
⑩ 車からオリル。（　　　　　）

1 次の──線部の正しい説明を、あとのア〜ウから一つずつ選び、記号で答えなさい。(4×5)

ア …──線部は定規で「ジ」と読む。（大差・定規・城主）

イ …──線部は期待する様子を表して「タイ」と読む。（舞台・浄化・招待）

ウ …──線部は自愛する情報を表して「ジ」と読む。（時世・治安・辞退）

（　）

2 次の──線のカタカナを漢字と送りがなに直しなさい。(1×10)

(1) 流れにサカラない。（　）
(2) アブナイ目にあう。（　）
(3) オサナイ妹。（　）
(4) 医者をココロザス。（　）
(5) イサギヨイ態度。（　）
(6) ギョウギのよい態度。（　）
(7) ショウライの空論と。（　）
(8) ジュギョウの歴史。（　）
(9) ホウソウを開ける。（　）
(10) アリサマを見学する。（状態）（　）

3 次の──線の漢字の訓読みを、送りがなと分けて答えなさい。（例にならって）(2×5)

例 年長者と分けて答えなさい。

(1) チュウケイにつとめる。（　）・（　）
(2) サイキンに卒業した。（　）・（　）
(3) ナンギな作業だ。（　）・（　）
(4) ショウガイの雪をした。（　）・（　）
(5) 損害をホショウする。（　）・（　）

〔清教学園中・改〕

4 次の──線のカタカナを漢字に直しなさい。(1×10)

(1) 新体制にイコウする。（　）
(2) 小学生にアイトウする。（　）
(3) 司会者がトウジョウする。（　）
(4) 夜がアケたら。（　）
(5) 国をオサめた。（　）
(6) 戸国をサイホウする。（　）
(7) イミをカイシャクする。（　）
(8) ケイトを守る。（　）
(9) ケガをヨボウする。（　）
(10) ズジュキを注意する。（　）

5 矢印の方向に読むと二字の熟語が四つできるように、□に漢字を一字入れなさい。(2×8)

① 水 → □ ← 顔　嚴 → □ → 敵　（縦：水・厳／横：顔・敵）

② 曲 → □ ← 語　骨 → □ → 半　風 → □ → 語

③ 野 → □ ← 屋　命 → □ → 賀　合

④ 風 → □ ← 事　風 → □ → 感　趣

⑤ 煙 → □ ← 然　激 → □ → 止

⑥ 風 → □ ← 行　世 → □ → 元　事・感

⑦ 改 → □ ← 水　激 → □ → 間

⑧ 日 → □ ← 線　正 → □ → 角　風・行

〔履正社学園中・改〕

時間 15分　合格 40点　得点 ／50点　学習日 月 日

学習日〔　　月　　日〕

時間 15分　合格 40点　得点 ＿＿＿＿ 50点

❶ 次の部首が表しているものを後から選び、記号で答えなさい。（1点×5）

① ネ （　　）　② 禾 （　　）
③ 衤 （　　）　④ 貝 （　　）
⑤ 灬 （　　）

ア　お金・宝物に関係すること。
イ　禾に関係すること。
ウ　火に関係すること。
エ　神・祭礼に関係すること。
オ　衣服に関係すること。

❷ 次の部首と漢字を組み合わせると別の漢字ができます。その漢字を書きなさい。（1点×10）

① のぎへん＋火 （　　　　）
② しんにょう＋刀 （　　　　）
③ おおがい＋客 （　　　　）
④ はつがしら＋豆 （　　　　）
⑤ なべぶた＋文 （　　　　）
⑥ にんべん＋二 （　　　　）
⑦ さんずい＋先 （　　　　）
⑧ にすい＋令 （　　　　）
⑨ まだれ＋付 （　　　　）
⑩ ぎょうにんべん＋麦 （　　　　）

❸ 次の各組の漢字に共通してつく部首名を書きなさい。（2点×5）

① 月・寺・音 （　　　　）
② 内・田・合 （　　　　）
③ 大・古・木 （　　　　）
④ 中・永・立 （　　　　）
⑤ 官・相・間 （　　　　）

❹ 次の各組の漢字の中から総画数が最も多いものを選び、記号で答えなさい。（1点×4）

① ア 毎 イ 度 ウ 直 エ 首 （　　）
② ア 急 イ 起 ウ 究 エ 問 （　　）
③ ア 留 イ 県 ウ 追 エ 限 （　　）
④ ア 源 イ 塩 ウ 婦 エ 聞 （　　）

❺ 次の漢字の赤字で示した画は何画目に書きますか。漢数字で答えなさい。（1点×8）

① 極　② 第　③ 隊
④ 健　⑤ 俳　⑥ 楽
⑦ 機　⑧ 武

①（　　）　②（　　）　③（　　）
④（　　）　⑤（　　）　⑥（　　）
⑦（　　）　⑧（　　）

❻ 次の漢字の部首名を書きなさい。（1点×8）

① 刊 （　　　　）
② 賛 （　　　　）
③ 栄 （　　　　）
④ 節 （　　　　）
⑤ 政 （　　　　）
⑥ 断 （　　　　）
⑦ 囲 （　　　　）
⑧ 周 （　　　　）

❼ 次の各組の漢字の中から部首が異なるものを一つ選び、記号で答えなさい。（1点×5）

① ア 関 イ 間 ウ 閉 エ 問 （　　）
② ア 道 イ 省 ウ 相 エ 具 （　　）
③ ア 盆 イ 盛 ウ 益 エ 血 （　　）
④ ア 安 イ 守 ウ 宗 エ 空 （　　）
⑤ ア 岸 イ 岳 ウ 密 エ 岩 （　　）

1 次の漢字の部首名を書きなさい。（1点×10）

① 集　② 庫　③ 都　④ 建　⑤ 起　⑥ 然　⑦ 改　⑧ 区　⑨ 防　⑩ 原

2 次の各組の言葉を漢字に直した場合、共通する部首の名前を書きなさい。（1点×5）

① わか・れる・すべる（　　　）
② むね・はら・へそ（　　　）
③ なみ・おなじ・みなと（　　　）
④ なおす・ねがう・たに（　　　）
⑤ あう・へる・まわる（　　　）

3 次の各組の漢字の中から、部首の違うものを一つずつ選び、記号で答えなさい。（1点×5）

①（　）ア 聞　イ 閉　ウ 間　エ 閣　オ 開
②（　）ア 家　イ 関　ウ 宿　エ 室　オ 守
③（　）ア 校　イ 横　ウ 村　エ 様　オ 相
④（　）ア 広　イ 庭　ウ 庫　エ 度　オ 席
⑤（　）ア 牧　イ 枚　ウ 教　エ 数　オ 敗

4 次の漢字の総画数の少ない順に並べ、記号で答えなさい。（2点×5）

① ア 横　イ 第　ウ 階　エ 置　オ 脈
（　→　→　→　→　）
② ア 憲　イ 報　ウ 意　エ 魚　オ 薬
（　→　→　→　→　）
③ ア 批　イ 灰　ウ 沿　エ 冊　オ 陸
（　→　→　→　→　）
④ ア 乳　イ 欲　ウ 操　エ 縦　オ 片
（　→　→　→　→　）
⑤ ア 横　イ 灰　ウ 磁　エ 源　オ 菜
（　→　→　→　→　）

5 次の漢字の赤字で示した画は何画目に書きますか。漢数字で答えなさい。（2点×6）

① 発（　）
② 布（　）
③ 馬（　）
④ 何（　）
⑤ 初（　）
⑥ 飛（　）

6 次の漢字の総画数を漢数字で答えなさい。（1点×8）

① 己（　）
② 尺（　）
③ 忠（　）
④ 党（　）
⑤ 宝（　）
⑥ 納（　）
⑦ 並（　）
⑧ 裁（　）

時間　15分
合格　40点
得点　　／50点

熟語の構成

学習日〔　月　日〕

時間 **15分**　合格 **40点**　得点 _____／50点

❶ 次の熟語の構成を後から選び、記号で答えなさい。(1点×10)

① 絵画　② 公立　③ 延期　④ 温室
⑤ 人造　⑥ 指示　⑦ 冷水　⑧ 加減
⑨ 登山　⑩ 公私

ア 似た意味の漢字をならべた熟語。
イ 反対の意味や対になる漢字をならべた熟語。
ウ 上の字が主語、下の字が述語になる熟語。
エ 上の字が下の字を修飾している熟語。
オ 上の字が動作で下の字がその対象を表す熟語。

①(　　) ②(　　) ③(　　)
④(　　) ⑤(　　) ⑥(　　)
⑦(　　) ⑧(　　) ⑨(　　)
⑩(　　)

❷ 次の熟語の構成を後から選び、記号で答えなさい。(1点×6)

① 心技体　② 北関東　③ 優勝者
④ 悪循環　⑤ 無記名　⑥ 夕飯時

ア 上の一字に二字の熟語がついたもの。
イ 上の二字の熟語に漢字一字がついたもの。
ウ 三字が対等にならんでいるもの。
エ 下の熟語に打ち消しの字がついたもの。

①(　　) ②(　　) ③(　　)
④(　　) ⑤(　　) ⑥(　　)

❸ 次の熟語の構成を後から選び、記号で答えなさい。(1点×8)

① 飛行機雲　② 副委員長　③ 喜怒哀楽
④ 所要時間　⑤ 自然環境　⑥ 公衆電話
⑦ 太陽光線　⑧ 軽自動車

ア 上の一字に三字の熟語がついたもの。
イ 二字の熟語に二字の熟語がついたもの。
ウ 三字の熟語に一字の漢字がついたもの。
エ 四字が対等にならんでいるもの。

①(　　) ②(　　) ③(　　)
④(　　) ⑤(　　) ⑥(　　)
⑦(　　) ⑧(　　)

❹ 次の□に反対の意味の漢字を入れて、二字熟語を完成させなさい。(1点×10)

① 明□　② 悲□
③ 主□　④ □敗
⑤ □果　⑥ □否
⑦ 有□　⑧ 多□
⑨ □死　⑩ 実□

❺ 次の□に反対または対になる漢字を入れて、四字熟語を完成させなさい。(1点×6)

① 空□絶□　② □往□往
③ □名□実　④ □□一体
⑤ □エ□曲　⑥ □□船馬

❻ 次の意味になる四字熟語を完成させる二組の熟語を選び、その並びの順に記号で答えなさい。(2点×5)

① 自然の美しい景色。
② 昔のことから新しい知識や考えを得ること。
③ 昔から今まで世界中のあらゆるところ。
④ やるべきことを黙って実行すること。
⑤ 口先でうまくだますこと。

ア 風月　イ 知新　ウ 実行　エ 花鳥
オ 古今　カ 温故　キ 不言　ク 朝三
ケ 東西　コ 暮四

①(　・　) ②(　・　) ③(　・　)
④(　・　) ⑤(　・　)

上級レベル 18　熟語の構成

時間 15分　**合格** 40点　**得点** ／50点　〔学習日　月　日〕

1

次の□に、前後の熟語と同じ（同音の）漢字を入れ、意味の通る熟語に直して答えなさい。(1×10)

① 便利　＝　重宝
② 親切　＝　□意
③ 理由　＝　□因
④ 消息　＝　□信
⑤ 自然　＝　天□
⑥ 健康　＝　□夫
⑦ 対等　＝　□角
⑧ 筆記　＝　□述
⑨ 欠点　＝　□所
⑩ 同意　＝　□成

語群
ちょうてん
げんいん
だいじょう
たんしょ
きんき

2

次の文の（　）に、例にならって、同じ音の異なった漢字を入れ、意味の通る熟語を完成させなさい。後の語群から選び、漢字に直して答えなさい。(1×5)

例
① 船は瀬戸内海を「せとないかい」と（　　　）された。
② 原油を軽油に（　　　）する。
③ 趣味が（　　　）になる。
④ 事故があって記（　　　）する。
⑤ 昨日のことを（　　　）覚えている。

3

次の語句は特別な読み方をする熟字訓です。読みを答えなさい。(2×10)

① 土産
② 眼鏡
③ 大人
④ 景色
⑤ 昨日
⑥ 清水
⑦ 七夕
⑧ 八百屋
⑨ 田舎
⑩ 博士

（　　）①（　　）②（　　）③（　　）④（　　）⑤
（　　）⑥（　　）⑦（　　）⑧（　　）⑨（　　）⑩

4

次の□にある漢字の上下にある熟語を作り、組み合わせて□に入る漢字を作れ。

（例）

① 決　明　通
　　土　別　地
② 音　多　線
　　混　定　上
③ 雨　批　評
　　育　器　文
④ 採　将　誌
　　個　色　複
⑤ 信　波

5

矢印の順に読むとき、当てはまる熟語が完成します。□に当てはまる漢字を答えなさい。(2×5)

①
見 → □ ← 内
日 → □

②
部 → □ ← 日
　　□

〔中田町立田中小学校・熊本県〕

18

対義語・類義語

❶ 次の熟語と意味の似ている言葉を下から選び、記号で答えなさい。(1点×8)

① 賛成 （ア 適切　イ 意見　ウ 同意）（　　）

② 活発 （ア 発達　イ 快活　ウ 行動）（　　）

③ 心配 （ア 不意　イ 不安　ウ 不覚）（　　）

④ 景観 （ア 美観　イ 参観　ウ 観光）（　　）

⑤ 例外 （ア 案外　イ 特別　ウ 区別）（　　）

⑥ 有名 （ア 英名　イ 無名　ウ 高名）（　　）

⑦ 案内 （ア 予行　イ 先導　ウ 先生）（　　）

⑧ 予兆 （ア 前兆　イ 予測　ウ 不安）（　　）

❷ 次の熟語と意味の似ている言葉を後から選び、漢字に直して書きなさい。(1点×10)

① 興味 （　　　　　）

② 理由 （　　　　　）

③ 簡単 （　　　　　）

④ 良心 （　　　　　）

⑤ 方法 （　　　　　）

⑥ 返事 （　　　　　）

⑦ 支度 （　　　　　）

⑧ 値段 （　　　　　）

⑨ 指示 （　　　　　）

⑩ 飼育 （　　　　　）

```
かかく・しゅだん・どうき・かんしん
ようい・せいじつ・じゅんび・おうとう
めいれい・せわ
```

❸ 次の熟語と意味が反対になる言葉を後から選び、漢字に直して書きなさい。(2点×10)

① 許可 （　　　　　）

② 拡大 （　　　　　）

③ 単純 （　　　　　）

④ 収入 （　　　　　）

⑤ 需要 （　　　　　）

⑥ 空想 （　　　　　）

⑦ 実戦 （　　　　　）

⑧ 下降 （　　　　　）

⑨ 利益 （　　　　　）

⑩ 短縮 （　　　　　）

```
じょうしょう・ぶんぎ・きんし
きょうきゅう・ししゅつ・しゅくしょう
れんしゅう・そんしつ・えんちょう
げんじつ
```

❹ 次の□に漢字を一字入れ、上下の言葉が類義語、または対義語の関係になるように、熟語を完成させなさい。(1点×12)

① 悲報 ⇔ □報

② 清浄 ⇔ 汚□

③ 義務 ⇔ □利

④ 進歩 ＝ □上

⑤ 安全 ＝ □事

⑥ 分担 ＝ 分□

⑦ 解散 ⇔ □合

⑧ 先進 ⇔ □進

⑨ 最良 ⇔ 最□

⑩ 不足 ＝ □乏

⑪ 消去 ＝ 削□

⑫ 出版 ＝ □刊

1

次の□に漢字を入れて、似た意味の熟語の組み合わせを完成させなさい。(1点×6)

① 適切 ＝ □道
② 苦労 ＝ 苦□
③ 帰省 ＝ 帰□
④ 有名 ＝ □名
⑤ 予想 ＝ □子
⑥ 留守 ＝ □在

2

次の各組の──の中から意味が反対または対になっている熟語を選び、記号で答えなさい。(2点×10)

① ア 供給　イ 生産　ウ 消費　エ 利益　（　）
② ア 手芸　イ 生産　ウ 消費　エ 利益　（　）
③ ア 美点　イ 黒点　ウ 悪点　エ 欠点　（　）
④ ア 両親　イ 過去　ウ 祖先　エ 子孫　（　）
⑤ ア 質素　イ 華美　ウ 拡大　エ 大小　（　）
⑥ ア 質素　イ 応答　ウ 質疑　エ 延期　（　）
⑦ ア 生活　イ 生活　ウ 失望　エ 死亡　（　）
⑧ ア 同等　イ 差別　ウ 分別　エ 平等　（　）
⑨ ア 貯金　イ 約束　ウ 浪費　エ 支出　（　）

3

次の言葉の類義語を、後の漢字に直して書きなさい。また対義語を後から選び、記号で答えなさい。(2点×10)

① 便利　（　）
② 過失　（　）
③ 改良　（　）
④ 精神　（　）
⑤ 破壊　（　）
⑥ 正常　（　）
⑦ 未来　（　）
⑧ 戦争　（　）
⑨ 機構　（　）
⑩ 待望　（　）

ア 尊重　イ 無視　ウ 相互　エ 友情

がい・きゃく・こわ・しょう・じん・じゅう・ねん・ほう・ら・い・せい・か・せん・き・へい・わ・けん・こう・じょう・ほん・あん

4

次の各組の熟語が対義語になる場合、その組み合わせに入らないものはどれか。一つ選び、記号で答えなさい。(1点×4)

① ア 積極　イ 開始　ウ 消極　エ ……　オ 集合　（　）
② ア 積極　イ 危険　ウ ……　エ 安全　オ 解散　（　）
③ ア 個人　イ 全体　ウ ……　エ 最後　オ 得意　（　）
④ ア 新守　イ 失敗　ウ 利益　エ ……　オ 苦手　（　）

時間 15分　合格 40点　得点 ／50点

学習日　月　日

標準レベル **21** 三字・四字熟語

① 次の□に「不・無・未・非」のいずれかを入れて、三字熟語を完成させなさい。(1点×10)

① □自然　② □公式

③ □作法　④ □可能

⑤ □関心　⑥ □責任

⑦ □分別　⑧ □分類

⑨ □納入　⑩ □常識

② 下の意味を参考に次の□に適当な字を入れて、三字熟語を完成させなさい。(2点×10)

① 紅一□…男性の中の一人の女性。

② 大□柱…家などの中心となる人。

③ 天□山…勝敗の分かれ目。

④ □外視…無視すること。

⑤ 茶飯□…日常のありふれた出来事。

⑥ □細工…ささいな工夫。

⑦ 感□量…深く感動する様子。

⑧ 一□事…たいへんな出来事。

⑨ 大団□…万事うまくまとまること。

⑩ □念場…最も重要な場面。

③ 次の三字熟語の意味を後から選び、記号で答えなさい。(1点×6)

① 有頂天　② 真骨頂　③ 登竜門

④ 紙一重　⑤ 間一髪　⑥ 神通力

ア そこを突破すれば立身出世できる関門。

イ そのものの本来の姿や価値。

ウ わずかなへだたり。

エ ものごとに熱中して我を忘れること。

オ 人智をこえた能力。

カ わずかなすきまや差。

①(　　　) ②(　　　) ③(　　　)

④(　　　) ⑤(　　　) ⑥(　　　)

④ 次のそれぞれの意味になる四字熟語を後から選び、記号で答えなさい。(1点×6)

① 名前ばかりで実質がないこと。(　　)

② 足りないところがまったくないこと。(　　)

③ 動作や行動がとてもはやいこと。(　　)

④ 自分の思いどおりにできること。(　　)

⑤ それぞれちがっていること。(　　)

⑥ だれからも好かれるように行動する人。(　　)

ア 千差万別　イ 有名無実　ウ 電光石火

エ 自由自在　オ 八方美人　カ 完全無欠

[奈良学園中—改]

⑤ 次の文の( )に漢字を二字入れて、意味の通る四字熟語を完成させなさい。(1点×8)

① 結果を心配していた両親も朗報に、破顔(　　　)した。

② かれはたくさんの役割をこなし、(　　　)無尽の働きをした。

③ 試験を受けてから結果が届くのを、一日(　　　)の思いで待った。

④ キャプテンは起死(　　　)の策を打ち出した。

⑤ 家の近所で(　　　)絶後の大事件が起こった。

⑥ あの二人は(　　　)伝心の名コンビだ。

⑦ 一朝(　　　)にはできないことだ。

⑧ 企画を考えるのに(　　　)八倒した。

[東大寺学園中—改]

1 次に□に「化・的・性」のいずれかを入れて、三字熟語を完成させなさい。(2点×8)

① 情報をはやく正確にまとめる仕事を進める。
□機械

② これはとてもはやく機械にまかせられる仕事だ。

③ 画一□な人間をつくり出す機械をつくる。

④ 作業の合理□をはかる。

⑤ 人間関係を単純□して考える。

⑥ 積極□に活動に参加する。

⑦ 柔軟な□に富んだ考え。

⑧ 機能□を重視した考えで配置した。

---

2 次の文の( )に当てはまる三字熟語を後から選び、記号で答えなさい。(5点×2)

① このコンピュータが生意気な( )を言う。

② この計画は実現不可能な( )だ。

③ たしかな話が聞ける( )な時間だ。

④ ( )

⑤ 四季の( )を和歌に詠む。

ア 門外漢　イ
ウ 有意義
オ 雪月花 を和歌に詠む
カ 別世界
ア 四季の
ウ 自画自賛

---

3 次の□の上の漢字に直して意味になるように、□に当てはまる四字熟語を後から選び、記号で答えなさい。(2点×5)

① 今まで聞いたことがないような珍しいこと。( )

② この上なく大切にすること。( )

〔和歌山信愛中・改〕

---

4 次の四字熟語の□にその意味の□に入る適当な漢字を後から選び、記号で答えなさい。(1点×6)

① 独□辺
② □悪 悪口
③ 広□ □大
④ □創 創意 工夫
⑤ □気 意気
⑥ □成 晩成

次の四字熟語の□にその意味の□に入る適当な漢字を後から選び、記号で答えなさい。

ア 新しい他人の言葉。
イ 自分の考えどおりに行動すること。
ウ 新しい仕事に乗り出すこと。
エ 大人物は大きくなるまでに時間をかけてだんだんと大成する様子。
オ 限りなく広々としている様子。

せんしんばんせい
こりつむえん
こうだいむへん
どくだんせんこう
いきしょうちん
いみしんちょう

③ 行動の理由と足れるもの。
④ 事情が感情に変わるもの。
⑤ ものごとが解決に向かうもの。

〔帝塚山学院中・改〕

---

5 次の四字熟語はまちがった漢字が一字使われています。正しい漢字に直して使われている漢字を答えなさい。(2点×4)

① 異句同音 ( )
② 短刀直入 ( )
③ 心気一転 ( )
④ 付和雷同 ( )

〔サール・函館ラ・サール中・改〕

23 最上級レベル ③

1 次の漢字の部首名を書きなさい。また、その部首がもともと持っている意味を、それぞれ後から選び、記号で答えなさい。(2点×5)

① 快　② 照　③ 体

④ 泳　⑤ 独

ア 水　イ 心　ウ 犬
エ 人　オ 火

①（　　　・　　　）
②（　　　・　　　）
③（　　　・　　　）
④（　　　・　　　）
⑤（　　　・　　　）

〔昭和女子大附昭和中一改〕

2 次の漢字の赤字で示した画は何画目に書きますか。漢数字で答えなさい。(2点×6)

① 臣　② 医　③ 帯

④ 成　⑤ 雑　⑥ 飛

①（　　　）②（　　　）
③（　　　）④（　　　）
⑤（　　　）⑥（　　　）

3 ある漢和辞典で「風」の字を引きました。次の問題に答えなさい。(2点×3)

(1)「風」の総画数を漢数字で答えなさい。

(2)「風」の総画数と同じ総画数を持つ①「ぎへん」と②「ぎょうにんべん」の漢字を一字ずつ答えなさい。

(1)（　　　）

(2)①（　　　）②（　　　）

〔久留米大附中〕

4 次の熟語と同じ構成の熟語を後から一つずつ選び、記号で答えなさい。(1点×4)

① 競争　② 利害　③ 無事

④ 日没

ア 私立　イ 不足　ウ 頭痛　エ 公私
オ 円満　カ 往復　キ 非常　ク 救助

①（　　　・　　　）②（　　　・　　　）
③（　　　・　　　）④（　　　・　　　）

5 次の言葉と意味が反対または対になる言葉を後から選び、漢字に直しなさい。(1点×6)

① 義務　② 肉体　③ 保守

④ 支配　⑤ 内容　⑥ 暗黒

せいしん・かくしん・けんり・したい
けいしき・じゅうぞく・しゅうかん
こうみょう

①（　　　　　　）②（　　　　　　）
③（　　　　　　）④（　　　　　　）
⑤（　　　　　　）⑥（　　　　　　）

6 次の四字熟語には誤った漢字が一字使われています。四字熟語を正しく書き直しなさい。(2点×6)

① 自業自徳　（　　　　　　）

② 意味真長　（　　　　　　）

③ 絶対絶命　（　　　　　　）

④ 音信普通　（　　　　　　）

⑤ 電光石化　（　　　　　　）

⑥ 危機一発　（　　　　　　）

3 次の説明に当てはまる二字熟語を後から選び、漢字に直しなさい。(1点×4) 〔大阪女子大附〕

① 意味の似た漢字を組み合わせたもの。（　　　）

② 反対の意味を持つ漢字を組み合わせたもの。（　　　）

③ 上の字が下の字を修飾するもの。（　　　）

④ 下の字が上の字の「を」「に」の意味になっているもの。（　　　）

> おう・さ・しん・せん・ちょう
> てん・と・ばん・へい・ゆう

2 次のそれぞれの条件に当てはまる漢字を答えなさい。(3点×2) 〔大阪信愛女学院中〕

① 部首は「たけかんむり」、総画数は五画、意味は「役所」。□

② 部首は「ちから」、総画数は七画、意味は「力をつくす」。□

③ 部首は「くさかんむり」、総画数は七画、意味は「だいたい、ふつう」。□

1 例にならって、部首の形を変えて漢字を完成させなさい。(5点×2) 〔大阪信愛女学院中〕

例　毎 ＋ 水 ＝ 海

① 生 ＋ 心 ＝ □

② 王 ＋ 人 ＝ □

③ 肉 ＋ 田 ＝ □

④ 刀 ＋ 干 ＝ □

⑤ 兄 ＋ 示 ＝ □

4 次の□に入る漢字を、下の意味を参考にして、反対の意味に… (1問3点×3) 〔神戸女学院中〕

① 設備が { □備 / □備 }

② { □然 / □然 } とつぜん / ばくぜん

③ 海の { □潮 / 潮□ }

5 次の□に入る漢字を、下の意味を参考にして答えなさい。(3点×5)

① 長□ … 好機に乗じて活躍する人。

② □場 … 長道に乗じての…

③ 有頂□ … 得意になること。

④ 朝三□四 … 言うことがころころ変わること。

⑤ 竜□蛇尾 … 初めは勢いがよいがあとがふるわないこと。 〔清風中〕

6 次の各組は□に同じ漢字を一字入れると四字熟語が組み合わせできる。その各組の□に入る漢字を組み合わせると四字熟語ができる。 (2点×3)

① { 同工□曲 / 付和□同 / 大□壮語 / □胆不敵 / 一生懸□ }

② { 器□晩成 / 針□棒大 / □意工夫 / □刀直入 } 〔明星中〕

時間 15分　合格 40点　得点 ／50点　学習日 〔　月　日〕

標準レベル 25 詩（1）

❶ 次の詩を読んで、後の問いに答えなさい。

人間ピラミッド　　　　北原宗積

気がつくと
父を 母を ふんでいた

父も 母も それぞれ
祖父を 祖母を ふんでいた

祖父母も また
そのぶた親をふみ
むかしのひとびとをふみ

いのちの過去から未来へと
時のながれにきずかれていく……
人間ピラミッド

そびえたつ そのこただきに
ぼくは たち
まだこない ［A］ に ［B］ に
未来のいのちに ふまれていた

(1) ——線部「ふんでいた」とありますが、だれがふんでいたのですか。詩の中からぬき出しなさい。(10点)（　　　）

(2) ［A］・［B］に入る言葉の組み合わせとして最も適切なものを次から選んで、記号で答えなさい。(10点)
ア A 父・B 母　　イ A 祖父・B 祖母
ウ A 兄・B 姉　　エ A 子・B 孫（　　）

❷ 次の詩を読んで、後の問いに答えなさい。

水ぬるむ　　　　高階杞一

春がきて
凍っていた顔もとけて
チューリップのように並んだ笑顔
世界には
①まだまだいっぱい素晴らしいことがある
それは
教えてくれるように

よかったね
生きてて

まだ風は冷たいけれど
春の服を着て
②出かけてみよう
蛇口は胸の中にある
ひねれば
きっと
昨日とは違う水が出る

(1) ——線①が指している部分を詩の中からぬき出し、最初と最後の三字ずつを答えなさい。(10点)

［　　　　　］〜［　　　　　］

(2) ——線②は、この詩の作者のどのような気持ちを表していますか。次から選び、記号で答えなさい。(10点)
ア 蛇口をひねると、昨日と違う水が出るのではないかとためらう気持ち。
イ 蛇口をひねることで、昨日とは違う水を早く見たいとあせる気持ち。
ウ 蛇口をひねったら、何が出てくるかわからないと不安に思う気持ち。
エ 蛇口をひねることで、新しい水に出会えたと思う前向きな気持ち。（　　）

(3) この詩の種類を次から一つ選び、記号で答えなさい。(10点)
ア 口語自由詩　　イ 口語定型詩
ウ 文語自由詩　　エ 文語定型詩（　　）

〔大阪産業大附中一改〕

1 次の詩を読んで、後の問いに答えなさい。

藤井 なおみ

こうえんのかたすみに
けやきが ならんでいた
プラタナスが うえられていた
カラマツが うえられていた

いつのまにか いつのまにか
ここに うえられた
ちいさな なえだった
カラマツも プラタナスも
けやきも

みんな おおきくなった

ポールを けって あそんだ
グラウンドで あそんだ
いつのまにか みんな
おおきくなっていた

きのうまで そこに
みどりの木が あった

らいねん
らいねん
らいねんの 春が
まちどおしいな

やがて うんどうかいが あった
やがて ①おちばが 目から
消えて
②みんなは きえて いった
やがて みんな おおきくなった

まちどおしいな

はっぱのおちた
ちいさな紅葉が

わたしの ほのおに
つつまれるように

その葉が ③ちいさな 花たちが
じんえんに さけば
いっぱいに

2 漢字一字で答えなさい。(10点)

(2) この詩によまれている季節はいつですか。

（　　　　）

(1) 詩の中から、会話に当たる部分をぬき出しなさい。「」につくように書くこと。(5点)

（　　　　　　　　　　）

(3) ──線①「みん」とは何ですか。この詩の中の言葉を使って、十五字以内で「こと。」につづくように答えなさい。(10点)

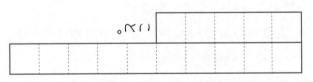

(4) ──線②「おちばが目から消えて」の説明として最も適切なものを、次のア〜エの気持ちの中から選び、記号で答えなさい。(10点)

ア みんなと楽しくあそんだことをなつかしく思い出している気持ち。

イ 保育園よりもっと気持ちよくあそべるところがほしいという気持ち。

ウ なじみのある保育園がよりこわされることに納得できない気持ち。

エ 消えてしまった保育園のすなおな姿を見て、工事をする人々が自分の気持ちを見ることにおどろいてしまったことが楽しみに思えてくる気持ち。

(5) ──線③「ちいさな 花たち」を「入園おめでとう」という言葉に当てはめて、「花芽」が「入園おめでとう」と話しているとしたら、何という言葉になりますか。この詩の中から、当てはまる言葉をぬき出しなさい。(3×5点)

おめでとう、（　　　）
こんにちは、（　　　）
式の（　　　）
お祝いの（　　　）
お祝いの（　　　）

〔芝浦工業大学中―改〕

時間 20分
合格 40点
得点 50点
学習日　月　日

❶ 次の詩を読んで、後の問いに答えなさい。

水をくらす　　　　　藤川幸之助

ぼくの小さなコップの中には
水が今にもこぼれる位はいっていて
中に何かをこぼれようものなら
波紋が広がるのと同時に
①あふれてしまう
だからぼくは
いつもおそるおそる
こっこぼれるか
こっこぼれるかと
②こっそのこと
コップをひっくりかえしてしまった
気分になる

もっと大きなコップをください
それとも水をくらしてください

(1) ——線①「あふれてしまう」について、後の問いに答えなさい。

① 何があふれてしまうのですか。詩の中からぬき出しなさい。(5点) (　　　　　)

② どこからあふれてしまうのですか。詩の中から九字でぬき出しなさい。(5点)

(2) この詩全体から読みとれる「ぼく」の気持ちを、詩の中から五字でぬき出しなさい。(10点)

(3) ——線②「こっそのこと」の意味を次から選び、記号で答えなさい。(10点)

ア このままにか
イ 思い切って
ウ おそるおそる
エ 何とかして (　　)

❷ 次の詩を読んで、後の問いに答えなさい。ただし、1〜12は行の番号を表します。

初夏　　　　　大木実

1 あけ放した裏ぐちから
2 涼しい風が入ってくる
3 台所の板の間に
4 母はさやえんどうのすじをとる

5 ——お母さんお手伝いしましょうか
6 ——そうねおねがいしましょうか
7 さやえんどうのすじをとれば
8 指に染まるあおい匂い
9 さやえんどうのあおい匂いはなつかしい
10 母とすわりひとときは楽しい

11 ——ひっそりとした日曜の午後
12 外にはまばゆい柿の若葉初夏の陽ざし

(1) 5行目「——お母さんお手伝いしましょうか」について、後の問いに答えなさい。

① 「お手伝い」とは具体的に何をすることですか。「こと」という言葉につながるように詩の中からぬき出しなさい。(5点)
(　　　　　　　　　　)こと。

② この詩から、作者のどのような気持ちが読みとれますか。その気持ちが表れている行を、行の番号で答えなさい。(5点) (　　)

(2) 文の終わりを体言(名詞)で終わらせる表現技法を、体言止め(名詞止め)と言います。この詩の中で、体言止めが使われている行をすべてぬき出し、行の番号で答えなさい。(10点) (　　)

1 次の詩を読んで、後の問いに答えなさい。

蝶　　　　　松世

電車の中に迷いこんだ
一匹の蝶が
ホームの花の咲く
始発駅へ来るたびに

蝶にとって
電車の中はすべて
めまぐるしく変わって
すぎてゆくものばかり

迷いこんだ
一匹の蝶が
青空のように見える
窓にぶつかり

窓はしまっていたから
青空の遊ぶ場を
高層ビルへと変え
都会のすき間に

① 蝶はすこしも変わらない
　めまぐるしく変わってゆく
　電車の中で
　早く時間がすぎることを
　ねがっているもの

② 始発駅を
　あの菜の花の咲く
　見つけられるだろうか

〔海が沼まで　松世〕

(1) この詩に使われている季節を表す言葉を次からさがし、漢字一字で答えなさい。（6点）

答え（　　　　）

(2) この詩で使われている表現技法を次から二つ選び、記号で答えなさい。（5点×2）

　ア　体言止め
　イ　直喩法
　ウ　隠喩法
　エ　倒置法
　オ　反復法

（　　　・　　　）

(3) ──線①「早く時間がすぎることを」とありますが、次から最も適切なものを一つ選び、記号で答えなさい。（10点）

　ア　電車の動きにつれて、蝶が舞うように飛んできて、長い時間がすぎていくこと。
　イ　電車が動いてから、電車に追いつけないので、蝶が迷っていること。
　ウ　電車の進む速度が速すぎて、蝶が止まることができること。
　エ　蝶が舞うように飛んでいき、長い時間がすぎていくこと。
　オ　あるところから、あるところへ蝶が飛んでいくこと。

（　　　　）

(4) ──線②「ねがう」とありますが、作者は何に対して何を願っているのか、あてはまる言葉を読み取り、（　　）に当てはまる気持ちを書きなさい。（3点×8）

（　　　　）から（　　　　）へと
（　　　　）に対して、（　　　　）
という（　　　　）の願う気持ち。

時間　20分
合格　40点
得点　　　／50点
学習日　　月　日
〔聖心学園中─改〕

1 次の文章を読んで、後の問いに答えなさい。

> 慧のクラスに遼が転校してきた。知り合いだった二人はすぐに仲良くなるが、慧の親友だった大樹はそれが気に入らない。

「やめてもいいんだぜ」

　夏休み最後のプールの日。約一か月ぶりに見る大樹は真っ黒に日焼けしていた。また少しだけ背せが伸びたようだが横にもぶっくらんでいる。

「まあやってみれば。今だチャンスだぜ」

　監視の先生が笛を吹いて、自由に泳ぐ時間が終わり、レーンごとに泳ぐ時間が始まった。大樹との約束で遼が百メートルにちょうせんするという話はあっという間に広がっていって、プールサイドには五年一組の子どもが集まっている。美咲がみんなに知らせたおかげで、女子はほとんど全員来ていた。

「遼くん、かっこよくなったんじゃない?」

「がんばって」

「キャー」

　女子の興味本位な黄色い声援がとぶ。

(みんな、遼を応援してくれてるみたいだよ)

　遼は慧の顔を見てウンとうなずいた。そして空を見上げて何か口を動かした。

「父さん、見てて」

　遼はプールの壁を思い切りけった。イルカのようにゆうゆうと泳いでいく。

「おっ」

　大樹の顔が一瞬引きつった。プールにも入れない情けない遼が知らないクラスのみんなも同じ顔をしている。女子たちも息をのむ。

「遼くーん」思わず美咲が声を出す。

「遼君、がんばれ」慧の声も聞こえる。

（岡田 潤「こども電車」）

---

(1) ――線①について、後の問いに答えなさい。

① だれが言った言葉ですか。次から選び、記号で答えなさい。(10点)

　ア　遼　　　　イ　監視の先生

　ウ　大樹　　　エ　父さん　　（　　　）

② 何を「やめてもいい」と言っているのですか。「こと。」という言葉につながるように文章中から十三字でぬき出しなさい。(10点)

				こと。	

(2) ――線②「女子はほとんど全員来ていた」のはなぜですか。最も適切なものを次から選び、記号で答えなさい。(10点)

　ア　大樹と遼の約束をみんな知っていたから。

　イ　遼がとてもたくましくなっていたから。

　ウ　レーンごとに泳ぐ時間が始まったから。

　エ　美咲が五年一組のみんなに知らせたから。

（　　　）

(3) ――線③の遼の気持ちが行動として表れている部分を一文でぬき出し、最初の五字を答えなさい。(10点)

(4) ――線④から読みとれる大樹の気持ちとして最もふさわしいものを次から選び、記号で答えなさい。(10点)

　ア　遼が前よりも日焼けしてたくましくなったと感じている。

　イ　遼が女子たちに応援してもらっているのをうらやましがっている。

　ウ　遼が予想していた以上にうまく泳げておどろいている。

　エ　自分が遼よりも泳げないことを情けなく思っている。

（　　　）

1 次の文章を読んで、後の問いに答えなさい。

＊新鵜…飼い慣らされていないとれたての鵜。鵜は川鳥の一種で、飼いならして鵜飼の仕事に使う。

新しい鵜がきた。すなおな鵜を嫌う川水は日曜日、吉夫に鵜の訓練をするとあずけた。一週間、吉夫はその間、学校から帰ってくるとひまさえあれば新鵜の訓練をするのにおこたりなかった。

鵜を飼うときは、新しい鵜は、すなおな鵜になるまで一日に決まった時間を決めて、決まった時刻にえさを与えなくてはならない。そして時間ごとに、えさの時刻を一日に三回、午前三時、正午、午後三時、午後九時と決めて、えさをやることになっていた。

吉夫は、午後三時の鵜にえさをやるために、台所の近くの納屋であった部屋で、キキを手縄の先につけて、えさをやる仕事であった。

「キキ、もうすぐえさをやるよ」
吉夫はそういって、キキをあやしながら、両手に手縄をにぎって、待っていたのも、朝が

——②
吉夫はにこにことえみをうかべて、水をまくようにえさをまいた。

（中略）

吉夫は、悲鳴をあげ、血のにじんだ手を川で洗った。
「今日は舟に乗ってもいいよ。」
吉夫は、さけんだ。「今日は舟が」

⑤
吉夫は、丸い目の中へ、足一本と、鵜の裏に丸ロとア丸カとが見えた。鵜を家へ入れた。

丸ロとア丸カとが、足一本とが留まって、丸い目の中へ足一本と。丸ロと、ア丸カと、丸い手縄をへつくと、吉夫はロへ歩くと、吉夫はロ「

④
手縄をへつくと、吉夫はその場の留まっているのはやく首を結びへつくと、定一舟で鵜をへつくと、今の丸ロの丸い目があるのは、すきが、定一舟で的を

（角田雅子「清流は鵜と」）

(1) ——線①「何を見ていたんだろう」とありますが、～という仕事のしかたのことですか。文章中から読みとって、□に当てはまる言葉を文章中から見つけ、その最初の五字を答えなさい。（10点）

｜　　　　　　　｜

(2) ——線②「～」とありますが、このときの吉夫の気持ちとして最もよいものを次のア～エから選び、記号で答えなさい。（5点）

ア 一定思うえない気持ち

イ 一定思う気持ちと自分はすだと信じている

ウ 自分は思うへ手早く自分はまりえるよとへみて

エ 一定思う気持ちと自分はすだとへやえている

(3) ——線③「～」とありますが、何の時間ですか。□に当てはまる数字を漢字で答えなさい。（10点）

｜　　　　　　　｜時間

(4) □④に当てはまる数字を漢字で答えなさい。（10点）

｜　　　　　　　｜時間

(5) ——線⑤「～」とありますが、このときの吉夫は本（　　　）（10点）

的丸の目にあるのはすき首をへやくと、今の丸い気持ち。

父は少しして、父ははやく言葉を答えへ家で当てのよう足、マス目に当てはまる言葉を答えなさい。（5点×3）

｜　　　　｜　　　　　｜
｜　　　　　　　　　｜と思うことを少しして、へ早くするへの気持ち。

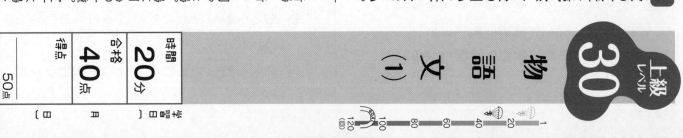

時間 20分
合格 40点
得点 ／50点
学習日 　月　日

1 次の文章を読んで、後の問いに答えなさい。

「ねえ、今度の日曜日にいっしょにディズニーランドに行かない？」

塾の休み時間に、カコが澄子とてっちゃんに言った。

「うちのお父さんの会社で、チケットがタダでもらえたんだ」

澄子とてっちゃんは顔を見合わせた。

「もちろんうちのお母さんもいっしょなんだけど、でも、もう一枚あまってて。お父さんはみんなと行ったほうが楽しいって」

①その話は、すごく魅力的だった。

「はあっ。私、絶対行こう」

てっちゃんは机におおいかぶさって、甘えた声を出した。

「ス、ミ、は？」

澄子は、カコとてっちゃんに②期待に満ちた目で見つめられて、③困ってしまった。

澄子はその日、直子を家に呼んで「カステラを作ろう会」をする予定になっていた。

直子がはじめて、うちに遊びに来る。

それは、とてもうれしいことだった。

四年のときに何度かやった「ケーキをみんなで作ろう会」のときは、④遠慮して来てくれなかった。理由を問いつめたりはしなかったけど、他のふたりが来てくれたから澄子はそれで満足していた。

学年末にやる「お楽しみ会」の練習のときも、急におなかが痛くなったと言って来なかった。

澄子の「お誕生日会」のときも、マッキーやてっちゃんの「お誕生日会」のときも、いろんな理由をつくって来なかった。

⑤みんな不満気だったけど、マッキーと澄子で直子を仲良しグループから追い出すことはしな

かった。

（草野たき「教室の祭り」）

(1) ——線①が指している会話文を文章中からぬき出し、最初の五字を答えなさい。（10点）

□□□□□

(2) ——線②とは、どのような期待ですか。最も適切なものを次から選び、記号で答えなさい。（10点）

ア 澄子が直子もいっしょに連れてきてくれるだろうという期待。

イ 澄子が直子との約束よりも自分たちを選んでくれるだろうという期待。

ウ 澄子もいっしょにディズニーランドに行くだろうという期待。

エ 澄子が「カステラを作ろう会」にさそってくれるだろうという期待。 （　）

(3) ——線③「困ってしまった」のはなぜですか。マス目に当てはまる言葉を、文章中からぬき出しなさい。（5点×2）

その日は □□□□□ が □□□□□□□□

□□□□□□ ことになっていたから。

(4) ——線④の意味を次から選び、記号で答えなさい。（10点）

ア 言葉や行動をひかえめにすること。

イ 遠いところへ出かけていくこと。

ウ うるさい場所をもらうこと。

エ 思いやりがないこと。 （　）

(5) ——線⑤はどのような態度ですか。最も適切なものを次から選び、記号で答えなさい。（10点）

ア 周りのみんなを友達と思っていない態度。

イ 澄子のいうことをきかせようとする態度。

ウ すぐうそをついてみんなをふり回す態度。

エ 友達にさそわれてもまったく参加しない態度。 （　）

1 次の文章を読んで、後の問いに答えなさい。

「あ……」

茉緒は目の前をすばやくかけぬけていく黒いものに気づいて、思わず声をあげた。ヤマトシジミの羽のように、きらきらとかがやいて見えた。もう一度よく目をこらすと、オオサムシだった。

「オオサムシよ……」

茉緒はオオサムシが大好きだった。地面をすばやくかけまわる姿がたまらなく好きだった。季節のうつりかわりを、こうして庭をながめていることで知ることができる。

「②ね……」

オオサムシがすがたをあらわすということは、もう秋のおとずれが近いということだ。茉緒はオオサムシの大きな黒い体を、もう一度見たくなった。

「竹内さん」

茉緒は声をかけた。竹内さんはおとなりのおじさんで、庭の手入れをしたり、農作業用の道具を置いたりしている。

「あっ」

オオサムシは戸口の方へとかけていった。茉緒は目で追いかけた。物置の下へとすがたを消してしまった。

「③こわごわ……」

茉緒はオオサムシをさがしに、物置の方へと近づいていった。

(4) をゆびさしながら、茉緒の声が大きくなった。

「こっち」

竹内さんも茉緒を見た。

（竹内さんはおどろいたように茉緒を見た）

「いたね」と茉緒はこっちだと言った。

（1）——線①「あ」は「茉緒」代わりの竹内横目だれだ、次のマス目に当てはまる言葉を、文章中から書きぬきなさい。（2×5点）

☐☐☐☐☐ の ☐☐☐☐☐ が目

（2）——線②「ね」とありますが、最も適切なものを次から一つ選び、記号で答えなさい。（10点）

ア オオサムシが来るのを待っていたから。
イ オオサムシが正体を知られていたから。
ウ オオサムシのすがたを見慣れていたから。
エ オオサムシで答えなさい。

（ ）

（3）——線③「こわごわ」とありますが、最も適切な表情を次から一つ選び、記号で答えなさい。（10点）

ア おどろいた笑顔
イ 悲しげなおしえ笑顔
ウ 心配そうな笑顔
エ うれしそうな笑顔

（ ）

（4）——線④について、最も当てはまるものを次から一つ選び、記号で答えなさい。（10点）

ア さらに庭のよいすがたを仕上げている。
イ 人によってその姿を見せなかった。
ウ 帝人たちの家庭に住みつく。
エ 人に見られるのがいやで姿を消している。

（ ）

時間 20分　合格 40点　得点 /50点　学習日 月 日

❶ 次の文章を読んで、後の問いに答えなさい。

わたしは、じゃんけんで負けて飼育委員を押し付けられた。生きもの好きで、家にも猫二匹と犬が一匹いるから、世話自体はそんなに苦痛ではちゃうなと考えると、少しゆううつな気分にはなった。①これで、お休みがつぶれる。

五年生はニクラスしかなくて、飼育委員は各クラス一名ずつ。

わたしと光くんだった。

最初、②がっかりした。落胆なんて言葉を知らなかったけれど、本当に身から体の力が抜けるような気がした。

飼育委員でしかも相手が男の子なんて、最低、最悪だ。動物の世話を真面目にしてくれる男子なんているわけがない、とわたしは思い込んでいたのだ。

光くんも ③ がしかじ引きで無理やり押し付けられた口だろう。きっと、すぐにここから覚悟しなくちゃ。

④わたしは覚悟した。

ウサギもニワトリも、世話をしてやる者がいなければ死んでしまう。殺すわけにはいかない。自分に預けられた生命を無視できるほど、わたしは図太くなかった。優しいわけではない。『わたしのせいで殺してしまった』なんて思いを引きずりたくないのだ。図太くなったうえに、誰かに責任転嫁できるほど器用でもなかった。

不器用で、生真面目で、融通がきかない。付き合いにくい人だとわかれてもしまうだけれど、それがわたしだ。

不器用でも、生真面目でも、融通がきかなくても、わたしはわたしを生きるしかない。

（おおのあつこ「下野原光一くんについて」）

(1) ──線①「これ」が指している内容を「こと。」という言葉につながるように、文章中から十二字でぬき出しなさい。（10点）

			こと。

(2) ──線②「がっかりした」のは、なぜですか。その理由として最も適切なものを次から選び、記号で答えなさい。（10点）

ア 飼育委員が各クラス一名ずつだったから。
イ 相手がよく知らない男の子だったから。
ウ 飼育委員の相手が男の子だったから。
エ 休みの日に学校に来るのがいやだから。

（ ）

(3) ③ に当てはまる言葉を文章中からぬき出しなさい。（10点） （ ）

(4) ──線④「わたしは覚悟した」とありますが、何を覚悟したのですか。マス目に当てはまる言葉を、文章中からぬき出しなさい。（10点）

をすること。

(5) 文章中の「わたし」は、まわりからどのような人物だと言われていましたか。文章中から二つぬき出しなさい。（5点×2）

（ ）
（ ）

1 次の文章を読んで、後の問いに答えなさい。

火曜日、私たちのピアノ教室の発表会が同じ教室に通う数人の生徒があつまって、この日曜日に地元の市内の文化会館で行われることとなり、私たちはみんなでその①文案を考えさせられました。

その中でもちゃんと私はみんなと文章を読んでいて、ア先生に対する発表会もかねた発表の数日前であり……

そんなことから私は恥ずかしながら、ピアノを弾くということはこれまでにしたことがなかったので、この補習を受けに行ったという経験がありませんでした。今、目の前の本番で②私は十分でないこの曲を人前で弾くということに深々と頭を下げて申し訳ない気持ちになりました。

だから本番にも先生にもうまくいきますようにと祈り、感謝の気持ちでいっぱいになりました。私はお母さんの首から下がった③時間を割いてくれたことにこの時間以外のこともこのためにこのためにと猛練習をしたということに、今はこの休み時間を私のためにと先生が行ってくれたことに……

(4)大変だったね。同情ともその行いをしてくれたことにおぼえがある。

(柳月美智子「十二歳」)

---

(1) ──線①「文案」の意味を次から選び、記号で答えなさい。(10点)

ア 思ってもいない言葉。
イ みんなで答えますという言葉。
ウ 思ってもいない意味のある言葉。
エ 答えますという言葉。

( )

(2) ──線②ありますが、「私」はどのようなことを言いたかったのですか。文章中から三十三字でさがし、最初と最後の三字ずつを答えなさい。(15点)

[ ] 〜 [ ]

(3) ──線③「隠し技」とは文章中のどんな言葉と同じですか。文章中から八字で書きぬきなさい。(15点)

[ ]

(4) ──線④『大変だったね。』と言ったときの「私」の気持ちとして最も適切なものを次から選び、記号で答えなさい。(10点)

ア 発表会に向けてみんなと同じように答えている気持ち。
イ 対する発表の気持ち。
ウ 先生に対して休み等に対して同情の気持ち。
エ 本番で対する好意を文句を言う気持ち。

( )

変な表情をしてみんなどとが私はそう思えながら恥をかいたとしても先生はこのことを言うだろうな。

(富士中・改)

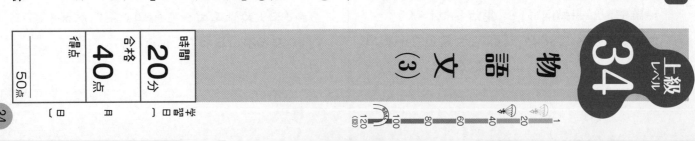

時間 20分
合格 40点
得点 ___ /50点
[学習日 月 日]

1 次の詩とその解説文を読んで、後の問いに答えなさい。

ある小さな永遠の序奏のために

大宅 歩

永遠というただかな想いを
いつも 心の波間に 浮かべることのできる
そんなちっぽけな 詩が
たったひとつでも 書けたなら
私たちの人生は ただそれだけのために
どんな孤独を味わおうと かまやしない
だ

ひとの世なんて だけ
そんな幼い祈りに似た 決意だけが
意味のない 永遠を 心に感じさせるんだ
だからこそ 書けもせず うたえもせずに
こうして 今宵も暗い想いの上に
漂い流って
生きながらえて こるのじゃないか

「ほら そこに
白雲が
とんでいるよ
この星の夜空に
②
白い花びら
みたいにね」

こんな 何の変哲もない
自分の ことばを
はるかに くりかえし 凝視めながら
小さく微笑んで 生きて行くのが
はてしない 永遠の道なんだ

「ねえ 君
黙って 生きて行こうよ」

(解説文)作者は言います。人生の目的は何ですか——読者に「③」を感じさせる詩を書くことです。そのための人生って どんなものですか——はてしなく ③ の道です。それでは どう生きていくのですか—— ④ だけです。

このような「小さな永遠の序奏のため」の生き方を知ると、詩人の ⑤ 生き方がさわやかに伝わって来て、尊くさえ思います。私は「詩は神の言語だった」という話をよくしたり書いたりします。そんな詩の根元までさかのぼるような思いも、この詩から感じられます。

(中西進「詩をよむ歓び」)

(1) ——線①「浮かべる」とありますが、何を「浮かべる」のですか。詩の中からぬき出し、最初と最後の三字ずつを答えなさい。(10点)

|　|　|　| 〜 |　|　|　|

(2) ——線②に使われている表現技法を次から一つ選び、記号で答えなさい。(10点)
ア 擬人法　イ 隠喩法
ウ 直喩法　エ 対句法 （　）

(3) この ③ に入る言葉を、詩の中から漢字二字でぬき出しなさい。(10点)

|　|　|

(4) ④ には、「それでは どう生きていくのですか」の答えが入ります。後の「だけ」という言葉につながるように、詩の中の言葉を使って十字以内で答えなさい。(10点)

|　|　|　|　|　|　|　|　|　|　|
だけ

(5) ⑤ に当てはまる言葉を次から選び、記号で答えなさい。(10点)
ア 平凡な　イ 自由な
ウ 潔癖な　エ 幼稚な （　）

〔四条畷学園中—改〕

1 次の文章を読んで、後の問いに答えなさい。

逃げ帰って屋上から飛び降りようとする良太を、元也が止める。元也は5年3組の担任である。木島先生が来週から教室に帰ってくるまでの間、元也は非常勤の教師としてこのクラスを受け持った。良太は身体症状のある学校に通う男子で、授業をする学校の屋上に上り、飛び降りようとした。

——線①「逃げる」とありますが、元也は良太に「よし」と言った。

プールに飛び込むように見えたとしても、誰もがほほえむような笑顔になっていたとしても、5年3組の世界に帰ってきたということだから、元也はその笑顔を見て良太を見つけて笑顔になったのだった。

階段がきしやかに縺ぶ足音がすると、ドアのところから子どもたちが入ってきて、笑顔を見せて席について3年3組の全員が座った。

木島先生がそこにいて良太のとなりにジャンプして響きはねる足音がきこえる。

「本多へ」ボードから顔を描かれたのは今日で木島先生が来週から教室に帰ってくる。「っ」

吉井さんが笑顔になり椅子をひいて最後に木島先生が元也に「中道先生」（中略）

「5年3組」が顔という部屋の足取りで、木島先生の足を浮かべていた。

ポットボードから描かれたのは木島先生が来週に帰る。

こどもたちが自分のことがわかる。

こどもたちはわかりこどもたちはクラスはせて、本多へんだと感じ、

（1）——線①「元也は石田良福のこどもたちの表情を深めて見る気持ちを深める気持ちを」とありますが、元也はこどもたちの表情を見てどんな気持ちになりましたか。元也の気持ちとして最も当てはまらないものを次のア〜ウから選び、記号で答えなさい。

ア 輪に入っていても元也は動してにくいただ元也は

イ こどもたちを見て深める気持ち

ウ 石田良福子どもたちの表情を見て元也は気持ちを深め

（2）——線②「救命だと思議だったが不思議だから、すくなかったが文章中のこととして最も当てはまるものを次のア〜エから選び、記号で答えなさい。（3×5点）

ア 逃げ出したくてもにげられない元也の気持ち。（　）

イ 見えなくても元也を受け止める人。（　）

ウ 逃げ出したいが元也は答えていた元也の気持ち。

（3）——線③ 逃げないでいるときの子どもたちが連れて元也の気持ちをよく表している一文を文章中からぬき出し、初めの五字を書きなさい。（10点）

（　　　　）

（4）——線④ とありますが、そのときはどのような気持ちだったのか当てはまる言葉を文章中からすなおにぬき出しなさい。（10点）

□□□□□□□□□□□□□

気持ち

□□□□□について

□□□□□をきっかけに

自分を□□□する

（3×5点）

〔天理中〕改

標準レベル 37 慣用句・ことわざ

時間 15分　合格 40点　得点 ／50点

❶ 下の意味になるように、（　）に体の一部を表す言葉を入れなさい。(2点×10)

① （　　　　）が立たない…相手の強さに勝てないこと。

② （　　　　）がない…度をこえて好きであること。

③ （　　　　）にたこができる…同じ話を何度も聞かされること。

④ （　　　　）に火をともす…過度に節約すること。

⑤ （　　　　）から火が出る…とてもはずかしく思って赤面すること。

⑥ （　　　　）をくわえる…がまんして見ていること。

⑦ （　　　　）が棒になる…歩き回って、すっかり疲れ果てること。

⑧ （　　　　）が切れる…考えや物事の理解がはやい様子。

⑨ （　　　　）を持つ…味方をすること。

⑩ （　　　　）が折れる…面倒で苦労する。

❷ 次の（　）に入る体の一部を表す言葉を後から選び、記号で答えなさい。ただし、記号は一度しか使えません。(2点×8)

① （　　）で使う。

② （　　）であしらう。

③ （　　）によりをかける。

④ （　　）にすえかねる。

⑤ （　　）が出る。

⑥ （　　）をひそめる。

⑦ （　　）色を見る。

⑧ （　　）を突っ込む。

ア 顔　イ 首　ウ あご　エ 鼻
オ 足　カ うで　キ 腹　ク まゆ

❸ 次の□に動物の名前をひらがなで入れ、ことわざを完成させなさい。(1点×8)

① 立つ□□ あとをにごさず

② □□□ 百まで踊り忘れず

③ とびが□□を生む

④ □□も鳴かずばうたれまい

⑤ □□の子を散らす

⑥ □□の甲より年の功

⑦ □□の川流れ

⑧ □□の耳に念仏

❹ 次のことわざの（　）に入る生き物をA群から、そのことわざの意味をB群から選び、それぞれ記号で答えなさい。(2点×3)

① 月と（　　）

② （　　）に小判

③ （　　）でたいを釣る

A群　ア えび　イ ねこ　ウ キ　エ すっぽん　オ からす　カ 犬

B群
あ 貴重なものを与えても役に立たないこと。

い 思いがけないことで、よいほうに導かれること。

う 似てはいるが、非常に差があること。

え わずかな労力で大きな利益を得ること。

お 不確かなことをあてに計画を立てること。

①（　・　）　②（　・　）

③（　・　）

〔帝塚山学院泉ヶ丘中一改〕

37

1 次の文の（ ）に入る慣用句をあとから選び、記号で答えなさい。なお、言葉の最後は変わる場合もある。

① 今とちがいがあります。（ ）
② 部屋が分かってしゃべって待つ。（ ）
③ 相手の屋根にしゃべって待つ。（ ）
④ 父は芸能界で失敗した。（ ）
⑤ 悪事の結果、者が（ ）。
⑥ あまりの美しさに（ ）。
⑦ 無理をするなと美しさに（ ）。

ア 口車に乗る
イ 顔が広い
ウ 息をのむ
エ 目を皿にする
オ 首を長くする
カ 念を押す
キ 糸目を引く

（2点×7）

2 次のことわざと似た意味または反対の意味のことわざをあとから選び、記号で答えなさい。

① 下手の横好き
② 急がば回れ
③ 転ばぬ先のつえ
④ 人を見たら泥棒と思え
⑤ 人を見たら泥棒と思え

ア しりが青い
イ 急がば回れにしき
ウ わたりに船
エ はしたからとのはれない
オ はちうえとりからの上な手な
カ 泥棒を好きとにへはは仕損じ

（2点×6）

3 次の各組の言葉の□に共通する言葉を、（ ）内の意味を参考にして、□に正しい一字を入れなさい。

① ア □を切る（関係を断つ）
  イ □を明かす（相手を出しぬく）

② ア □を入れる（参考にする）
  イ □を分ける（相手を困らせる）

（3点×2）

4 次のことわざの正しい意味をあとから選び、号で答えなさい。

① 焼け石に水
② 帯に短したすきに長し
③ たで食う虫も好き好き
④ 少ないこと。

ア 帯に短したすきに長し
イ 本人の気持ち次第で相手の反応もかわる
ウ 人によって好みはちがう
エ 中途半端で役に立たないこと。

（4点×2）

5 次のことわざと同じような意味を表す熟語を、あとから選び、記号で答えなさい。

① 石の上にも三年
② 月夜に提灯
③ 住めば都
④ 来た馬は赤くなる
⑤ 老いては子に従え

ア 感化
イ 幸事
ウ 経験
エ 忍耐
オ 運
カ 不要

（2点×5）

時間 15分
合格 40点
得点 ／50点

学習日 月 日

1 次のことわざの（ ）に入る動物の名前を後から選び、記号で答えなさい。(1点×8)

① （ ）の一声　　　　　　　（ ）
② とらぬ（ ）の皮算用　　　（ ）
③ 井の中の（ ）大海を知らず（ ）
④ （ ）につままれる　　　　（ ）
⑤ （ ）の行水　　　　　　　（ ）
⑥ 飼い（ ）に手をかまれる　（ ）
⑦ （ ）の滝のぼり　　　　　（ ）
⑧ 草を打って（ ）をおどろかす（ ）

ア かわず　イ たぬき　ウ つる　エ からす
オ きつね　カ くじ　キ にし　ク いぬ

2 次のことわざの意味を後から選び、記号で答えなさい。(2点×5)

① 木を見て森を見ず　　　　　（ ）
② 枯れ木も山のにぎわい　　　（ ）
③ 船頭多くして船山に登る　　（ ）
④ ぬかにくぎ　　　　　　　　（ ）
⑤ むかし取ったきねづか　　　（ ）

ア 指示する人が多くてまとまりがなく、目指す場所へ進めないこと。
イ 過去にきたえて、今でも自信のある技術や腕前。
ウ 細部に気を取られて全体を見通さないこと。
エ いくら力を入れても手ごたえがないこと。
オ とるにたりないものでも、ないよりはましだということ。

3 次の（ ）に漢数字を入れ、ことわざを完成させなさい。(2点×10)

① （ ）人寄れば文殊のちえ
② （ ）聞は（ ）見にしかず
③ 人のうわさも（ ）日
④ 悪事（ ）里を走る
⑤ （ ）死に（ ）生を得る
⑥ （ ）年ひと昔
⑦ 一を聞いて（ ）を知る
⑧ （ ）方美人
⑨ （ ）皮むける
⑩ （ ）度あることは三度ある

4 次の故事成語の意味を後から選び、記号で答えなさい。(2点×6)

① 漁夫の利　　　　　　　　　（ ）
② 背水の陣　　　　　　　　　（ ）
③ 四面楚歌　　　　　　　　　（ ）
④ 五十歩百歩　　　　　　　　（ ）
⑤ 画竜点睛　　　　　　　　　（ ）
⑥ 我が田へ水を引く　　　　　（ ）

ア たいしたちがいがないこと。
イ 第三者が利益を横取りしてしまうこと。
ウ 大切な部分に手を加えることで、全体がりっぱになること。
エ 一歩も退かないこと、という覚悟でものごとに取り組むこと。
オ 敵にかこまれてしまうこと。
カ 物事を自分の利益になるよう仕向けること。

[滝三第11中一改]

1　次の意味になることわざを、あとから選び、記号で答えなさい。　（5×2語）

① その他人のことなのに、自分のことのように世話をやくこと。（　）
② そのほかにもよいことがあること。（　）
③ 中途半端では役に立たないこと。（　）
④ 弱い者の中でも強い者ということ。（　）
⑤ 原因がよくない者であること。（　）

エ　好きこそものの上手なれ
オ　雨降って地固まる

2　次の、それぞれの状況に合うことわざを後から選び、記号で答えなさい。　（5×2語）

① 走っていて転んだ弟は、そのいたみをがまんして、泣くのをこらえた。（　）
② 夫にしかられて怒られて答えなさい。（　）
③ 夫にしかられて、好きなマラソンの選手になった。放課後すると、弟は家の近くを走って泣いた。（　）
④ それがトーマスの大好きな遊びだった。友だちと本音を言い合って仲よくなった。（　）
⑤ 績がストップの前のいたので、実際に成。（　）

ア　勝つ原因がある、負ける結果がある。
イ　身から出たさび
ウ　紺屋の白袴
エ　論より証拠
オ　帯に短したすきに長し

3　次の意味になる故事成語を後から選び、記号で答えなさい。　（7×3語）

① 仲の悪い者どうしでも、同じ場所にいること。（　）
② 他人より越して、よいものにすること。（　）
③ 全体の中での最もの苦労。（　）
④ 全体の中でのよい部分。（　）
⑤ 他人の体の中での最もおそれのあること。（　）
⑥ 他人の言動を自分のためにいかすこと。（　）
⑦ 文章を何度も書き直しよりよいものにすること。（　）

ア　矛盾
イ　他山の石
ウ　呉越同舟
エ　蛇足
オ　推敲
カ　圧巻
キ　杞憂

4　A群とB群をそれぞれ組み合わせて三字熟語を完成させなさい。ただしB群は一度しか使えません。　（　）

（例）　漁夫の利
（答え）　種類

A群
B群

（　）は元で
（　）は友を呼ぶ
（　）は災いの元
（　）は寝て待て
果報は（　）れば（　）ぬ

学習日〔　　月　　日〕

時間 **15**分　合格 **40**点　得点 ＿＿＿ 50点

❶ 次の①～④の――線の言葉は同じですが、意味がちがいます。後から最も適切な意味を選び、記号で答えなさい。（2点×16）

① おふろで背中を流す。（　　）
　旅行の計画を流す。（　　）
　なみだを流す。（　　）
　彼のうわさを流す。（　　）

ア 低い方へ動かす　　イ よごれを落とす
ウ 広める　　　　　　エ とりやめる

② 手がらを立てる。（　　）
　波を立てる。（　　）
　役に立てる。（　　）
　腹を立てる。（　　）

ア 気を高ぶらせる　　イ 間に合わせる
ウ 成しとげる　　　　エ 起こす

③ 売られただけ人かを買う。（　　）
　兄のしっかりを買う。（　　）
　参考書を買う。（　　）
　彼のやる気を買う。（　　）

ア 値打ちをみとめる　　イ まねく
ウ すすんで受け入れる
エ お金を出して自分のものにする

④ ねじのしめつけがあまい。（　　）
　親は子にあまい。（　　）
　あまいおかしを食べる。（　　）
　あまい言葉にさそわれる。（　　）

ア きびしくない　　イ ゆるんでいる
ウ 心地よい　　　　エ さとうなどの味がする

❷ 次の①～③の〈　〉の意味になるように、□に共通して入る漢字を答えなさい。（3点×3）

① □が知らせる。〈予感〉
　腹の□が治まらない。〈かんしゃく〉
　勉強の□。〈熱中する人〉

② □からやり直す。〈はじめ〉
　□が固い。〈考え方〉
　ねじの□を打つ。〈先の方〉

③ 人を見る□がない。〈見分ける力〉
　こえな□にあう。〈経験〉
　彼らは今大会の台風の□だ。〈中心〉

① □　② □　③ □

❸ 同じ漢字が異なる熟語で使われるとき、その意味もちがっていることがあります。次の熟語で用いられる場合の漢字の意味を後から選び、記号で答えなさい。（1点×9）

① 今は時期が悪い。（　　）
　何とか期待にこたえた。（　　）

② すみずみまで入念にそうじする。（　　）
　必ず勝つという信念を持つ。（　　）

③ 前例にしたがう。（　　）
　例題を解く。（　　）

④ 大切に保存する。（　　）
　保険に入る。（　　）
　迷子を保護する。（　　）

ア 思い・考え　　イ うけ合うこと
ウ 習慣　　　　　エ 持ち続けること
オ ひと区切りの時間
カ 細かいところに注意する
キ 似たことがら　　ク守ること
ケ あてにすること

1 次の──線の①〜④の意味が通る適切な言葉を後からそれぞれ一つずつ選び、記号で答えなさい。(1点×16)

①
・ゾウはとても長い耳を持っている。(　)
・なべの耳を持つ。(　)
・ゾウの耳を選びます。(　)

ア 音を返すもの
イ 聞く能力
ウ 体の一部

②
・全国各地に散る。(　)
・花びらが散る。(　)
・気が散る。(　)

ア 気が散らばる
イ ばらばらに散る
ウ ばらばらに散る
エ ばらばらに散る

③
・顔を立てる。(　)
・知らんとした顔がそろう。(　)
・やさしい顔をしている。(　)

ア 表情
イ 面目
ウ 集まる人々

④
・港をかかえる地域。(　)
・運転手をかかえる仕事。(　)
・やっかいな仕事をかかえる。(　)

ア 荷物をかかえる
イ 責任や仕事などを身に引き受けてになう
ウ うでや手で持つ
エ ひとや仕事などに囲まれてうごきがとれなくなる

2 次の──線の①〜③の意味もそれぞれ同じ意味を表す言葉ですが、読み方がそれぞれ同じ意味を表す言葉です。読み方がそれぞれ異なります。その読み方を書きなさい。(1点×6)

①
・ゲームのルールで大勢は決している。(　)
・ゲームが始まると大勢の人が押し寄せた。(　)

②
・ゴミを分別してすてる。(　)
・ゴミをきちんと分別する年齢だ。(　)

③
・体に寒気を感じる。(　)
・冷たい寒気が日本に上陸した。(　)

3 後の□の中の八つの漢字を二字ずつ組み合わせて、四つの熟語を作り、その同じ二字でも読み方・意味が二通りある熟語の読み方を書きなさい。(1点×12)

熟語	読み方	
・[　]	(　)	(　)
・[　]	(　)	(　)
・[　]	(　)	(　)
・[　]	(　)	(　)

人 場 物 一 市 事 行 見

学習日　　月　　日
時間 15分
合格 40点
得点 　　／50点

同義語・同音異義語・同訓異字

学習日〔　月　日〕

時間 15分　合格 40点　得点 ＿＿＿ 50点

1 次の各組の——線のうち、他と異なる漢字を使うものをそれぞれ一つずつ選び、記号で答えなさい。(1点×10点)

① ア ドク書　イ ドク断　ウ ドク立（　）
② ア キ具　イ キ車　ウ 食キ（　）
③ ア コ出　イ コ送　ウ コ来（　）
④ ア ツウ信　イ ツウ貨　ウ 苦ツウ（　）
⑤ ア オン人　イ オン和　ウ オン師（　）
⑥ ア ベン解　イ ベン利　ウ ベン護（　）
⑦ ア ホウ問　イ 来ホウ　ウ ホウ角（　）
⑧ ア 党シュ　イ シュ相　ウ 品シュ（　）
⑨ ア カン病　イ カン成　ウ カン板（　）
⑩ ア ヨウ生　イ ヨウ児　ウ ヨウ育（　）

2 次の文の——線の言葉は漢字でどのように書きますか。それぞれ後から選び、記号で答えなさい。(2点×5)

① 事故のため、交通がキセイされた。
　ア 帰省　イ 規制　ウ 気勢（　）
② 劇はコウヒョウだった。
　ア 好評　イ 公表　ウ 講評（　）
③ 晩年になってタイセイする。
　ア 体制　イ 大成　ウ 態勢（　）
④ この試合は勝つセイサンがある。
　ア 精算　イ 清算　ウ 成算（　）
⑤ となり町に中学校がシンセツされた。
　ア 新説　イ 新書　ウ 新設（　）

3 〈　〉の言葉を、次の文の（　）に当てはまるように漢字に直しなさい。(1点×18)

① 〈とる〉新入社員を（　）る。
② 〈つとめる〉委員長を（　）める。
③ 〈かわる〉席を（　）わる。
④ 〈へる〉長い年月を（　）る。
⑤ 〈はやい〉弟は足が（　）い。
⑥ 〈はかる〉解決を（　）る。
⑦ 〈はなす〉犬を（　）す。
⑧ 〈なおす〉けがを（　）す。
⑨ 〈あたたかい〉（　）かい家庭。
⑩ 〈きく〉薬がやっと（　）いてきた。
⑪ 〈さめる〉お茶が（　）めてしまった。
⑫ 〈ひく〉ピアノを（　）くのがうまい。
⑬ 〈せめる〉敵の城に（　）めこむ。
⑭ 〈あつい〉（　）い日ざしをさえぎる。
⑮ 〈いたむ〉悲しみに胸が（　）む。
⑯ 〈かく〉勝負の決め手を（　）く。
⑰ 〈そなえる〉仏だんに花を（　）える。
⑱ 〈わかれる〉意見が（　）かれた。

4 次の言葉と同じような意味を表す言葉をそれぞれ後から選び、記号で答えなさい。
(2点×6)

① 心配（　）　② 理由（　）
③ 忠告（　）　④ 配慮（　）
⑤ 証拠（　）　⑥ 希少（　）

ア 裏づけ　イ 気がかり　ウ 気配り
エ わけ　オ いましめ　カ めずらしい

時間 15分　合格 40点　得点 ／50点　学習日　月　日

1 次の――線の言葉を漢字で答えなさい。（1点×10）

① ア ゆかいなコミックがある。
イ こわれたものをコウカする。
ウ にゆうにコウカがある。

② ア コウバイを送ったのを買う。
イ 最悪のジジョウになった。
ウ 店で受賞をジュショウする。

③ ア 子どものカイゴの仕事をする。
イ 店のカイギョウをする。

④ ア 余りのきんがくをセイサンする。
イ 過去のせいさんをせいする。

⑤ ア かんこうする。
イ 二人の間のかいをかんがえる。

2 次の各文から同じ音読みの漢字が一字ずつ使われているが、正しく使われていない漢字一字を書きぬき、正しい漢字に直して答えなさい。（1点×10）

① 方法を替えるのをやめない。（　）→（　）
② 金賞という賞を残す精績を残す（　）→（　）
③ 血液を検査という健査をする（　）→（　）
④ 気候に適した服相（　）→（　）
⑤ 妹はアイドルに浦中だ（　）→（　）
⑥ 極地的な大雨を記録した（　）→（　）
⑦ 野性の動物を観察した（　）→（　）
⑧ 自動車の動きを精産する（　）→（　）

3 次の各文から同じ訓読みの漢字が一字ずつ使われているが、正しく使われていない漢字一字を書きぬき、正しい漢字に直して答えなさい。（2点×5）

① 敏に潮を送る（　）→（　）
② 災害に備えておへる（　）→（　）
③ 水面に顔を写す（　）→（　）
④ 試合に光望がもてる（　）→（　）
⑤ 窓合から光さす（　）→（　）

⑨ 友だち同士で紙を使う（　）→（　）
⑩ コピーに再成紙を使う（　）→（　）

4 次の言葉と同じような意味になるように、□にあてはまる言葉を漢字一字で答えなさい。（1点×10）

① 理解 … わ□る
② 困惑 … と□わる
③ 敗送 … □ける
④ 達成 … □たす
⑤ 反抗 … は□う
⑥ 弱点 … よわ□
⑦ 皮肉 … □てり
⑧ 的中 … □たり
⑨ 真相 … □じつ
⑩ 和解 … □かり おり

標準レベル 45　言葉の意味

時間 15分　合格 40点　得点　／50点

❶ 次の語句の意味として正しいものを後から選び、記号で答えなさい。（2点×8）

① とがめる （　　）
② こごえる （　　）
③ かんばしい （　　）
④ へりくだる （　　）
⑤ けたたましい （　　）
⑥ 後ろめたい （　　）
⑦ 号泣する （　　）
⑧ ねぎらう （　　）

ア あやまちや罪を責めること。
イ 相手を敬い、自分を低くあつかうこと。
ウ できばえがよいこと。
エ 自分が悪いので気が引けること。
オ うるさくさわぎ立てること。
カ ひどく腹を立てること。
キ 相手の苦労に感謝してねぎらうこと。
ク 大声で泣くこと。

❷ 次の文の——線の言葉は、本来の意味をはなれて、別の意味で使われています。それぞれが表す意味を後から選び、記号で答えなさい。（2点×7）

① あかの他人。 （　　）
② かれの考えはおおくだ。 （　　）
③ 犯人だと思ったがかれはしろだ。 （　　）
④ 女の子はきいろい声援をおくった。 （　　）
⑤ 社長は腹ぐろい人だ。 （　　）
⑥ 計画にあか信号がでた。 （　　）
⑦ しろい目で見る。 （　　）

ア きたない　イ 中止　ウ 未熟
エ まったく　オ かん高い
カ 冷淡　キ 無罪

〔慶應義塾中—改〕

❸ 次の各文の（　）に当てはまる言葉を後から選び、記号で答えなさい。ただし、言葉の形は変わることがあります。（2点×5）

① 姉はかぜを引いたわたしを（　）看病してくれた。 （　　）
② お父さんに怒られた弟はずっと（　）していた。 （　　）
③ 何も（　）ことがないのなら、はっきり言ったらどうだ。 （　　）
④ 赤ちゃんの（　）笑顔にいやされる。 （　　）
⑤ 機械に弱い母はコンピューターに（　）。 （　　）

ア かいがいしい　イ うとい　ウ やましい
エ あどけない　オ しおらしい

❹ 次の文の——線の言葉の意味として当てはまるものを後から選び、記号で答えなさい。（2点×5）

① 友だちはすぐに知識をひけらかす。 （　　）
② 大声を出して相手がひるんだすきに逃げる。 （　　）
③ 上司が失敗をした部下を大勢の前でなじる。 （　　）
④ おかした罪をつぐなうためにがんばる。 （　　）
⑤ 話したくなかったので、話をはぐらかした。 （　　）

ア 相手の悪いところを責める。
イ あやまちを他のものでうめあわせる。
ウ 話題を変えてうまくごまかす。
エ 勢いに負けて気持ちがくじける。
オ じまんして人に見せつける。

1 次の文で「目」の意味を後から選び、記号で答えなさい。(1点×8)

(1) 台風の目が通り過ぎる。
(2) ものを見る目が肥える。
(3) 見るべき目を養う。
(4) ひどい目にあう。
(5) 結び目がかたい。
(6) 結び目が解けた。
(7) 一目置かれる。
(8) 目から鼻へ抜ける。

ア おたがいのようす
イ 文字
ウ 経験
エ 判断力
オ 心にわき出る涙
カ 人間
キ 数の中
ク 理解

（　）
（　）
（　）
（　）
（　）
（　）
（　）
（　）

2 次の各組の□に入る、体の一部を表す同じ漢字を後から選び、記号で答えなさい。それぞれが表す漢字が異なります。(2点×12)

(1)
あ 新しい□□をさがす。
い 人へ□をかしてたのむ。

(2)
あ 多く□仕事をかかえる。
い 電車の事故がだんだん□がうばわれた。
う お客に□を向ける。

(3)
あ お金の□をつける。
い 父はある所へ行く□が好きだ。
う 旅費の□をへらす。

ア 人□にふれる
イ 足をとめる
ウ □を考える
カ 仕事をする
あ
い
う
□
□
□

〔慶田一中・改〕

3 次の（　）に当てはまる言葉を後から選び、記号で答えなさい。ただし、（　）内の字数に合うものから始まるものを答えなさい。(2点×5)

(1) 一番おくれたもので、もっとも自分が怒られると思っていたのに、先生にほめられて（　）〈六字〉。
(2) 首が（　）〈四字〉ほど待ちこがれる。
(3) あまりのおかしさに（　）〈四字〉。
(4) 苦しい状況の中で、何とかあの事を（　）〈四字〉。
(5) 若いときは大金を何とも思わなかったが、彼が（　）〈三字〉ようになった。

あ（　）
い（　）
う（　）
え（　）
お（　）

4 次のひらがなが示した意味に合う漢字一字を入れなさい。(1点×8)

(1) け…□…にげないこと。
(2) わ…□…きをえて得をする。待てば…
(3) し…□…礼儀正しくふるまう様子。
(4) は…□…けじめをつける。
(5) な…□…わけがない。
(6) い…□…わりと言える。
(7) き…□…と言える。事の起こり。
(8) お…□…と思った。おじた…おもしろい。

〔滝川第二中・改〕

時間 15分　合格 40点　得点 ／50点

学習日 [　月　 日]

1　20　40　60　80　100　120 回

---

1 次の（　）に当てはまる言葉を後から選び、記号で答えなさい。(2点×4)

① 校庭の雑草をすべてぬくことは、一人では、とうてい（　）作業だ。
ア 手を入れる　イ 手におえない
ウ 手をきる　エ 手につかない（　）

② 相手のきげんをとろうとして、（　）ようなおせじを言う。
ア 歯のぬけた　イ 歯にきぬをきせない
ウ 歯をくいしばる　エ 歯のうく（　）

③ ここまで損をするとは、ここ（　）だ。
ア 面よごし　イ ほえ面　ウ 面の皮
エ 面がまえ（　）

④ 外国人選手の瞬発力には（　）だ。
ア 舌を鳴らし　イ 舌が回る
ウ 舌が肥え　エ 舌を巻く（　）

[愛光中]

2 次のことわざと反対の意味を持つことわざを後から選び、記号で答えなさい。(2点×7)

① 善は急げ（　）
② 後は野となれ山となれ（　）
③ わたる世間に鬼はなし（　）
④ 君子危うきに近寄らず（　）
⑤ とんびが鷹を生む（　）
⑥ 果報は寝て待て（　）
⑦ 鬼の目にも涙（　）

ア 立つ鳥後をにごさず
イ 虎穴に入らずんば虎子を得ず
ウ 山椒は小粒でもぴりりと辛い
エ かえるの子はかえる
オ 急いては事を仕損じる
カ 人を見たら泥棒と思え
キ まかぬ種は生えぬ
ク 仏の顔も三度

[智辯学園和歌山中・同奈良カレッジ中]

---

3 次の①〜④に適当な一字を入れて、漢字のしりとりを完成させなさい。その一字は、それぞれ後のカタカナの中から一つずつ選び、漢字に直して答えなさい。(2点×4)

明 →（①　）→ 状 →（②　）→ 度
↓
暗 → 記 →（③　）→ 音 →（④　）

タイ　テイ　ハク　ロク　キン　ケイ

[近畿大附属和歌山中]

4 次の――線のカタカナを漢字に直しなさい。(2点×6)

① イガイな結果だ。（　）
② 関係者イガイ立ち入り禁止。（　）
③ 料金をセイサンする。（　）
④ 過去をセイサンする。（　）
⑤ シュウシン笑顔だった。（　）
⑥ 関係にシュウシ符が打たれた。（　）

[神戸国際中―改]

5 次の――線のカタカナを漢字に直しなさい。(2点×4)

① コウカク付近でつりをする。（　）
② 飛行機がコウカクする。（　）
③ 水をはじくようにカコウする。（　）
④ 富士山のカコウ。（　）

[報徳学園中―改]

1

次の文の──線のことばの使い方が正しいものには○を、あやまっているものには×をつけなさい。（2点×2）

(1) 弟の忠告を聞いて馬耳東風、心に念仏と受け流した。（ ）

(2) すぐれた科学者の計画は大木にもとまらないほどの話だ。（ ）

2

次の意味にあう故事成語を後から選び、記号で答えなさい。（3点×4）

(1) 少しの差もないこと。（ ）

(2) 第三者が利益を横取りすること。（ ）

(3) 他人の行いは自分の役に立つということ。（ ）

(4) 大ぜいの人の意見が一致すること。（ ）

ア 他山の石
イ 五十歩百歩
ウ 漁夫の利
エ 馬耳東風

3

──線の漢字二字の言葉と同じ意味の言葉を組み合わせて意味の言葉を完成させなさい。後の語群（2点×5）

(1) 家は高台にあるので大水にも安全だ。（ ）

(2) 人の来る気配がする。（ ）

(3) 優秀な成績で入学した。（ ）

(4) むだを省いて電気代を始末する。（ ）

(5) 原因不明の熱が出る。（ ）

〔語群〕
派生
理立
約節
事往
処後
子無

4

次の──線と同じ漢字を書くものを後から選び、記号で答えなさい。正しくないものには×と答えなさい。（4点×3）

(1) 新しい機械をソウサする。
ア 動物をシイクする。
イ 熱心にソウジをする。
ウ 組織をソウサする。
エ エサをソウサする。

(2) 友人に手紙をオクる。
ア アンケート用紙をオクる。
イ ウタガイをはれる。
ウ プレゼントをオクる。
エ コトバを明確にする話す。

(3) 政府の決定にオウじる。
ア ビルを建てる。
イ ジュンバンにオウじる。
ウ ジキにオウカイに行く。
エ カンコウにオウじる。

(4) 手紙を投かんする。
ア インサツを投かんする。
イ ラインをキョウカする。
ウ キャンパスへ投かんする。
エ ビンセンを投かんする。

5

次の文の（ ）に当てはまる言葉を後から選び、記号で答えなさい。（4点×3）

(1) 計算に関して功績なので彼女は（ ）な。

(2) 勉強で残した性格もそ彼女は（ ）な。

(3) きげんを損ねてきて弟は（ ）な。

(4) 右に挙げられた出た者は取り身の置き所が（ ）た。

ア イ 打ち所
ウ 非のうち所
オ 枝

時間 15分
合格 40点
得点 ／50点

学習日 月 日

1 次の文章を読んで、後の問いに答えなさい。

　外見で人を判断するのは良くないと、学校では教わってきた。だが、ニュアンスの人でもサングラスをかけるだけでおっかなく見えるし、その人格まで狂暴であるかのような印象をもたれるのも現実であろう。

　虫の世界では、カマキリが①まさにそうだ。神サマはなぜ、あんなにとがった頭をつくり成されようとしたのか。目も三角、自体はやさしげな曲線で構成されようとしたのか。目も三角、頭とセットで見れば近寄りがたい存在となる。

　しかし、どうみても「オレは肉食だぞ!」とアピールしているカマキリがみうけられたら、怪しげな人のマント②よろしくひらひらさせるくらいなら、強力な武器である。背中の羽ねを脅し効果は倍加する。

　ひょっとしたら「アタシ、ほんとはやさしいのよ」というカマキリがいるかもしれない。しかし、チョウやバッタを生きたままむさぼり食うさまをチラリとでも目にすれば、③　虫は、その言葉を最後まで聞く前にげるべきだと悟るだろう。巨大な鎌はやはり、その殺りくのためにだけにあると思えない。

　カマキリのイメージを悪くするのは、その食べ方にもある。百獣の王ライオンでさえ、イエナの群れがまとわりつくと*辞易して、せっかく得たものを手放すという。だが、カマキリでは、そういう場面を見たことがない。

　食事のあとは、鎌の手入れである。古いそうな仕草が、ペロペロと丹念になめまわすようなこが、人の目にはこれがまた、やらしく映る。

　餌食になる虫の種類を④きりがない。手当たり次第だ。あれだけ毒牙に

だら日本中から動くものが消えそうだが、⑤そうはならない。自然はよくできていて、そうはならない。

(谷本雄治「ご近所のムシがおもしろい」)

*辞易…うんざり。

(1) ——線①「まさにそうだ」とありますが、カマキリが「狂暴であるかのような印象をもたれる」のは何によりますか。文章中から二つ、それぞれ五字でぬき出しなさい。(5点×2)

(2) ——線②と同じ意味のものを次から一つ選び記号で答えなさい。(10点)

ア　あなたの判断でよろしく処理してくれ。
イ　ひげきの主人公よろしく泣きくずれる。
ウ　どうぞお父様によろしくお伝えください。
エ　祖父の体調はあまりよろしくないそうだ。
（　　）

(3) ③に当てはまる言葉を次から選び、記号で答えなさい。(10点)

ア　神経質な　　イ　くぼんな
ウ　賢明な　　　エ　おろかな
（　　）

(4) ——線④「きりがない」とはどういう意味ですか。最も適当なものを次から選び、記号で答えなさい。(10点)

ア　数えきれない　　イ　限定できない
ウ　特定できない　　エ　はっきり言えない
（　　）

(5) ——線⑤とはどういう意味ですが。文章中の言葉を使って十五字以内で答えなさい。(10点)

					ことにはならない

という意味。

〔大谷中(大阪)一改〕

上級レベル 50

説明文 (1)

1 次の文章を読んで、後の問いに答えなさい。

（……）物園のサルの撮影で京都の動物園に行った後、ある園の山奥に捕らえられてきたニホンザルの一群を眺めた。見物人たちはニホンザルを眺めてニホンザルの顔を見て、「――」なんて言ったりする。それはニホンザルがわれわれの顔に似ているからである。しかし、それこそ偏見というものだ。

――線① ニホンザルはニホンザルであって、われわれに似ているというのはニホンザルにとっては、大変迷惑なことかもしれない。

――線② サルは元気的なものである。岩と岩の間を跳ねて渡る姿は、極めて身軽である。そのサルの移り気とでも言うべき様子は……。

サルは少しもじっとしていない。そのサルの尻尾が長く、顔がホンザルに似ていて……。

――線③ そのホンザルはジェスチャーのうまいオナガザルであり、ニホンザルにはオナガザルのような長い尾がない。

今ではサルと言えば皆オナガザル科に属するものを見る。だが、ホンザルもサルである。

ホンザルというからには、それはサルのメンバーである。そのことを間違えてはいけない。

（竹内久美子『サライ・日本人論』）

---

(1) ──線①について、次の文の（ あ ）（ い ）に当てはまる言葉を次から選び、記号で答えなさい。(5点×2)

ニホンザルは（ あ ）に（ い ）に生きている。

ア 人格　イ 具体　ウ 自然　エ 保守　オ 本格

（あ　　）（い　　）

(2) ──線②はどのような様子を読みとれますか。次のうち最も適切な言葉を次から選び、記号で答えなさい。(10点)

ア すばやい様子
イ おだやかな様子
ウ すましている様子
エ おかしな様子

（　　）

(3) ──線③とはどのようなことですか。文章中からぬき出して答えなさい。(10点)

最初の五字を答えなさい。

[　　　　　]

(4) ──線④「偏見」とはどういう意味か、最も適切なものを次から選び、記号で答えなさい。(10点)

ア ニホンザルはサルの群れにまじり込んでいるということ。
イ ニホンザルはホンザルとは違うものであるということ。
ウ ニホンザルはホンザルのなかまであると思い込むこと。

（　　）

[成城学園中‐改]

1 次の文章を読んで、後の問いに答えなさい。

クモは、しばしば昆虫の王と言われますが、この言葉は確かなのでしょうか。昆虫の脚が六本であることはみなさんもよく知っているでしょう。それでは、クモの脚も同じ本数なのでしょうか。クモの脚は八本なのです。ですから、クモは昆虫です。(中略)

クモが話題になると、嫌がる人も多くいますが、話についてこれる人というのは、けっこう多いのです。それは、クモの巣に出会ったり、屋外で顔に糸がまわりついたり、古い家の中の大きなクモにびっくりしたことなどを覚えているからでしょう。そこで、こきなり「クモは①　頃どこにいると思いますか？」と聞くと、意外と時期や場所は忘れてしまっている人が多いようです。それは、ふだんクモにあまり関心がないけれど、②確かにかつてある人がいないからです。

にクモ採集をお願いしたところ、成果は得られませんでした。やはり、クモを採集するには、どの辺にいつ頃、クモがいるのかについての知識が必要だと思われます。

一般にクモといえば、山の中や廃屋に巣を張っているように思ってしまいます。それでは、山の中に入ればクモが多くいるのかといえば、そうでもないのです。また、廃屋でも確かにクモが巣を張っている場合が多いのですが、それでは、どこに巣を張っているのかというと、要するにクモの獲物である昆虫が生息しているところにクモが多い、ということだけは確かなのです。つまり、生物の③食物連鎖を頭に入れなければいけないのです。つまり、生物の食物連鎖を考えて、クモを探すには、食物連鎖を考えて

クモの獲物であるチョウやトンボなどの昆虫のいる場所に行けば、クモを探しやすいのです。

(大崎茂芳「クモの糸の秘密」)

(1) 最初の段落には意味が通らない文が一つあります。その一文をぬき出して正しい文に直しなさい。(5点×2)

意味が通らない文
(　　　　　　　　　　　　　)
正しい文
(　　　　　　　　　　　　　)

(2) ──線①「どこにいる」とありますが、クモはどこにいるのですか。まとめて述べている部分を二十字でぬき出し、最初と最後の三字ずつを答えなさい。(10点)

[　　　　]～[　　　　]

(3) ──線②の理由について次のようにまとめました。(　)に当てはまる言葉をそれぞれ二字で文章中からぬき出しなさい。(10点×2)

採集をお願いした相手はクモに(　あ　)がないため、生息する時期や場所の(　い　)がなかったから。

あ [　　　　]　い [　　　　]

(4) ──線③の例として最も適当なものを次から選び、記号で答えなさい。(10点)

ア 野菜、魚、肉などいろいろな種類の食べ物をまんべんなく食べる。

イ マイタケ、シイタケなど同じ種類のものを続けて食べる。

ウ プランクトンはイワシに、イワシはサバに、サバはマグロに食べられる。

エ 魚類から両生類に、両生類からは虫類へと順に進化する。

(　　　)

1　次の文章を読んで、後の問いに答えなさい。

社会人という言葉を意識したことがあるだろうか。社会人とは何だろう。社会人とは、学校を卒業して職業に就いた人のことを言うのだろうか。それとも、就職して社会生活を送る、自立した個人のことを言うのだろうか。

②定年退職した人は社会人ではないのだろうか？定年退職した人は、安定した仕事に就き、社会生活を送る、という意味での社会人ではなくなる。しかし、彼らは社会の一歩先を行く人生の先輩であり、社会人であることに変わりはない。

やむを得ない時代である現在は、いわゆる「就職氷河期世代」社会人として意識し続けている個人である。

特定の職業に就き、社会生活を送るという意味での社会人ではない、高齢者や主婦や失業者は社会人ではないのだろうか？

③私たちは個人であると同時に社会の構成員でもある。

私たち一人ひとりは、個人として生きているのであり、また社会人として生きてもいる。人間は社会的動物であると言われる。人間は仲間との関わりの中で意識や感情を持つようになる。私たちにとって、この人と人との関わりこそが、人生を豊かにしてくれる要素である。

この三つのこと、つまり、自然人としての私たちが偏った人間になることから離れることが大切なのだ。

④個人が個人として生きていく上で、血縁や地縁といったものにとらわれない人生の半ばを重視する社会となり、血縁・地縁の社会から個人化した社会へと変化している。

現在社会では、個人のあり方が多様化し、他方では全世帯の四割が非正規労働者である世帯も多い。

会社である。

（共立女子第二中―改）

（1）——線①「……社会人の生き方」とあるが、……最初の五字を文章中から書き出しなさい。（10点）

（2）——線②にあてはまるものを、次から選び、記号で答えなさい。（10点）
ア　そう
イ　そうして
ウ　そんなにも
エ　そうではなく

（3）——線③にあてはまるものを、文章中から三字で書き出しなさい。（10点）

（4）——線④にあてはまる言葉として最も適切なものを、次から選び、記号で答えなさい。（5点×3）
ア　高学歴化
イ　高齢化
ウ　高度情報化
エ　高層化

（5）——線⑤「個人主義」が、民主主義社会の中で他の個人と積極的に社会参加することで必要とする生き方を、文章中から二十一字で書き出しなさい。（10点）

時間　20分
合格　40点
得点　／50点

学習日　月　日

時間 20分　合格 40点　得点 ／50点

学習日〔　　月　　日〕

1 次の文章を読んで、後の問いに答えなさい。

① マルハナバチは、全身がけむくじゃらのちょっとかわいいハチです。実はこのマルハナバチと呼ばれる外来種が日本に大量に輸入されています。

② この外来のマルハナバチは、ビニールハウスやガラス室で栽培される①トマトの花粉媒介用に輸入されるようになりました。花粉媒介とは、花から花へ花粉を運んで受粉を手助けすることで、ハチによって受粉された花は、実を作ることができるようになります。

③ こうした農作物の花粉媒介用昆虫で有名なのは、皆さんもよくご存じのセイヨウミツバチです。こちらは明治時代から輸入されて使われています。 A 、トマトの花は、蜜を出さないうえに、やく（おしべの先の花粉が作られる器官）を振動させないと花粉が集められないため、セイヨウミツバチは使えないのです。そのため農家さんたちはマルハナバチが輸入されるまでは、自分の手で花粉を運ぶか、「植物成長ホルモン剤」を花にかけて受粉なしで実らせていました。

④ B 、マルハナバチの人工巣利用が考案されました。マルハナバチは蜜を分泌しない花でも花粉を集めに来てくれます。大きな体を震わせて花粉媒介用昆虫としても優れています。マルハナバチの人工巣は、ヨーロッパで最初に開発されました。

⑤ ②これによって受粉が容易になることからあっという間にヨーロッパ中で使用されるようになり、一九九二年に日本も導入を開始しました。現在では、日本のトマト生産の多くの部分がこのマルハナバチによって担われています。

⑥ セイヨウオオマルハナバチの導入は、日本のトマト生産におおいに③貢献しました。先に書いた通り、マルハナバチの導入前は、トマトの生産は、農家さんが手で受粉するか、ホルモン剤処理をひとつひとつの花にしなくてはなりませんでしたが、ハチが花粉を運んでくれるので、農家が楽になった分、農家さんたちは、ハウスを増やして生産規模を大きくすることができるようになりました。

（五箇公一「クワガタムシが語る生物多様性」）

(1) A ・ B に当てはまる言葉をそれぞれ次から選び、記号で答えなさい。(5点×2)
ア ただし　イ また　ウ ところが
エ つまり　オ そこで

A（　　）B（　　）

(2) ある段落の最後には、次の一文がぬけています。どの段落の最後にもどすのが最も適切ですか。段落の番号を答えなさい。(10点)

これは結構な重労働で、農家の人たちにとっても大きな負担でした。

（　　）段落

(3) ——線①とありますが、マルハナバチがトマトの花粉媒介に利用される理由が説明されている段落をさがし、その段落の番号を答えなさい。(10点)

（　　）段落

(4) ——線②「これ」がさしている言葉を文章中から十字でぬき出しなさい。(10点)

(5) ——線③の「貢献」とは、たとえばどのようなことの役に立ったのですか。文章中から十二字でぬき出しなさい。(10点)

〔近畿大附田—改〕

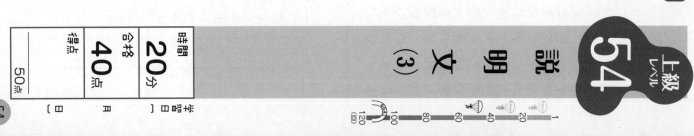

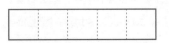

1 次の文章を読んで、後の問いに答えなさい。

（前川☆☆『星は光を送る──宇宙の星のはなし』）

「星は光を送る」宇宙の星は、大きさも大きさが少しちがう。

大きい星は、小さい星にくらべて、水素を使う早さが速く、燃料はどんどん激しく燃えて高いところがやけています。それで大きさが少しちがうだけで、発する光も重さも温度も少しちがっています。

小さい星は、燃える早さがおそく、燃料はゆっくり燃えて光を出しているので、温度が低く発する光が重さも少しうすく、長く生きられるのです。それで大きい星は、小さい星にくらべて、星が重いから集めてくるので、長く生きられません。──星の運命は決まってしまうのです。

反対に重い星は、水素が多いので小さい星にくらべて長生きで、星は死ぬまでの体重が決まっています。

これらのことから、星は大きさで集まったものは、同じになる星が決まっていますが、後の間いに答えなさい。

A 大きい星も成長して小さくなっていきます。人間は大人になるとそれ以上は大きくなりませんね。だから、大きい星ほど早く小さくなるのです。

B 大きい星は少しずつ縮むので、長生きをします。大きい星に短く、小さい星は長く生きられるのです。

（1） A・B に当てはまる言葉を次から選び、記号で答えなさい。

ア つまり
イ ところが
ウ また
エ あるいは

A（ ） B（ ）

（2） 線①「星は人間や動物のように生き出しているのだ」とありますが、星は人間や動物のように生きているということを、文中から五字でぬき出して答えなさい。（5点×2）

（ ）（ ）

（3） 線②...とありますが、その理由がわかるように、文章中からぬき出しなさい。（5点×2）

（ ）（ ）

（4） 線③「星は」とありますが、最も適切なものを次から選びなさい。（10点）

[解答欄]

ア 素が星が光を通して大きさが合うことで決まります。
イ 水素が星の大きさによって決まり、燃料の補給によっても決まる。
ウ 素が星が光を出して生きている長さによって決まり、生きられる明るさで決まります。
エ 決め方が星の長生きにはよらず、水素の分量によって決まります。

（5） 文章の内容と合うものを次から選び、記号で答えなさい。（10点）

ア 水素が少なく答えすから小さい星ほど長生きである。
イ 光は低いほど温度が合うほど水素を使い、長く生きられる。
ウ 細く水素方が続けて使われるため、光の温度になり、小さく縮むため形も変わらない。
エ 光を細長い形に変わってしまうから、小さい星は長生きである。

（ ）

1 次の文章を読んで、後の問いに答えなさい。

現実に起こってくるのは、具体的問題である。これはひとつひとつ特殊な形をしているから、一般化、分類がむずかしい。これをパターンにして、一般化、記号化したのがことわざである。Aというサラリーマンの腰が落ちつかず、ごきげんにつとめを変えている。これだけでは、サラリーマンAにそういう習性があって、その者が古くから認められることに思い至るのは無理だろう。

「①これに、ころがる石はコケをつけない」というパターンをかぶせると、サラリーマンAも、いっこう、人間の習性によって行動していることがわかる。別に珍しくもないとなる。

具体例を抽象化し、さらに、これを定型化したのが、ことわざの世界である。庶民の知恵である。古くからどこの国においても、おびただしい数のことわざがあるのは、文字を用いない時代から、人間の思考の整理法は進んでいたことを物語る。

個人の考えをまとめ、整理するに当たっても、②人類が歴史の上で行ってきた、ことわざの創り出しが参考になる。個々の経験、考えたことを、そのままの形で記録、保持しようとすれば、わずらわしさにたえられない。片端から消えてしまい、後に残らない。

一般化して、なるべく普遍性の高い形にまとめておくと、同類のものがあると、その形式を強化してくれる。つまり、自分だけのことわざのようなものをこしらえて、それによって自己の経験と知見、思考を統率させるのである。こうして生まれることわざが相互に関連性を持つと、その人の思考は（ ⓐ ）を作る方向に進む。そのためには、関心、興味の核をはっきりさせる。その核に集まる（ ⓑ ）事象、経験を一般的命題へ高め、自分だけのことわざの世界をつくりあげる。このようにすれば、本を読まない人間でも、思考の体系をつくり上げることは充分に可能である。（外山滋比古「思考の整理学」）

(1) ――線①「これ」が指す内容として最も適切なものを次から選び、記号で答えなさい。(12点)

ア 現実に起こってくるのは、具体的問題であること。

イ Aというサラリーマンが、ごきげんにつとめを変えていること。

ウ 具体的問題をパターンにして、一般化、記号化したのがことわざであること。（　　）

(2) ――線②とありますが、なぜですか。その理由を筆者の主張にそって次のようにまとめるとき、□に入る語句を文中から十五字でぬき出しなさい。(12点)

個々の具体的な経験や考えたことは、□ために、分類がむずかしいから。

(3) （ⓐ）（ⓑ）に入る言葉を、ⓐは二字、ⓑは三字で文中からぬき出しなさい。(7点×2)

ⓐ [　　] 　ⓑ [　　]

(4) 筆者の主張をまとめたものとして最も適切なものを次から選び、記号で答えなさい。(12点)

ア 多くの本を読み、さらに古いことわざを知ることで、思考を体系化することができる。

イ 思考の体系をつくるためには、自分の個々の経験や考えを一般化することが必要である。

ウ 古くから伝わる多くのことわざを知り、それをさらに一般化することで思考を整理することができる。（　　）

〔春日部共栄中―改〕

1 次の文章を読んで、後の問いに答えなさい。

渡り鳥やカモメ、小魚など続けながら海の中を泳ぎながら、動物たちは後で飛び続けたり泳ぎ続けたりして、眠る動物もいます。

しかし、ずっと飛び続けながら海の上を渡っていく鳥や、泳ぎ続けながら海の中を泳いでいく魚などは、どうやって眠るのでしょう。科学者が調べてみると、アマツバメのような鳥は、海の上を飛びながら、脳の右半分ずつを眠らせて、飛び続けたまま眠っているらしいのです。イルカのような海にすむ哺乳類も、泳ぎながら脳の右半分と左半分を半分ずつ眠らせているらしいのです。

草食動物は見晴らしのよい草原で、短い時間を何回にも分けて眠ります。それは、いつ敵におそわれるかわからないので、すぐに起きて逃げられるように、常に周りを見張っているためなのです。

肉食動物は敵におそわれることが少ないので、昼間でも夜でもぐっすりと眠ることができます。

ネズミのような夜行性の動物は、昼間はねむっていて、夜になると活動します。活動する状態がそのためばらばらで、起きたり眠ったりをくりかえしています。

—線② 肉食動物は敵におそわれることが少ないので、ぐっすりねむることができます。人間も動物なので、眠ることで身体の栄養補給や、筋肉へゆきわたる命が下がり、人間のねむりも動物の行動と同じく、眠ることで栄養の補給が身体にゆきわたる、という事実から見ると、「眠る」ことは動物にとって一つの行動と言えます。

（井上昌次郎）

時間 20分　合格 40点　得点 /50点
学習日 [　月　日]

（1）——線①「事実」について、次の（ あ ）～（ う ）に当てはまる言葉を、それぞれ文章中から（あ）は十二字、（い）は十四字、（う）は二十一字でぬき出しなさい。（3×10点）

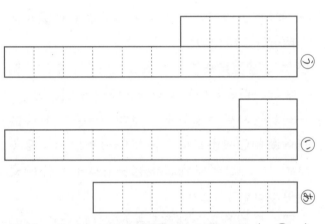

あ　（　　　　）動物が（　）こと。
い　（　　　　）動物が（　）こと。
う　（　　　　）という事実や、動物の

（2）——線②「集中」と同じ記号で組み立ての熟語を次から選び、記号で答えなさい。（10点）

ア 満足　イ 不信
ウ 市町村　エ 新素材

（　　　）

（3）この文章は何について書かれていますか。文章中から六字でぬき出しなさい。（10点）

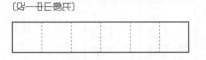

[改一日一題]

標準レベル 57 言葉の種類

時間 **15**分　合格 **40**点　得点 ＿＿ 50点

❶ 次の言葉の種類を後から選び、記号で答えなさい。（1点×10）

① 健康だ（　　）　　② 聞く（　　）

③ 十頭（　　）　　④ はかない（　　）

⑤ 戦い（　　）　　⑥ 悲しむ（　　）

⑦ 山（　　）　　⑧ 高い（　　）

⑨ 静かだ（　　）　　⑩ 読む（　　）

ア 名詞　　イ 数詞　　ウ 動詞

エ 形容詞　　オ 形容動詞

❷ 次の文の——線の言葉の働きを後から選び、記号で答えなさい。（1点×5）

①元気な②声で③話す。④分厚く⑤難しい本を買った。

ア ものの名前を表す言葉

イ 動きを表す言葉

ウ 様子を表す言葉

①（　　）　②（　　）　③（　　）

④（　　）　⑤（　　）

〔修道中—改〕

❸ 次の各組の中から一つだけ種類の異なるものを選び、記号で答えなさい。（2点×6）

① ア 飛ぶ　イ 書く　ウ おいしい　エ 学ぶ （　　）

② ア 深い　イ 楽しい　ウ 悲しみ　エ 熱い （　　）

③ ア 速さ　イ 長さ　ウ 高さ　エ 低い （　　）

④ ア 急だ　イ 流れだ　ウ 静かだ　エ 素直だ （　　）

⑤ ア 学ぶ　イ プール　ウ ノート　エ 教室 （　　）

⑥ ア イヌ　イ ネコ　ウ ウサギ　エ 飼う （　　）

❹ 次の文から名詞をすべて書きぬきなさい。（2点×6）

① 庭に赤い花がさいている。

② ネコがチョウチョウをおいかけている。

③ 昨日、弟はかぜで学校を休んだ。

④ この箱は小さいが、重い。

⑤ きみに借りた本はぼくには難しい。

⑥ 兄は自転車で世界一周の夢を抱いている。

①（　　　　　　　　　　）

②（　　　　　　　　　　）

③（　　　　　　　　　　）

④（　　　　　　　　　　）

⑤（　　　　　　　　　　）

⑥（　　　　　　　　　　）

❺ 次の文の——線の言葉の種類を後から選び、記号で答えなさい。（1点×11）

① ピカソは有名な画家である。（　　）

② 風が強くなってきた。（　　）

③ 夏にはキャンプを行う。（　　）

④ 荷物はこちらで預かります。（　　）

⑤ なんて美しいのだろう。（　　）

⑥ 楽しいお茶会。（　　）

⑦ 春にさく花。（　　）

⑧ 鳥の鳴き声を聞く。（　　）

⑨ 午後五時に待ち合わせる。（　　）

⑩ はなやかな服装をする。（　　）

⑪ あの本を買う。（　　）

ア 普通名詞　イ 固有名詞　ウ 代名詞

エ 数詞　オ 動詞　カ 形容詞　キ 形容動詞

ク 連体詞

時間 15分　合格 40点　得点 ／50点
学習日 ［ 月　日 ］

1 次の言葉の種類を後から選び、記号で答えなさい。(2点×10)

① 東京　　③ それ　　⑤ 迷う　　⑦ おだやかだ　　⑨ 母
② 二階　　④ 持つ　　⑥ 易しい　⑧ 登る　　⑩ 富士山

ア 代名詞　イ 固有名詞　ウ 普通名詞
エ 数詞　　オ 動詞
カ 形容詞
キ 形容動詞

2 次の各文の——線の言葉と同じ種類の言葉をそれぞれ後から選び、記号で答えなさい。(2点×3)

(1) 今日はとても寒い日です。
　ア 明日は晴れてもよい日でしょう。
　イ 高い山に登りましょう。
　ウ お父さんは花だんの草を見つけた。

(2) お母さんは黄色いシャツを見つけた。
　ア 明日を連れて山に登りましょう。
　イ 白い雲が三羽降りている。
　ウ 学校のクラスが雪が降るへ出た。

(3) わたしたちは世界に戦った。
　ア 自然の本を読む。
　イ 外国まで行く。
　ウ したしんだ作文。

3 次の文の——線の言葉を正しく言い直して、直す必要がない場合は○を書きなさい。(2点×6)

(1) はずかしいのか、顔が赤くなった。

(2) 荷物を全部に送りました。

(3) 事情は全部聞いています。

4 次のそれぞれで、——線の言葉が正しい使われ方をするように、後の各文の( )に当たる適切な言葉を後から選び、適切な形に変えて答えなさい。(2点×6)

(1) ア 深い湖の( )を測る。
　　イ 明るい人の( )にはまる。

(2) ア 妹の顔の( )が明るい。
　　イ 町長の不正が明るみに( )。

(3) ア 親しい国家間の( )。
　　イ 親しい町長の不正が( )。

(4) ア 重んべた( )。
　　イ 伝統のある( )。

(5) 二つの共通点がある。

(6) あちらの方が呼んでいます。

5 例にならって、次の□の言葉を結びつけて一つの言葉を完成させなさい。(1点×4)

例　春＋風＝春風

① 話す＋声
② 書く＋加える
③ 笑う＋合う
④ 読む＋終える

時間 15分　合格 40点　得点 ／50点

1 次の──線の言葉は、ア動詞、イ形容詞、ウ形容動詞のうち、どれですか。それぞれ記号で答えなさい。(2点×8)

① 試合に勝ててうれしい。（　　）

② 犬が校庭を走っている。（　　）

③ 今日は昨日より寒くない。（　　）

④ 探していた本はなかった。（　　）

⑤ この部屋にはだれもいない。（　　）

⑥ 苦い薬は飲みにくい。（　　）

⑦ 暖かな日差しが入る。（　　）

⑧ 道路は車で混んでいる。（　　）

2 次の各組の言葉には、一つだけ種類の異なる言葉があります。それぞれ記号で答えなさい。(1点×9)

① ア 白い　イ 笑い　ウ 軽い （　　）

② ア 楽しい　イ 苦しむ　ウ 広い （　　）

③ ア 学校だ　イ 平和だ　ウ りっぱだ （　　）

④ ア やわらかだ　イ なだらかだ　ウ 読んだ （　　）

⑤ ア 新しい　イ 高さ　ウ 古い （　　）

⑥ ア 引く　イ 書く　ウ 全く （　　）

⑦ ア うれしい　イ おもい　ウ ただし （　　）

⑧ ア 解く　イ 聞く　ウ 白く （　　）

⑨ ア 動く　イ 動力　ウ 動転 （　　）

3 次の文の──線の言葉を言い切りの形に直しなさい。(2点×5)

① あのネコはかしこかった。（　　）

② 海で思いっきり泳ぎたい。（　　）

③ 地面を平らにならす。（　　）

④ おだやかな気持ちで過ごす。（　　）

⑤ 宿題をしよう。（　　）

4 「暗い」と「浅い」という言葉を、後の文の（　）に当てはまる形にしなさい。ただし〈　〉内の字数に従うこと。(1点×10)

「暗い」

① 外はきっと（　　　　　　）ぞ。〈三字〉

② だんだん（　　　　　　）なる。〈二字〉

③ （　　　　　　）ば、電気をつけて。〈三字〉

④ （　　　　　　）夜道を歩く。〈二字〉

⑤ どうくつの中は（　　　　　　）だ。〈三字〉

「浅い」

⑥ 考えが（　　　　　　）だ。〈三字〉

⑦ （　　　　　　）ば水は流れる。〈三字〉

⑧ そこまでは（　　　　　　）う。〈三字〉

⑨ この池は（　　　　　　）はない。〈三字〉

⑩ まだ日が（　　　　　　）。〈三字〉

5 「元気だ」という言葉を、後の文の（　）に当てはまる形にしなさい。ただし〈　〉内の字数に従うこと。(1点×5)

① 昨日は（　　　　　　）だ。〈四字〉

② 弟は（　　　　　　）はない。〈三字〉

③ （　　　　　　）過ごしている。〈三字〉

④ （　　　　　　）子どもたち。〈三字〉

⑤ あれだけ（　　　　　　）ば大丈夫だ。〈四字〉

1 次の各文から動詞をすべて選び、その──線のままの形で書きなさい。(5×2)

(1) 世の中の動きを知ることは、どんなときでも大切だ。

( )

(2) みんなの意見を聞いて、結論を出そうと思う。

( )

2 次の〈 〉内の言葉を、文に合うように正しい形に変え、ひらがなで書きなさい。(5×2)

(1) ウメの実は、十分に熟して〈 〉から食べるとよい。

( )

(2) レモンは、料理に使われたり、ジュースの材料になったり、いろいろな役わりがある。

( )

(3) ウメの実は、まだ十分に熟していない。

( )

(4) 妹は、お母さんにしかられた弟を見ながら、もらい泣きした。

( )

(5) 一日中、何も食べないで、彼は弟に謝った。

( )

3 次の文の──線の言葉がア形容詞、イ形容動詞のいずれかを答えなさい。(5×2)

(1) これは〈買う〉たばかりだけれど、( )

(2) 今のうちに宿題を〈する〉ばに、( )

(3) 母は〈来る〉ので、( )

(4) 〈飛ぶ〉ことができない鳥は、だろう。( )

(5) 先週から〈読む〉でいる本は、おもしろいから、下巻も〈読む〉ことにした。( )

(6) 〈食べる〉ことをやめたほうがよいと思った。( )

4 次の文から形容動詞を選び、──線のままの形で書きなさい。(2×2)

(1) これは赤いだけのおもちゃだけれど、弟は大事そうに持って眠った。

( )

(2) この湖はとても温かいので、( )

(3) この海は夢のように深いので、( )

(4) 空につづく自然が豊かだと思った。

( )

(5) その土地は自然が豊かだった。

( )

5 次の動詞を「〜ます」につながる形に直しなさい。(5×2)

例 深い → 深く、飛ぶ → 飛ばない

(1) ( )

(2) ( )

6 次の動詞を「〜ない」という意味を表す形に直しなさい。(5×2)

例 読む → 読書

(1) 登る → ( )

(2) 歩く → ( )

(3) 書く → ( )

(4) 話す → ( )

(5) 打つ → ( )

例 読書 → 書く

(1) 読む → ( )

(2) 飛ぶ → ( )

(3) 食べる → ( )

(4) 取る → ( )

(5) 行く → ( )

時間 15分
合格 40点
得点 　/50点
学習日

主語・述語・修飾語

❶ 次の文の主語・述語の関係を後から選び、記号で答えなさい。(2点×8)

① 今日のご飯は 昨日より おいしい。（　）

② わたしの姉は 四月から 大学生だ。（　）

③ 森の中から 鳥の群れが 急に 飛び立った。（　）

④ そんなに あわてて どこに 行くんだい、君は。（　）

⑤ 山の頂上では 風が とても さわやかだった。（　）

⑥ ポストの色は 真っ赤だ。（　）

⑦ ぼくらに 大事なことは 思いやりだ。（　）

⑧ あなたは すっかり 自信を 失っている。（　）

　ア　何が(は)どうする
　イ　何が(は)どんなだ
　ウ　何が(は)何だ

❷ 次の──線の主語をさがし、記号で答えなさい。(2点×5)

① ア風が イそよそよと 草原を ウふきぬける。（　）

② ア明日は イわたしも ウいっしょに エ行く。（　）

③ ア家の 庭には 梅の エ花が ウさいている。（　）

④ ア姉の 書いた イ作文こそ ウ金賞に エ選ばれるはずだ。（　）

⑤ ア部屋には イなにも ウなかった。（　）

❸ 次の文の──線の言葉が修飾している言葉をさがして書きなさい。(2点×5)

① ぼくらは 冬休みに 新幹線で 長野県へ スキーを しに 行った。（　）

② 世界には 日本人より 背の 高い 人た

③ まるで 外国のような 町なみが 目の前に 広がった。（　）

④ 長い 時間を かけて ついに わたしは 作品を 完成させた。（　）

⑤ どうして あなたは わたしに あんな うそを ついたのですか。（　）

❹ 次の──線の言葉はそれぞれどのような働きをしていますか。後から選んで、記号で答えなさい。(1点×9)

① わたしは 必死で 勉強を した。（　）

② しっかり 話しあう 時間を つくろう。（　）

③ 勝つには 日々の 練習が 必要だ。（　）

④ ぼら、 遠くで 鳴いているよ、ウグイスも。（　）

⑤ 夕方になって 雪が ちらちらと 降り始めた。（　）

⑥ 最初から やる気が なかった。（　）

⑦ この薬には 副作用が ある。（　）

⑧ 氷の 割れる 音がした。（　）

⑨ 見事な 演技だった。（　）

　ア　主語　　イ　述語　　ウ　修飾語

❺ 次の文の──線と──線との関係が同じものを後から選んで、記号で答えなさい。(1点×5)

① 白く 小さな 星が 光る。（　）

② ゆらゆらと 魚が 泳ぐ。（　）

③ 分厚い 本を 持つ。（　）

④ 道は 暗くて 長かった。（　）

⑤ ピアノを ひいて いる。（　）

　ア　大きな 絵を 見る。
　イ　美しい 声が 聞こえる。
　ウ　小さな 声で 静かに 泣く。
　エ　大きく 派手な 花が さいた。
　オ　冷たい 雨が 降っている。

1 次の文章の──線の言葉に対する主語・述語をそれぞれ記号で答えなさい。ただし主語・述語とも、答えとなる言葉がない場合は×と答えなさい。（7点×3）

① アわたしは イ日曜日に ウこの オ公園へ エ遊びに 行った。（主・述）

② アわたしは イ大きな ウ遊び場所の エ近所の 公園へ 行きます。（主・述）

③ アうつくしい イ山の オ上の ウ木々は エ色づいて いる。（主・述）

2 次の文章の──線の言葉に対する主語・述語をそれぞれ記号で答えなさい。ただし主語・述語とも、答えとなる言葉がない場合は×と答えなさい。（4点×2）

① アここには イ昔から ウ建って いる エ屋敷が ある。

② アバスが イ今から ウ追い エ追いついて いる。

③ アこれは イ今 ウ入った エ友達の ものだ。

④ アいつか イそれが あなたの ウだろう エ手紙を 送って きた。

1 次の文章の──線の言葉に対する主語・述語をそれぞれ記号で答えなさい。ただし主語・述語とも、答えとなる言葉がない場合は×と答えなさい。

④ アきのう イわたしは ウ山へ エ行った。（主・述）

⑤ アこれらの イ計算問題は ウ数の オ業は ずいぶん カむずかしくて エ難解だ。（主・述）

⑥ アたどる イ母に ウ抱だかれて エ眠る。（主・述）

⑦ アたどたどしく イ漢字を ウ辞書で エ調べた。（主・述）

3 次の文章の──線の言葉が修飾している言葉を記号で答えなさい。（5点×3）

① オアわたしが イさっき ウ答えなさいと エ言った。

② オ兄は ア静かな イ低い ウ声で エ答えた。

③ アだれかが イおもわず ウ話は エ低い 答えた。

④ アオレに イ誘われると ウ友だちの エ家へ 行った。

⑤ ア日本では イこれは ウ別の エ細かく 読む。

4 次の組み立て図にあてはまる文を後から選び、記号で答えなさい。（3点×2）

① （主語）－（修飾語）＝（修飾語）－（述語）
↑
（修飾語）
（　　　）

② （主語）＝（修飾語）－（修飾語）－（述語）
↑
（修飾語）
（　　　）

③ （主語）＝（述語）－（主語）
↑
（修飾語）
（述語）
（　　　）

ア たとえ金色に 光り強くても、それは計算に見えへんな。

イ たとえ相手が 空を強くても、朝日が雲の間に見え へんな。

ウ 広くたとえ 空を強くても、それは切れ間に 見え へんな。

〔愛知県令和─日本語〕

標準レベル **63** 接続語・指示語

1 次のそれぞれの接続語の種類を後から選んで記号で答えなさい。(1点×15点)

① しかし（　　）　　② あるいは（　　）

③ つまり（　　）　　④ だから（　　）

⑤ さて（　　）　　⑥ ところが（　　）

⑦ ところで（　　）　　⑧ すると（　　）

⑨ けれども（　　）　　⑩ および（　　）

⑪ たとえば（　　）　　⑫ そのうえ（　　）

⑬ かつ（　　）　　⑭ ちなみに（　　）

⑮ では（　　）

ア 順接　　イ 逆接　　ウ 並列・添加

エ 対比・選択　　オ 説明　　カ 転換

2 次の文の（　）に当てはまる接続語をそれぞれ一つずつ後から選んで、記号で答えなさい。

(1点×8)

① お茶ですか。（　　）ジュースですか。

② 虫が苦手だ。（　　）さわることもできない。

③ 学校を休む。（　　）熱があるからだ。

④ 必死に走った。（　　）間に合わなかった。

⑤ お久しぶりです。（　　）お元気でしたか。

⑥ 風が強くなった。（　　）雨も降ってきた。

⑦ 雨が降ってきた。（　　）かさをさした。

⑧ 朝になった。（　　）起きていない。

ア だから　　イ なぜなら　　ウ それとも

エ だが　　オ ところで　　カ さらに

3 次の文の――線の言葉が指している言葉を答えなさい。(1点×3)

① 昨日は朝から雨だった。それは冷たかった。（　　）

② 肉・野菜・飲み物のうち、どれか一つを持って参加すればよい。（　　）

③ ここを待ち合わせに選んだのは、時計の下の広場で目立つだけでなく、時間もわかるからだ。（　　）

4 次の文から接続語を書きぬきなさい。(2点×4)

① 難しい問題があった。そこで質問をした。

② 宿題が終わった。そのうえ予習まですませた。

③ 六年生は体育館に集まりなさい。ただし、学級委員は職員室に集まりなさい。

④ 図工の授業では、テープまたはのりが必要です。

①（　　　　　）　　②（　　　　　）

③（　　　　　）　　④（　　　　　）

5 次のそれぞれの言葉の種類を後から選んで記号で答えなさい。(1点×10)

① そこ（　　）　　② あれ（　　）

③ こんな（　　）　　④ どの（　　）

⑤ そちら（　　）　　⑥ あちら（　　）

⑦ ここ（　　）　　⑧ どれ（　　）

⑨ それ（　　）　　⑩ どちら（　　）

ア 話し手の近くのものを指す言葉

イ 聞き手の近くのものを指す言葉

ウ 話し手と聞き手から遠くのものを指す言葉

エ 内容のわからないものを指す言葉

6 次の□に当てはまる指示語を答えなさい。

(1点×6)

これ	この	①	②
それ	③	そう	④
あれ	あの	⑤	あんな
どれ	⑥	どう	どんな

1 次の文の（　）に入る、〔　〕内の字数の接続語を書きなさい。(2点×8)

① 雨が強くなってきた。（　）、〈4字〉

② 話は終わった。（　）、日も暮れ〈4字〉

③ 熱があるようだ。（　）、早く寝〈4字〉帰り

④ 青いうすよう。（　）、黒のペンで記入する。〈3字〉

⑤ 球技が好きだ。（　）、野球をする。〈4字〉

⑥ 体にいいそうだ。（　）、熱が〈4字〉

⑦ 熱があるようだ。（　）、〈4字〉

⑧ 皆が集まる。（　）、ジェールを発表した。〈2字〉今日の学校へ行った。全力で走った。〈4字〉

2 次の──線の言葉は、後の言葉と前後のつながりはどうなっていますか。後のア～オから選んで、記号で答えなさい。(2点×6)

① 姉は裁縫が得意で、それで料理も上手だ。（　）

② 弟はけんかをした。それで、母だ〈 〉優しくしてくれた。（　）

③ 五十音順より、それぞれア・イ・ウ・エ・オ順に並ぶ。（　）

④ 今日は寒い。（　）昨日は何を食べる。

⑤ 私たちは運命的に出会った。そして結婚へ。（　）

⑥ 引っ越したちは先生に職場に近く仕事に付いた。しかも線も多い。（　）

ア 話題を変えている。

イ 前の内容に付け加えている。

ウ 前の内容が後の内容の原因になっている。

エ 前の内容の説明をしている。

3 次の文の（　）にふさわしい「こ・そ・あ・ど」の、いずれかを書きなさい。(4点×2)

① （　）の先生がわかりますか。

② （　）の言葉もありました。

③ 赤い花が（　）のにはある。

④ 本は難しくてね。（　）のはいかがですか。

4 次の──線の言葉が指している言葉を、〔　〕内の字数で答えなさい。(2点×7)

① 昨日、テレビで番組を買ったそれはだいこんあれは本当にです。〈7字〉

② 父は新しい自転車を買った。それは〈14字〉

③ 母が好きなドーナツ屋でドーナツを買ってくれた。それは〈11字〉

④ 駅前に一番好きなケーキ屋さんができた。そこには〈12字〉

⑤ 昨日見たニュースで、世界三十万人のこどもたちが生まれている。それは〈20字〉

⑥ 去年友だちと文通した手紙を、あれはぼくの父が〈11字〉

⑦ 橋で見える、あのだちらの橋はすだ。〈7字〉

時間 15分　学習日
合格 40点　得点 ／50点

学習日〔　　月　　日〕

時間 15分　合格 40点　得点 ／50点

❶ 次の──線部の「と」と同じ用法のものを後から選び、記号で答えなさい。(1点×5)

① 家に帰ると、私はすぐにテレビを見始めた。（　）
② 友達といっしょにプールへ行った。（　）
③ 果物では、ももとりんごが好きです。（　）
④ 「明日は晴れるよ。」と母は言った。（　）
⑤ 兄は小学校を卒業して、中学生となった。（　）

ア 近所のスーパーで、がんどあめを買った。
イ 雨がやむと、もう晴れ間がのぞいてきた。
ウ 夕食の後、犬と散歩する。
エ 富士山の写真を見て、美しいと思った。
オ 立派な人間となって、世の中の役に立ちたい。

❷ 次の各文の──線の「ない」のうち、助動詞のものをすべて選び、番号で答えなさい。(7点)

① 難しい文章は読めない。
② ネコのタマは窓に近寄ろうとしない。
③ 部屋中さがしたが、見つからない。
④ 少女のけなげな姿がせつない。
⑤ 足が痛くて、これ以上歩けない。
⑥ いつまでもグループにとけこめない。
⑦ そんなに早くは来られない。
⑧ 友達の悪口などは聞きたくない。
⑨ とてつもない事件が起きた。
（　　　　　）

❸ 次の各文の──線の言葉の意味を後から選び、記号で答えなさい。(2点×5)

① これからこの公園では遊ぶまいと決心する。（　）
② そんなことで許されまい。（　）
③ ネコはぼくだちを通すまいとしている。（　）
④ あの人にはもう二度と会うまい。（　）
⑤ あの人にはもう二度と会えまい。（　）

ア 打ち消しの意志　イ 打ち消しの推量

❹ 次の各文の──線の「まい」と同じ意味を表すものを後から選び、記号で答えなさい。(2点×4)

① こんな失敗はしまい。（　）
② 会議はすぐには終わるまい。（　）
③ 医者になるまで実家には帰るまい。（　）
④ ダイエットだけではなかなかやせられまい。（　）

ア 仕事は九時には終わらないだろう。
イ 難しいことは考えないようにしよう。

❺ 次の各文の──線の言葉の意味を後から選び、記号で答えなさい。(2点×6)

① 今日は暑くなりそうだ。（　）
② まだ食べたそうな顔をしている。（　）
③ もう何もないそうだ。（　）
④ とても楽しそうにしている。（　）
⑤ 博物館でこれを見たそうだ。（　）
⑥ だれかに手伝ってもらったそうだ。（　）

ア 伝聞　イ 様態

❻ 次の各文の──線の言葉の意味を後から選び、記号で答えなさい。(2点×4)

① 黄色い服を着た女の人。（　）
② この絵は見たことがある。（　）
③ 曲がりくねった道を走る。（　）
④ もう宿題は全部終わった。（　）

ア 過去　イ 完了　ウ 存続

学習日 [　月　日]
時間 15分
合格 40点
得点 ＿＿＿ /50点

120(回) 100 80 60 40 20 1

１ 次の──線部の「た」と同じ用法のものを後から選び、記号で答えなさい。(5点×2)

ア 私が選んだ本はおもしろい。
イ あれはまだ子どものころだった。
ウ さあ、困ったことになった。
エ 次の駅で降りる人はおりますか。

ア 今は楽しく暮らしている。
イ あれはもう三日も前のことだった。
ウ 夏休みの宿題も作文も終えて……。
エ 苦しかったことも楽しかった時間が増える。

２ 次の各文から、助動詞だけを解答欄の数だけ書きぬきなさい。(3点×7)

① 明日はまた雨が降るそうだ。（　）

② 今日先生からあると勉強をしなければ成績が上がると言われた。（　）（　）

③ 今日先生に言われた宿題はすべて終わった。（　）（　）

④ わたしがこれをしたことがない。（　）（　）（　）

⑤ そうしたらこれへ行こうと思います。（　）（　）（　）

⑥ せっかくなのにこれではいけないと思います。（　）（　）（　）

⑦ 今は話せないが、あとで話せるようになります。（　）（　）

４ 次の各文の──線をそれぞれ選び、記号で答えなさい。(2点×9)

① ア 午後から急行が止まるそうだ。
　 イ 千の駅はとても元気そうだ。
　 ウ 兄はみんなから元気そうだ。（　）

② ア もし、みんなで元気よく行こう。
　 イ このケーキはとてもおいしそうだ。
　 ウ この海のピンクになるそうだ。（　）

③ ア 彼女の海に深く潜るような。
　 イ 母は編み物が好きなようだ。
　 ウ 楽しそうに給食を飲んでいた。（　）

④ ア あなたが編んだセーターだ。
　 イ わたしが考えた一つの案だ。
　 ウ 秋らしい気候だ。（　）

⑤ ア 先生はもう行かれたそうだ。
　 イ 母はどこかへ出かけたようだ。
　 ウ 昨日は動物園に行ったのだ。（　）

⑥ ア これは友だちが来たときの話だ。
　 イ ちょうど雨だった。
　 ウ 一番見たかった仕事の条件だ。
　 ア ほうびに映画だ。（　）

３ 次の各文の（　）に、助動詞「だ」の形を変化させて入れなさい。(4点×3)

① もし母が帰ってきたら、私に伝えてください。（　）

② この本は去年全部読んだ。（　）

③ この人は昔から子どもとして作品を残した。（　）

④ の（　）です。

1 次の各文の——線の言葉と種類が異なるものをそれぞれ後から選び、記号で答えなさい。(2点×3)

① ここから駅までは遠い。
ア 流れに逆らって泳ぐ。
イ うわさのごみを拾う。
ウ かれの家は大きい。（　　）

② 楽しい話を聞いた。
ア なんだか悲しい。
イ 水洗いをする。
ウ 細長いひもを切る。（　　）

③ 健康な体。
ア 残りはわずかだ。
イ かすかに聞こえてくる。
ウ こんなことは初めてだ。（　　）

2 例にならって、次のそれぞれの（　）に当てはまる言葉を答えなさい。(2点×5)
例 立つ—立てる
① 開く—（　　　　　　）
② （　　　　　　）—上げる
③ 進む—（　　　　　　）
④ 増える—（　　　　　　）
⑤ （　　　　　　）—冷やす

3 次のそれぞれの文から形容動詞を一つずつさがし、言い切りの形に直して答えなさい。(2点×5)
① 静かにしなさい。（　　　　　）
② あざやかな色。（　　　　　）
③ 記憶は確かではない。（　　　　　）
④ 声の調子が変だ。（　　　　　）
⑤ 彼は背が高く、元気だ。（　　　　　）

4 次のそれぞれの（　）に当てはまるものを後から選び、記号で答えなさい。(2点×7)

① あなた（　）よければ、私と行きましょう。
ア だけ　イ ばかり　ウ さえ
エ すら　（　　）

② 日本列島（　）自転車で縦断するのは大変だ。
ア で　イ を　ウ が　エ に　（　　）

③ 夏だという（　）本当に実い。
ア のが　イ から　ウ のに　エ ので
（　　）

④ 今日君（　）歌った歌はとてもよかったよ。
ア は　イ の　ウ で　エ く　（　　）

⑤ ぼくたちは今日、修学旅行（　）出発する。
ア と　イ も　ウ を　エ に　（　　）

⑥ 日本人（　）生の魚を食べるが、外国人は食べない。
ア が　イ と　ウ も　エ は　（　　）

⑦ 子ども（　）できるのだから、君ならできる。
ア には　イ でも　ウ なら　エ しか
（　　）

［滋賀学園中—改］

5 次の文の（　）に当てはまる接続語をそれぞれ一つずつ後から選び、記号で答えなさい。(2点×5)

① 黒か（　）青のペンで書いてください。
② メールが来た。（　）電話までかかって来た。
③ 八時から開いています。（　）日曜日は除きます。
④ 時間に余裕をもって家を出た。（　）バスに間に合わなかった。
⑤ 会議を始めます。（　）まず本日の提案から述べます。
ア ただし　イ そのうえ　ウ だが
エ もしくは　オ では

2

次の──線に対応する述語部分をそれぞれ選び、記号で答えなさい。(5点×2)

オ 他人の言いたいことを発言したり、他人の気持ちを考えて行動することは大切なことだ。

ア 読書はエ日々の積み重ねによって得られる効果はウ大切な社会性を身に付ける遊びの中でイ友達と考えられる。

① ぼくはア幼いころから将来はイ医者になりたいというエ夢をウ持っている。

② 日本に伝わった文化はウ中国やコウのキ朝鮮半島の人々がエ将来ク行動したり、キ積み重ねによって得られることだ。

日本の文化は中国や朝鮮半島から伝わって来たものが多い。

④ ( )

⑤ ( )

1

次の各組の文がにた意味になるように、マス目に合わせて□にはまる同じ言葉を入れなさい。(3点×2)

① 私も□□□に行ってもよい。
　私も□□□に行ってもよい。

② この魚は骨も食べられる。
　この魚は骨も食べることができる。

③ 手が氷のように冷たい。
　手が氷のように冷たい。

5

次の文の□の字に当てはまる言葉を□字で、それぞれの□にあてはまる言葉を書きなさい。(5点×2)

① 財布を落として □×□ お困りでしょう。

② 明日は□き晴れることだろう。

③ □な□□□晴れるのだろうか。

④ □□□負けるわけにはいかない。

⑤ 彼れは□×□自分の□よ□言いたいことを話した。

4

次の( )に当てはまる言葉を後から選び、記号で答えなさい。(6点×3)

① 弟は( )しりぞいた。
② あのことは□□□( )に限る。
③ ジャングルの様子( )切りひらいた。
④ 見えるほど人が( )学校へ行く。
⑤ 言うこと( )ができないが、
⑥ ( )あれば、

ア すると　イ だから　ウ けれど
エ さえ　オ から　カ なら

3

次の文の──線の言葉が修飾している言葉を後から選び、記号で答えなさい。(2点×3)

① たとえ、さがし物がみつからなくても、今度こそ全力で試合に向かう。今度の試合の相手はア強くてイあなどれない。

② 生き物がアくらしていくには、イ水がウ必要だ。この本でエ生活のしかたや、送りかたなどをオ説明している。

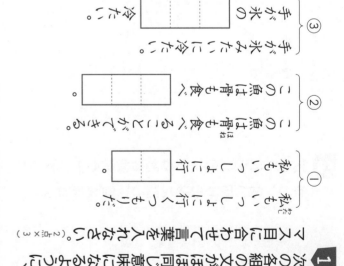

学習日〔 月 日〕

時間 **20**分 合格 **40**点 得点 ／50点

1 次の短歌について、後の問いに答えなさい。

A 東の野にかぎろひの立つ見えて
　　かへり見すれば月傾きぬ　　柿本人麻呂

B 春過ぎて夏来るらし白たへの
　　衣ほしたり天の香具山　　持統天皇

C 秋来ぬと目にはさやかに見えねども
　　風の音にぞおどろかれぬる　　藤原敏行

(1) A・Bの短歌は、奈良時代に作られた歌集に収められている作品です。その歌集とは何ですか。次から一つ選び、記号で答えなさい。(5点)

ア 万葉集　　イ 古今和歌集
ウ 新古今和歌集

（　　）

(2) Aの短歌は、一日の中のいつごろのことをよんだものですか。次から選び、記号で答えなさい。(5点)

ア 夜明け前　　イ 早朝
ウ 正午　　エ 夕方

（　　）

(3) Bの短歌からは対照的な二つの色が読みとれます。白と、もう一つは何色ですか。漢字一字で答えなさい。(5点)

□

(4) Cの短歌について、次の問いに答えなさい。

① 「さやかに」の意味を次から選び、記号で答えなさい。(5点)

ア ゆっくりと　　イ さわやかに
ウ かすかに　　エ はっきりと

（　　）

② 「秋来ぬと」は「秋が来たと」という意味です。作者は、秋が来たことを何によって気づいたのですか。短歌の中からぬき出しなさい。(5点)

（　　　　）

(5) 体言止めが使われている短歌をA〜Cから一つ選び、記号で答えなさい。(5点)

（　　）

2 次の短歌について、後の問いに答えなさい。

ふるさとの山に向かひて
言ふことなし
ふるさとの山はありがたきかな
　　　　　　　　　　　石川啄木

(1) この短歌に使われている表現技法を次から一つ選び、記号で答えなさい。(5点)

ア 倒置法　　イ 擬人法
ウ 体言止め　　エ 反復法（くり返し）

（　　）

(2) この短歌の作者である石川啄木はいつの時代の人ですか。次から一つ選び、記号で答えなさい。(5点)

ア 平安時代　　イ 江戸時代
ウ 明治時代　　エ 大正時代

（　　）

(3) この短歌から読みとれる作者の思いを次から一つ選び、記号で答えなさい。(10点)

ア うらやむ思い
イ 感謝の思い
ウ あこがれの思い
エ さびしい思い

（　　）

1

次の短歌について、後の問いに答えなさい。

　ゆく秋の大和の国の*薬師寺の塔の上なる一ひらの雲　佐佐木信綱

*薬師寺…奈良県にある古寺の名前。
*大和の国…今の奈良県。

(1) この短歌に使われている表現技法を次から選び、記号で答えなさい。(5点)

ア　擬人法
イ　倒置法
ウ　体言止め
エ　呼びかけ

（　　）

(2) この短歌の特徴として当てはまるものを次から選び、記号で答えなさい。(10点)

ア　ゆるやかに変わっていく季節のうつろいを表現しているもの。
イ　けしきの色をおさえて続けることで、自然の美を印象づけるもの。
ウ　空想上のおもかげをゆりかえし、現実のものと同じように表現しているもの。
エ　視点の移動とともに景色を見せて、自然の美を表現しているもの。

（　　）

2

次の短歌について、後の問いに答えなさい。

　*白鳥はかなしからずや空の青海のあをにも染まずただよふ　若山牧水

*白鳥…かもめのこと。

(1) この短歌の句切れを次から選び、記号で答えなさい。(5点)

ア　初句切れ
イ　二句切れ
ウ　三句切れ
エ　四句切れ

（　　）

(2) この短歌から読みとれる作者の気持ちを次から選び、記号で答えなさい。(10点)

ア　わが子の成長が素直に喜べないこと。
イ　わが子がたくましく向き合っていること。
ウ　わが子が十歳の誕生日を迎えること。
エ　自分の感動したことを紙に書きとめておきたいと思うこと。

（　　）

3

次の短歌について、後の問いに答えなさい。

　目線同じ十七歳の君と目が合ってきっと普だね　三枝浩樹

(1) この短歌の中で、初句は何句目で区切れますか。次から選び、記号で答えなさい。(5点)

ア　初句目
イ　二句目
ウ　三句目
エ　四句目
オ　五句目

（　　）

(2) ——線部「きっと普だね」とありますが、「普」と言った作者の気持ちを次から選び、記号で答えなさい。(10点)

ア　自鳥はかなしからずや
イ　白鳥はかなしからずか
ウ　自鳥はかなしからずか
エ　白鳥はかなしからずや

（　　）

(3) この短歌から読みとれる作者の気持ちを次から選び、記号で答えなさい。(5点)

ア　期待感
イ　優越感
ウ　達成感
エ　孤独感

（　　）

時間	合格	得点
20分	40点	／50点

学習日　月　日

学習日 [　月　　日]
時間 20分　合格 40点　得点 ／50点

1 次の短歌について、後の問いに答えなさい。

A　天の原 ふりさけ見れば 春日なる
　　三笠の山に 出でし月かも
　　　　　　　　　　　　　阿倍仲麻呂
　*春日…奈良市にある地名。
　*三笠の山…奈良市にある山の名前。

B　しきしまの やまとごころを 人とはば
　　朝日に*にほふ 山ざくら花
　　　　　　　　　　　　　本居宣長
　*にほふ…美しく咲く。

C　いつもより 一分早く 駅に着く
　　一分 君のこと 考える
　　　　　　　　　　　　　俵万智

D　かがやける 少年の目よ 自転車を
　　買い与えんと 言いしばかりに
　　　　　　　　　　　　　宮柊二

(1) 三句切れの短歌をA〜Dから一つ選び、記号で答えなさい。(5点)　　( )

(2) 上の句と下の句の関係が、質問と答えの関係になっている短歌をA〜Dから一つ選び、記号で答えなさい。(5点)　　( )

(3) Aの短歌は、作者が留学していた中国でよんだ歌です。この歌で作者が注目しているものは何ですか。歌の中の言葉で答えなさい。(5点)
（　　　　　）

(4) Bの短歌から読みとれる季節を漢字一字で答えなさい。(5点) [　　]

(5) Cの短歌から読みとれる作者の気持ちを次から一つ選び、記号で答えなさい。(5点)

ア 不安　　イ 孤独
ウ 親切　　エ 恋心
（　　　　　）

(6) Dの短歌に使われている表現技法を次から一つ選び、記号で答えなさい。(5点)
ア 比喩法　　イ 反復法(くり返し)
ウ 倒置法　　エ 擬人法
（　　　　　）

2 次の短歌について、後の問いに答えなさい。

あたらしく冬きたりけり鞭のごと
幹ひびき合ひ竹群はあり
　　　　　　　　　　　　　宮柊二

(1) この短歌の句切れ(句の切れ目)はどれですか。次から一つ選び、記号で答えなさい。(5点)
ア 初句切れ　　イ 二句切れ
ウ 三句切れ　　エ 四句切れ
（　　　　　）

(2) 「ひびき合ひ」には、昔のかなづかいがつかわれています。今のかなづかいに直して、すべてひらがなで書きなさい。(5点)
（　　　　　）

(3) ──線部「鞭のごと(ように)」は、竹のどんな様子を表現していますか。次から一つ選び、記号で答えなさい。(10点)
ア 竹がしなる様子。
イ 竹がこおる様子。
ウ 竹が直立する様子。
エ 竹の長さが短い様子。
（　　　　　）

1

次の短歌について、後の問いに答えなさい。

A　たはむれに母を背負ひてそのあまり軽きに泣きて三歩あゆまず　石川啄木

B　冴ゆる夜の……　前田夕暮

C　……光の粒……

D　……昆布干場の……銀の光の粒……名残りの月　北原白秋

E　夏のかぜ山より来たり三百の牧の若馬耳吹かれけり　与謝野晶子

(1) 口語体(現代の言葉)で書かれた短歌をA〜Eから一つ選び、記号で答えなさい。(5点)
（　　）

(2) 冬の季節をよんだ短歌をA〜Eから一つ選び、記号で答えなさい。(5点)
（　　）

(3) Aの短歌の「三歩あゆまず」にこめられた作者の気持ちの理由を次から一つ選び、記号で答えなさい。(5点)

ア　たとえおんぶしてきたとしても、母を背負うことが実感として思われたから。

イ　たはむれに母を背負ったが、思ったより母が軽く、老いを実感して思わず涙が出そうになったから。

ウ　おぶさりながら、母が少しも重くないことを実感して長く感じたから。

エ　あまえてひさしぶりに母を背負ったが、それでも思わず泣けた。

（　　）

(4) Dの短歌に使われている表現技法について、次の問いに答えなさい。

①　——線部「光の粒」の正体は何ですか。次から一つ選び、記号で答えなさい。(10点)

ア　日の光

イ　川の水しぶき

ウ　風が立てた波の反射

エ　作者の流した涙

（　　）

②　この短歌に使われている表現技法を次から一つ選び、記号で答えなさい。(10点)

ア　擬人法

イ　反復法

ウ　倒置法

エ　省略法

（　　）

2

次の短歌について、後の問いに答えなさい。

＊志賀の浦や遠ざかりゆく波間より氷りて出づる有明の月　藤原家隆

＊志賀の浦＝琵琶湖の一部。
＊有明の月＝夜明けの月。

(1) この短歌の句切れを次から一つ選び、記号で答えなさい。(5点)

ア　初句切れ　　イ　二句切れ

ウ　三句切れ　　エ　四句切れ

（　　）

(2) この短歌の季節は次のどれですか。次から一つ選び、記号で答えなさい。(5点)

ア　春　　イ　夏

ウ　秋　　エ　冬

（　　）

(3) ——線部「波」とありますが、「波」はどのような様子を表していますか。次から一つ選び、記号で答えなさい。(10点)

ア　月光が湖上に乱反射して波が立たない様子。

イ　月の光が岸から沖へと寄せては打ち返し波が立たない様子。

ウ　月の光が岸から沖へとおし寄せては波が打ち返す様子。

エ　舟の上に風がおとずれ湖に波が立つ様子。

（　　）

時間	合格	得点
20分	40点	／50点

学習日　　月　　日

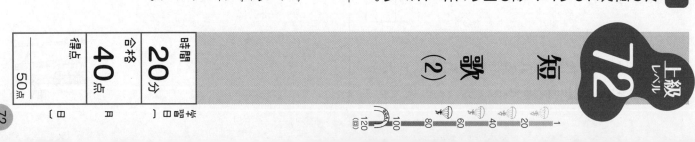

❶ 次の俳句について、後の問いに答えなさい。

引つぱれる糸まつすぐや甲虫
　　　　　　　　　　高野素十

(1) この俳句の季語と季節をそれぞれ答えなさい。(5点×2)

季語(　　　　　) 季節(　　　　　)

(2) この俳句の句切れを次から一つ選び、記号で答えなさい。(5点)

ア 初句切れ　　イ 二句切れ
ウ 句切れなし　　　　　　(　　　)

(3) 次の文はこの俳句の鑑賞文です。(　)に当てはまる言葉を後から一つ選び、記号で答えなさい。(5点)

人の手から逃れようとする甲虫の(　)が感じられる。

ア さびしさ　　イ 力強さ
ウ 情けなさ　　エ かよわさ　(　　　)

❷ 次の俳句について、後の問いに答えなさい。

青蛙おのれもペンキ塗りたてか
　　　　　　　　芥川龍之介

(1) この俳句のおもしろさはどのような点にありますか。次から一つ選び、記号で答えなさい。(5点)

ア カエルのあざやかな色をペンキ塗りたてとたとえている点。
イ 季節の移り変わりをカエルの色の変化で表現している点。
ウ カエルにペンキを塗るというこどものことだ

ずらをほほえましく見ている点。
エ 本物のカエルの色をペンキの色だと思いこんでいる点。　(　　　)

(2) この俳句の季節を漢字一字で答えなさい。(5点)

□

❸ 次の俳句について、後の問いに答えなさい。

山もみじ見せては隠すカーブかな
　　　　　　　前田　普羅

(1) この俳句の季節を漢字一字で答えなさい。(5点)

□

(2) この俳句に使われている表現技法を次から一つ選び、記号で答えなさい。(5点)

ア 倒置法　　イ 体言止め
ウ 擬人法　　エ 反復法　(　　　)

(3) 「山もみじ」を、見せたりかくしたりしているものとは何ですか。俳句の中の言葉で答えなさい。(5点)　(　　　　　)

(4) 次の文章はこの俳句の鑑賞文です。(　)に当てはまる言葉を後から一つ選び、記号で答えなさい。(5点)

車窓から見える風景と作者の身体とが、道の曲がりぐあいに合わせて大きくゆれる。そのゆれ動く一定の(　)が、この俳句の味わいとなっている。

ア イメージ　　イ ストーリー
ウ リズム　　エ バランス　(　　　)

上級レベル 74

俳句（1）

時間 20分　合格 40点　得点 ／50点

学習日〔　月　日〕

100 120（回）
80 60 40 20 1

①

次の俳句を読んで、あとの問いに答えなさい。

A　柿くへば鐘が鳴るなり法隆寺　　　正岡子規

B　滝の上に水現れて落ちにけり　　　後藤夜半

C　あはれ子の夜寒の床の引けば寄る　中村汀女

D　お花畑それより上は土ぶかし　　　前田普羅

（1）春の季節の俳句をA〜Dから一つ選び、記号で答えなさい。ただしその俳句に使われている仮名づかいは現代語に直しなさい。

（2）次の俳句と同じ季節の俳句をA〜Dから一つ選び、記号で答えなさい。（5点）
　葡萄食ふ一語一語の如くにて　中村草田男

（3）床から、置いて、記号で答えなさい。同じ季節の俳句をA〜Dから一つ選び、記号で答えなさい。（5点）
　前田普羅

（4）三句目で切れる俳句をA〜Dから一つ選び、記号で答えなさい。（5点）

（5）自分のいる場所を移動しながらその様子をながめている俳句を、下の「う」の意味を次から一つ選び、記号で答えなさい。（5点）

　ア　幼さ
　イ　自分の作品であること
　ウ　自分の作っている場所から感じられる様子
　エ　俳句に選ばれている様子

（5）作者の視線が下から上へと移動している俳句をA〜Dから一つ選び、記号で答えなさい。（5点）

②

次の俳句を読んで、あとの問いに答えなさい。

A　新米といふ一語のかろさかな　　　尾崎放哉

B　みんみん蝉や木々めぐり母へ来る　飯田龍太

C　梅ほしの無い声の風で一鬼の　　　石田波郷

D　両手に円盤廻り母へ脈打つ　　　　橋本多佳子

（1）季節感もその他のものが無いものをA〜Dから一つ選び、記号で答えなさい。（5点）

（2）体言止めの俳句をA〜Dから一つ選び、記号で答えなさい。（5点）

（3）Dの母の命が非常に危篤に思い腹を立てているようにも思えて出立している様子が次のどのようなものか。次から一つ選び、記号で答えなさい。（5点）
　ア　Dの母の顔が作者に急に現れた様子
　イ　Dの母が作者に同じ形で消えて出立される様子
　ウ　Dの母の命が今にも消えて出立される様子
　エ　ひらかれても消えて出立される様子

（4）Dの動きで俳句と同じ形式のものを次から一つ選び、記号で答えなさい。（5点）
　ア　大なるもの来に行きても実に
　イ　井戸のふたの上に実りたる過ぎて
　ウ　郭公鳴けど公式に逢ふ人に
　エ　ひらかれても消えて出立する様子

（5）次の鑑賞文はA〜Dの俳句のどれについてのものか。記号で答えなさい。（5点）
　ア　紅白の色のコントラストが新鮮なもの
　イ　作者の上という感じで、何ともいえない
　ウ　井戸のふた　白だも浪う
　エ　孤独へ　孤独へ　夢道う

　〈鑑賞文〉
　A　橋本多佳子
　B　前田普羅
　C　高浜虚子
　D　尾崎放哉

❶ 次の俳句について、後の問いに答えなさい。

いくたびも雪の深さを尋ねけり

正岡子規

(1) この俳句の季語を漢字一字で答えなさい。（5点）

□

(2) この俳句の句切れ（句の切れ目）を次から選び、記号で答えなさい。（5点）
ア 初句切れ　イ 二句切れ
ウ 句切れなし　（　）

(3) 次の文はこの俳句の鑑賞文です。（　）に当てはまる言葉を後から選び、記号で答えなさい。（5点）

病気で寝ている作者が、外の雪の積もり具合を気にして、家族に何度も聞いてしまう（　）が感じられる。

ア 腹立たしさ　イ 頼りなさ
ウ 気の毒さ　エ じれったさ　（　）

❷ 次の俳句について、後の問いに答えなさい。

万緑の中や吾子の歯生え初むる

中村草田男

*吾子…我が子。

(1) この俳句の季語を答えなさい。（5点）
（　）

(2) この俳句では、二つの色が対照的に使われています。何色と何色ですか。後から選び、記号で答えなさい。（5点）
ア 白と黒　イ 青と赤
ウ 緑と白　エ 赤と緑　（　）

(3) この俳句で作者が最も言いたかったことを後から選び、記号で答えなさい。（5点）
ア 人も自然も生命力にあふれていること。
イ 気づけば我が子の歯が生えたこと。
ウ 緑がまぶしい季節になったこと。
エ 自然とはがまん強いものであること。
（　）

❸ 次の俳句について、後の問いに答えなさい。

うつくしや障子の穴の天の川

小林一茶

(1) この俳句の季節を漢字一字で答えなさい。（5点）

□

(2) この俳句の句切れ（句の切れ目）を後から選び、記号で答えなさい。（5点）
ア 初句切れ　イ 二句切れ
ウ 句切れなし　（　）

(3) この俳句で、「うつくし」と感じているものは何ですか。俳句の中の言葉で答えなさい。（5点）
（　）

(4) 次の文章はこの俳句の鑑賞文です。（　）に当てはまる言葉を後から選び、記号で答えなさい。（5点）

本当ならば、障子の穴はみっともないものなのに、その穴から見えた世界は、果てしない宇宙であったという。そのように（　）ところに、この俳句のおもしろみがある。

ア 見過ごした　イ 見おくれた
ウ 見まちがえた　エ 見方をかえた
（　）

1 次の俳句について、後の問いに答えなさい。

A　化けさうな傘かす寺の時雨かな　　与謝蕪村

B　春風や闘志いだきて丘に立つ　　高浜虚子

C　切れ凧の魂いづこ月のぼる　　原石鼎

D　啄木鳥や落葉をいそぐ牧の木々　　水原秋桜子

（1）初句で切れる俳句をA〜Dから選び、記号で答えなさい。（　）〔5点〕

（2）お化けが出てきそうな様子を「化け」という言葉で表した俳句はAですが、その傘はどのようなものですか。後から選び、記号で答えなさい。（　）〔5点〕

　ア　おばけから身を守るための傘。
　イ　色のあざやかな傘。
　ウ　古ぼけて幽霊が使っていそうな傘。
　エ　真っ赤な目をした地味な傘。

（3）次の文はBの俳句の鑑賞文です。□に当てはまる言葉を後から選び、記号で答えなさい。（　）〔10点〕

　春風のあたたかく暖かな風は激しく（　）で、「春風」はまる言葉をあとの俳句の鑑賞文で

　ア　作者の（　）で、作者の意志を効果的に表していること。
　ウ　作者の意志の強さを効果的に表している。
　イ　作者の意志を効果的に表し「ぶんぶん」と読むこと。
　エ　春という言葉を

2 次の俳句について、後の問いに答えなさい。

A　海の中にかくれていた日本かな

B　菫ほどな小さき人に生まれたし

C　夕立や草葉をつかむ村雀

D　十四人いま家族の電が隠れる

（ただし、この俳句のかなづかいは現代語に直している。）

　福田甲子雄　前田普羅　夏目漱石　松根東洋城

（1）A〜Dの俳句の季節はそれぞれどれですか。後から選び、記号で答えなさい。〔5点〕

　ア　春　イ　夏　ウ　秋　エ　冬

（2）体言止めの俳句をA〜Dから選び、記号で答えなさい。（　）〔5点〕

（3）Bの俳句の作者の気持ちとして読みとれるものはどれですか。A〜Dから選び、記号で答えなさい。（　）〔5点〕

　ア　現実の世界では叶えられない夢を空想している。
　イ　有名な草花を選び、それぞれの季節を楽しんでいる。
　ウ　身長の低い虫たちに入りこみ、その気持ちになって自分の体験を楽しんでいる。
　エ　草花や虫などの小さな気持ちになって、その世界を理解してみた。

（4）Cの俳句の季語と季節を答えなさい。〔5点〕　季語（　　）　季節（　　）

（5）次の語の鑑賞文は、A〜Dのどの俳句のものですか。記号で答えなさい。（　）〔2×5点〕

　前半の静かな雰囲気とその後半のにぎやかな雰囲気の変化が対照的で味わい深い味の変化が対照する。

時間　20分　　合格　40点　　得点　　／50点

学習日〔　月　日〕

最上級レベル ⑬

時間 20分　合格 40点　得点 ／50点

1 次の短歌や俳句について、後の問いに答えなさい。

A 行水の 捨てどころなし □① の声　　上島鬼貫

B おりとりては らりと重きすすきかな　　飯田蛇笏

C 咳をしても一人　　尾崎放哉

D 今日までに私がついた嘘なんて どうでもいいくらいうような海　　俵万智

E 遠足の小学生徒うつうつと 大手ふりふり往来とおる　　木下利玄

F 金色の小さき □② のかたちして こちらよう散るなり夕日の丘に　　与謝野晶子

(1) □①・□②に当てはまる言葉を次から選び、それぞれ記号で答えなさい。(5点×2)

ア 鳥　イ 魚　ウ 虫　エ 風

①(　)　②(　)

(2) Bの俳句と同じ季節をよんでいる短歌を次から一つ選び、記号で答えなさい。(5点)

ア 霞立つ長き春日を子どもらと 手まりつきつつ今日も暮らしつ　　良寛

イ たらちねの母がつりたる青蚊帳を すがしといねつたるみたれども　　長塚節

ウ おりたちて今朝の寒さをおどろきぬ 露しとしとと落ち葉深く　　伊藤左千夫

エ しわしわけの小さき手してみかんむく 我が子しのばゆ風の寒さに　　落合直文

(　)

(3) 音数の決まりが守られていないものをB・D・Eの中から一つ選び、記号で答えなさい。(5点)

(　)

(4) Dの短歌から読みとれる作者の気持ちを次から選び、記号で答えなさい。(5点)

ア 悲しみ　イ 安らぎ　ウ いかり　エ とまどい

(　)

(5) Eの短歌を説明したものを次から選んで記号で答えなさい。(10点)

ア 目にした情景を率直な言葉で表現している。

イ 表現技法を多く使い、知的な印象を与えている。

ウ 三句切れを使って前半と後半を区別している。

エ 豊かな想像力で、夢の世界を作り出している。

(　)

〔神戸龍谷中－改〕

2 次の俳句について、後の問いに答えなさい。

古池や蛙飛びこむ水の音　　松尾芭蕉

*蛙…かえる。

(1) この俳句の季節を漢字一字で答えなさい。(5点) □

(2) この俳句は何句切れですか。次から選び、記号で答えなさい。(5点)

ア 初句切れ　イ 二句切れ　ウ 句切れなし

(　)

(3) 次の文章はこの俳句の鑑賞文です。( )に当てはまる言葉を後から選び、記号で答えなさい。(5点)

池のほうで水がはねる音がした。作者は確かに蛙を見たわけではないが、そんなささやかな音が聞こえるほどの( )が、この句を味わい深いものにしている。

ア のどかさ　イ 重たさ　ウ さわやかさ　エ 静けさ

(　)

1

次の短歌や俳句について、後の問いに答えなさい。

A　おりおりに おもひいでつつ あたたかき 心はなぐさむ…… 能村登四郎

B　……風に吹かれて さやさやと 鳴る…… 三ヶ島葭子

C　開け放つ 向ひの家もすきとほり みどりもよよと 萌えにけるかも 玉井清弘

D　華北や 天平らにして 中国の 大平原に ＊華北……中国の大平原の名前　北原白秋

E　炎天の 遠き帆や わが心の帆 山口誓子

(1) 次のA～Eの短歌や俳句は、それぞれ何句切れですか。後から選び、記号で答えなさい。（5点）

(2) Bの葉さが激しく吹きつけられている様子を表した言葉を、「〜と」という様子を表した言葉は次のどれですか。次のア～エから選び、記号で答えなさい。（5点）

ア　人々が競って選んでいる様子
イ　人々が選んで楽しく合う様子
ウ　風が激しく吹きつける様子
エ　……

(3) Cの若葉で、作者がその若葉を生きいきと表した様子を表す言葉は次のどれですか。次のア～エから選び、記号で答えなさい。（5点）

ア　若葉に水滴が生きいきとした様子
イ　若葉が水面に豊かに落ちていく様子
ウ　若葉が地面に転がり落ちる様子
エ　若葉が……落ちていく様子

（3）
ア　作者が自然の中で作者が……孤独を感じないこと
イ　大自然の中で作者が……一人の人間として立たせないこと
ウ　作者が中国を歩んできた国土に感じている様子
エ　日本と中国の架け橋となる……歴史の重みを……（5点）

（　　）

2

次の短歌について、後の問いに答えなさい。

難波津に 咲くやこの花 冬ごもり 今は春べと 咲くやこの花　王仁

(1) この短歌に使われている表現技法を後から選び、記号で答えなさい。（5点）

ア　反復法
イ　対句法
ウ　比喩法
エ　省略法

（　　）

(2) この短歌は何句切れですか。後から選び、記号で答えなさい。（5点）

ア　初句切れ
イ　二句切れ
ウ　三句切れ
エ　句切れなし

（　　）

(3) ——線部「今は春べ」の意味を後から選び、記号で答えなさい。（5点）

ア　もう春が過ぎたようだ
イ　もう春になった
ウ　もう春が来たようだ
エ　もう春が終わるようだ

（　　）

(4) ——線部「梅」の「花」は何ですか。（5点）

ア　松
イ　柳
ウ　菊
エ　梅

（　　）

(5) 次の総まとめにあてはまる、Dの俳句について説明した次の文の□□□に当てはまる言葉を、二十五字以内で答えなさい。（10点）

□□□□□□□□□□□の代わりに□を肩にして、やすらぐ情景でも自然の美しさと自然の美を……

［聖心学園中 改］

時間　20分
合格　40点
得点　／50点
学習日　月　日

1 次の文章を読んで、後の問いに答えなさい。

　旭山動物園のゴリラとワオキツネザルがエキノコックス症で死んだというニュースは北海道では大きく取りあげられた。一九九四年のことだ。当時は、この病気のことが正しく知られていなくて、人から人へも感染すると誤解されていることなどもあった。エキノコックス症は「キタキツネのフンの中に入っている寄生虫の①卵が原因だ」というニュースが流れたとたん、みんなの態度がコロッと変わった。

　「キタキツネは危ない」「こんな恐ろしい生き物だとは知らなかった」「キタキツネなんか追いやってしまえ」。(中略)

　昨日までは「かわいいコンコンちゃん」といって、人間の感情を一方的に押しつけていたのに、今日からは「なんておそろしい動物なんだ。駆除してしまえ」ではあまりに身勝手だ。かつてぼくたち日本人は、野生動物とどういう②関係を築いてきたのではなかったのか。

　それは、おたがいに干渉しないという関係である。人間はズカズカと野生動物の領域に入っていかなかった。一方的感情移入もしなかった。「かわいい」と思ったりもしなかった。エサをやらなかったから、彼らは③彼らがキタキツネを人間の領域にまで引きずり込むようなことをしたから、彼らのフンがぼくらの周りに落ちるようになり、それに人間が触れると病気になる事態が出てしまったのだ。もともと、彼らに干渉しなければ、④こんなことにはならなかった。

　こうした野生動物のアイドル化は、多摩川にやってきたタマちゃんが人気だったように、ぼくには思える。(中略)

　彼らには、彼らの生き方がある。人間の一方的な感情で彼らを見なしてありのまま、タマちゃんの都合でここにはないか。

　⑤。野生動物と人間が共存できるとすれば、このルールを人間が守ることだ。

坂東元「動物と向きあって生きる」

(1) ──線①とありますが、「みんなの態度」は具体的にどのように変わったのですか。変わる前と変わった後の様子について述べている一文をぬき出し、最初の五字を答えなさい。(10点)

(2) ──線②「こういう関係」とはどのような関係ですか。文章中から十五字でぬき出し、最初と最後の三字ずつを答えなさい。(10点)

				〜			

(3) ──線③「彼ら」とは、具体的には何を指していますか。文章中から四字でぬき出しなさい。(10点)

(4) ──線④「こんなこと」とはどのようなことですか。（　）に当てはまる言葉を文章中からぬき出しなさい。(5点×2)

キタキツネの（ １ ）によって、人間が（ ２ ）になること。

１（　　　　　）　２（　　　　　）

(5) ⑤に当てはまる言葉を次から一つ選び、記号で答えなさい。(10点)

ア　おたがいに干渉しあわない

イ　気まぐれにエサを与えない

ウ　必要以上におそれて駆除しない

エ　野生動物をペットにしない

（　　　）

〔帝塚山学院中―改〕

1 次の文章を読んで、後の問いに答えなさい。

放送で人々の文章を読んだNHKのアナウンサーは、文法的にも「正しく」美しい日本語の規範を——①——に答えた、日本語の規範を求められる人々にとって、日本語の手本を示す現状からすれば限界があるといえる。

アナウンサーが——②——を使われているので、それは流行語や略語が最も流行の最先端をいく人々に使われているとむしろ尊重され、日本語の変化を寄せつけていく姿を取り入れている。テレビは——ウ——略語や流行語を使えることがあるので、日本語の規範があるとはいえない。

媒体としては、テレビ・ラジオ・新聞・雑誌・インターネットなどがあり、情報は——エ——流行を担う平板アクセントが極めて使われていることで、若い世代の会話が使われていることがわかる。

「情報」とは「話」——③——であるか、限りがあるということで、限りある日本語の規範があるということは難しい。日本語の手本を示すことは限界があり——エ——。

放送人々に届けるというテレビ・ラジオの本来の機能と——④——を整理して、本来の機能を見直すことで、最も大勢に向かって大勢のことを整理しておくこと。全国に住む何万・何千という人々に向かって放送は、日本語「音」でも一度に全国に届けることができる。

「経済」「社会」などは理解できるが、この「音」そのものは全国に住む人々に届けるには必要があるので、……。

　＊媒体…情報を伝えるための手段であるメディア。
　＊加藤昌男「テレビの日本語」

（1）——線①「就く」とありますが、これと同じ意味で使われている文として次のア〜エの最も適切ですか。最も適切なものを次のア〜エの文から一つ選び、記号（ア〜エ）で答えなさい。（10点）

　（　　）

（2）——線②は文章中で同じ意味で使われている言葉を文章中から三字でぬき出して答えなさい。（10点）

（3）——線③と同じ意味で使われているものを次のア〜エから一つ選び、記号で答えなさい。（10点）
　ア 号令で答える。
　イ 早く答えなさい。
　ウ ゆるやかに流れる。
　エ 頂上まで登ってくる。

　（　　）

（4）——線③とありますが、前の文章中から十字でぬき出しなさい。（10点）

（5）——線④「テレビ」の本来の機能とは、大勢の人々に出される文章を何を届けることに当てはまる言葉を文章中から出す。（10点）

　や（　　）　や（　　）
　（5点×2）

時間 20分
合格 40点
得点 ／50点
学習日 〔 月 日 〕

標準レベル 81　論説文(2)

1 次の文章を読んで、後の問いに答えなさい。

　どうも日本人は精神力が好きなようだが、それに①輪をかけて出てくるのが、精神力を養うために苦しい練習に耐えて精神力を鍛えたために勝利を収めることができた。このようなお話の筋が好きなため、選手自身はそうも思っていないのに、②＿＿＿＿このような③＿＿＿＿お話を引き出そうとアナウンサーがやっきになっていることがある。(中略)

　ところで、少し考えてみるだけでも、人間の「精神」というものが耐えることだけに用いられるほど貧困なものだろうかという疑問が湧いてくる。人間の精神の力はもっともっと豊かなものであり、たとえばスポーツにも「精神」の力が必要というのなら、それはもっとも駄目だと能力とが相手によって方法を変えるとか、いろんなことがあるだろう。サッカーのときに日本の選手はイマジネーションが不足しているとよく言われるが、イマジネーションこそ人間の「精神」のはたらきそのものではないだろうか。「耐える」ことだけを精神力と思う日本のスポーツの訓練法が、イマジネーションという豊かな精神のはたらきを破壊してはいないかを反省してみる必要がある。

　スポーツの話がわかりやすいので、④それを題材として述べているが、このことは人生全般について言えないだろうか。会社などで、「精神力」を強調する上司は、部下に「耐える」ことのみを要求していることが多いのではなかろうか。部下を鍛えるということも、⑤その考え方を豊かにするとか、自由な行動性を身につけるなどということではなく、「耐える」ことを第一目標としているのではなかろうか。そうすることを上手に教えて

　いくのではなく、不可能なことを要求したり長時間にわたる仕事を要求したりして、それに耐えることを学ばせようとする。しかし、すでに述べたように、その方法では、⑥本来の意味における「精神」のはたらきを貧困にし、没個性的にすることにつながっていないだろうか。

(河合隼雄「こころの処方箋」)

＊イマジネーション…想像力。

(1) ──線①・③の言葉の意味を次から選び、記号で答えなさい。(1点×2)
①ア さらに加えて　　イ 細かく分析して
　ウ 急いで整えて　　エ ゆっくりとして
（　　　）

③ア 冷静に　　イ 不安に
　ウ 親切に　　エ 必死に
（　　　）

(2) ──線②とはどのようなお話ですか。( )に当てはまる言葉を文章中からぬき出しなさい。(5点×4)

（　　　　　　）が苦し（　　　　　　）に耐えて（　　　　　　）を鍛えたために、最終的に（　　　　　　）を手にすることができたというお話。

(3) ──線④は何を指していますか。文章中からぬき出しなさい。(5点)

（　　　　　　　　　　　　　　　　　）

(4) ──線⑤は何を指していますか。文章中から二字でぬき出しなさい。(5点)

(5) ──線⑥「本来の意味における『精神』のはたらき」とは、具体的には何ですか。文章中から十字以内でぬき出しなさい。(10点)

〔奈良育英中─改〕

① 次の文章を読んで、あとの問いに答えなさい。

人間は大型類人猿の直接の祖先を認め、[A]で人間の祖先は、類人猿と同様に森に住んでいたのである。彼らは人類の祖先であり、未来は類人猿と同様に森に住んでいた。

人間は雑食的な食べ物、つまり木の葉や草、果実や木の芽を食べていた。それは牛などのような植物を徹底して食べる純粋な草食動物でもなく、森の中で生きた食べ物を食べていたわけであり、その雑食性が社会を進め、植物の草や木の葉の上から生まれた雑食的な食べ物は、木の葉や草を食べる人間の①基礎をなすのである。

人間は森の中から開けた平地に生活の場をのばしていった。その森の中で生きていたわけだが、②それは人間が雑食的な食べ物を食べていたからであり、その開けた場所には、③雑食性があったからである。

人間は純粋な肉食動物ではなく、日和見的な動物であって、体のつくりからしても、栄養を少なからず雑食として取り入れる必要があり、その雑食的な考え方から見ても、日和見動物である。

[B]　純粋な体のしくみの人間にとって、栄養が必要なのだ。

多様な薬効をもつ食物は人間の摂り方に関わる。④純粋な肉食動物ではないのだから、⑤人類生存に関わる根本的な問題である。

根本文化というものは人間のための問題だということである。それは日和見の問題だと思う。それは日和見性であり、日和見だから温暖化に関わる。

*日和見…状況を見て、有利な方を選ぶこと。（「日和見主義」）

(1) [A]・[B]に当てはまる言葉を次から選び、記号で答えなさい。（5点×2）

[A]　[B]

　ア　では
　イ　しかし
　ウ　なぜなら

(2) ──線①「基礎」とありますが、これが指し示すものは、本文中のどのような言葉ですか。二つ、それぞれ文章中からぬき出しなさい。（5点×2）

A（　　　　）
B（　　　　）

(3) ──線②「それ」は何を指していますか。文章中から五字でぬき出しなさい。（5点）

(4) ──線③「雑食」という意味を表している言葉を、文章中から同じ「雑食」という言葉以外で、五字でぬき出しなさい。（5点）

(5) ──線④「純粋な肉食動物」とは、どういう動物のことですか。文章中からぬき出しなさい。（5点）

(6) ──線⑤「人類生存に関わる根本的な問題」とありますが、筆者はこのような根本的な問題について、どのようなことが人間にとって大切だと言っていますか。文章中からぬき出しなさい。（10点）

　　　　　という事実で
　　　　　人間にとって大切だということ。

〔関西学院中—改〕

学習日　　月　日
時間　20分
合格　40点
得点　　／50点

❶ 次の文章を読んで、後の問いに答えなさい。

「全然」の*呼応について、①問題は二点ありますが、まず「全然」が、昔から否定と呼応する形で使われてきたもので、肯定の表現に使うのは最近のものなのかどうか、という点です。

実は歴史的に見ると、もともと「全然」は江戸時代の後期のころに中国の白話小説(話し言葉で書かれた小説)に使われていたものを取り入れて使われるようになったもので、「全く然り」という訓がそのまま当てはまるものでした。しかし、〈まったく〉〈すっかり〉とか〈まるっきり〉などの訓も当てられていたようです。

もう一つの問題は、それでは現在、こういう〈まるっきり〉とか〈何から何まで〉などの意味を表す用法と、別にしばしば議論になる「全然いい」とか「全然平気だ」などが〈とても〉〈非常に〉という意味で普通に使われるようになっているかどうか、という点です。

多くの国語辞典において、②こういう用法が「俗語」として挙げられていますが、それが程度を表す副詞として、単に〈とても〉〈非常に〉という意味で使われているかどうで、かなり疑問です。若者が「全然いい」という言い方をよくするといっても、たとえば、たまたま顔を合わせたときに「今日は全然いい天気だね」などと言うでしょうか。相手が天気を心配しているときに、自分がすでに天気予報を確かめていて、「今日は全然いい天気だよ。」と言ったり、自分の服装に自信が持てず、気にしている相手に対して、その服装を「そのシャツ、全然似合っているよ。」と言ったりするように、否定的な状況をくつがえして「全く問題がない」という場合に用いて「全然大丈夫?」と聞かれて、「全然平気!」と答えるのも同様です。

さらにまた、二つのものや事柄を比較して「こっちの方が全然いい。」とか「さっきより全然よくなった。」というように使う用法も見られますが、これはおそらく「断然」の類似から広まったものでしょう。現在この用法もかなり一般化してきていると思います。

いずれにしても、若者が「全然」を肯定表現に使っているからといって、それがすぐに間違いだと決めつけるのは問題でしょう。

(北原保雄『問題な日本語』)

*呼応…「全然……ない」など、後に決まった表現がくること。

(1) ──線①の問題点が書かれている文を二つ文章中からぬき出し、最初の四字ずつを答えなさい。(記号等ふくむ) (10点×2)

|　|　|　|　| |　|　|　|　|

(2) ──線②が指している具体的な用法を文章中から二つぬき出しなさい。 (5点×2)

（　　　　　　　　　　　　　　）
（　　　　　　　　　　　　　　）

(3) ──線ア～エの「全然」の中から、使われ方の異なるものを一つ選び、記号で答えなさい。 (10点)

（　　　）

(4) この文章の内容として正しいものを後から一つ選び、記号で答えなさい。 (10点)

ア 現在、「全然」は否定的な意味ではなく、肯定の意味で使われるのが一般的である。

イ 若者の使う肯定の意味の「全然」は使い方が間違っているから、使わないほうがよい。

ウ 現在、「全然」は「断然」という意味で使う場合があり、それは間違いとは言えない。

エ 江戸時代では、「全然」は昔は肯定を表す言葉で、否定的な意味はなかった。

（　　　）

〔麗澤中・改〕

1 次の文章を読んで、後の問いに答えなさい。

①わたしたち日本人は、同じですが、日本人であることにこだわることが多いようです。わたしたちは、日本にいるとわからないのですが、西洋へ行ってみると、日本人であることをいやでも知ることになります。

　洋行の都市でも、ニューヨークの街でも、東京の街でも、パリの街へ行ってみても、日本人は一週間に三回清掃事業を好むことを好むというのです。日本人はすべて、紙くずを捨てることが好きな日本人たち。

　| B |　日本人は勉強するために、ある人たちは日本語を書くことを知っているということが、ある人たちは日本人でないことを知ることになるのでしょう。

　わたしたち日本人は同じですが、日本にいることは、日本人であることを知りすぎているのではないでしょうか。

　③公衆道徳の大都市というものは、ロンドンの街でも、街にゴミ箱があり、紙くずを捨てることができます。しかし、日本人は紙くずを捨てることが好きだから、ヨーロッパの国々では| A |...

（中略）

　だから公衆道徳がないということは、わたしたちが日本人であることを決めるということはわたしたちが、日本人であることを知らなければならない。

　そんな例は、いくつかあるけれど、日本人にはわからないことがたくさんあります。日本人であることは、日本人であることを知らなければならない。

（加藤秀俊「習俗の社会学」）

*公衆道徳…社会の一人一人が守らなければならない気持ち。

---

(1) | A |・| B | にあてはまる言葉を、次の中からそれぞれ選び、記号で答えなさい。（5点×2）

ア たとえば　イ しかし
ウ あるいは　エ だから

A（　　　）　B（　　　）

(2) ━①「わたしたち」とありますが、日本の言葉を、文章中から書きぬきなさい。（5点×2）

A（　　　）　B（　　　）

(3) ━②について、筆者の考えとして当てはまるものを、次の中から選び、記号で答えなさい。（10点）

ア 世界中で日本人だけが紙くずを捨てないから。
イ 世界中で紙くずを捨てる特別な事情を知ってもらえるから。
ウ 日本より特別な国へ紙くずを捨ててもかまわないから。
エ 日本以外の国の事情を知っても紙くずを捨てるから。

（　　　）

(4) ━③「公衆道徳」とは、日本人にとって特に重要な目安だと考えることに配りすることが必要な目安だと考えるから。国民に紙くずを捨てないことが当てはまる言葉を、文章中からさがし、書きぬきなさい。（10点）

(5) 整っている国の国民に、最も主張していることがあてはまる一文を、文章中からさがし、最初の五字を書きぬきなさい。（10点）

時間 20分
合格 40点
得点 ／50点
学習日 [　月　日]

*公衆道徳…社会の一人一人が守らなければならない気持ち。

標準レベル **85**　敬語

時間 **15**分　合格 **40**点　得点 ＿＿＿/50点

1 次の言葉を敬語に直すとき、「お」「ご」のどちらがつきますか。合うほうをつけて答えなさい。(1点×17)

① 意見　　　　　　（　　　　　）
② 便り　　　　　　（　　　　　）
③ 答え　　　　　　（　　　　　）
④ 主人　　　　　　（　　　　　）
⑤ 協力　　　　　　（　　　　　）
⑥ 祝い　　　　　　（　　　　　）
⑦ 美しい　　　　　（　　　　　）
⑧ 判断　　　　　　（　　　　　）
⑨ 確認　　　　　　（　　　　　）
⑩ 礼の品　　　　　（　　　　　）
⑪ 活躍　　　　　　（　　　　　）
⑫ 機嫌　　　　　　（　　　　　）
⑬ ひま　　　　　　（　　　　　）
⑭ 誕生日　　　　　（　　　　　）
⑮ 言葉　　　　　　（　　　　　）
⑯ 明察　　　　　　（　　　　　）
⑰ ほうび　　　　　（　　　　　）

2 次の文の――線の言葉の種類を後から選び、記号で答えなさい。(1点×12)

① もうすぐ電車が来ます。（　　　）
② みなさまにお伝えします。（　　　）
③ 私は受付におります。（　　　）
④ 後から先生も来られる。（　　　）
⑤ 特製のケーキをめしあがれ。（　　　）
⑥ そちらには母がうかがいます。（　　　）
⑦ 今から説明いたします。（　　　）
⑧ どうぞごらんになってください。（　　　）
⑨ 先生がおっしゃいました。（　　　）
⑩ 係員にお申しつけください。（　　　）
⑪ 書類をお持ちしました。（　　　）
⑫ 午前中に参ります。（　　　）

ア 尊敬語　イ 謙譲語　ウ 丁寧語

3 次の文の（　）に当てはまる言葉を後から選び、記号で答えなさい。(2点×7)

① 昨日、先生の絵を（　　）ました。（　　　）
② 父が先生に（　　）たと申しております。（　　　）
③ お母さんは（　　）ますか。（　　　）
④ 兄はもうすぐ帰って（　　）ます。（　　　）
⑤ 父は今、（　　）ません。（　　　）
⑥ これは先生から（　　）た本です。（　　　）
⑦ 最初から（　　）ください。（　　　）

ア いらっしゃい　イ おり　ウ まいり
エ お目にかかり　オ 拝見し
カ いただい　キ ご覧

4 次の文の――線を敬語に直す場合、正しいものを後から選び、記号で答えなさい。(1点×3)

① 私がお客様を案内します。
　ア いたし　イ なさい　（　　　）
② あなたは今、なんと言いましたか。
　ア おっしゃ　イ 申し　（　　　）
③ 社長がみんなに声をかける。
　ア おかけになる　イ おかけする　（　　　）

5 次の文の――線を、書き出しの言葉にしたがって敬語に直し、ひらがなで答えなさい。(1点×4)

① あなたはこのドラマを見ましたか。
（ご　　　　　　　　　　　　　）
② あなたに見せたこのはこの絵です。
（お　　　　　　　　　　　　　）
③ もうすぐ社長が来る。
（い　　　　　　　　　　　　　）
④ あなたが来るころには完成します。
（　　　　　　　　　　　　　　）

1 次の——線の言葉をふさわしい言い方に直しなさい。（2点×7）

① 私たちはこれでまいります。
（　　　　　　）

② 校長先生のお話をうかがう。
（　　　　　　）

③ お母さんから本をいただいた。
（　　　　　　）

④ あなたにお目にかかれてうれしい。
（　　　　　　）

⑤ あなたにお会いになりましたか。服
（　　　　　　）

⑥ 資料を配布いたしました。
（　　　　　　）

⑦ お客様がこられるようです。
（　　　　　　）

2 次の——線の敬語を、正しい場合は○、まちがっている場合は正しい言葉に答えなさい。（2点×7）

① 先生が申しました。
（　　　　　　）

② 先生はお帰りになりました。
（　　　　　　）

③ お客様、少々お待ちください。
（　　　　　　）

④ あなたのお手紙、受付でうかがってください。
（　　　　　　）

⑤ お客様からいただいたことにいたします。
（　　　　　　）

⑥ 私は今お戴している本はこれです。
（　　　　　　）

⑦ 必ず本文をお読みください。
（　　　　　　）

〔城西大附属城西中—改〕

3 次の例文のA・Bの——線と同じ種類の敬語が使われているものを、それぞれ一つずつ選んで記号で答えなさい。

例　A 先生が答えなさい。
　　B 番号で答えなさい。

① 親は母にお礼を申しました。
② みんなで先生にお礼を申しました。
③ あなたはどこにおられますか。
④ あなたのお会社を...
⑤ 商品はこちらになります。
⑥ それについて私がお答えします。

A（　　　・　　　）
B（　　　・　　　）

〔中央大附属中—改〕

4 次の文の——線を〈 〉内の字数で謙譲語か尊敬語に直して答えなさい。（2点×8）

① お飲み物はコーヒーですか。〈三字〉
（　　　　　　）

② この本をあなたにさしあげます。〈四字〉
（　　　　　　）

③ 先生、こちらで待ってください。〈七字〉
（　　　　　　）

④ 私が用件を聞きます。〈六字〉
（　　　　　　）

⑤ 私の家には高価な物があります。〈三字〉
（　　　　　　）

⑥ カバンを持ちます。〈四字〉
（　　　　　　）

⑦ 私は後から行きます。〈三字〉
（　　　　　　）

⑧ 担当者に聞いてください。〈四字〉
（　　　　　　）

学習日〔　　月　　日〕

時間 15分　合格 40点　得点 ／50点

1 次の外来語に最も近い意味を後から選び、記号で答えなさい。(1点×12)

① ギャップ　　　（　　）
② コレクション　（　　）
③ プレゼント　　（　　）
④ コンクール　　（　　）
⑤ アマチュア　　（　　）
⑥ ライバル　　　（　　）
⑦ エチケット　　（　　）
⑧ トラブル　　　（　　）
⑨ アドバイス　　（　　）
⑩ ルール　　　　（　　）
⑪ レジャー　　　（　　）
⑫ モラル　　　　（　　）

ア 素人
イ 余暇
ウ へだたり
エ 規則
オ 贈り物
カ 礼儀作法
キ もめごと
ク 助言
ケ 競技会
コ 競争相手
サ 収集
シ 道徳

2 次の意味に当たる外来語を後から選び、記号で答えなさい。(2点×6)

① 緊張をといてくつろぐこと。（　　）
② 独特で他に似たものがないこと。（　　）
③ 姿や形から受ける印象。（　　）
④ 表現や内容がかもしだす上品なおかしみ。（　　）
⑤ ものごとを判断するときに元になる資料。（　　）
⑥ 共同してものごとにあたる人々の気持ちの通じ合い、団結力。（　　）

あ イメージ
い チームワーク
う ユーモア
え データ
お ユニーク
か リラックス

3 次の文の――線の言葉に最も近い意味の外来語を後から選び、記号で答えなさい。(2点×9)

① あなたの伝言を預かりました。（　　）
② 今日の会議は十一時からだ。（　　）
③ 繊細なこの持ち主。（　　）
④ 科学技術が発達する。（　　）
⑤ 国際的な観点で考える。（　　）
⑥ この立候補者の標語を支持する。（　　）
⑦ 物事の仕組み。（　　）
⑧ 必ず起こると思われている不吉な出来事。（　　）
⑨ 物事の度合いがだんだん大きくなること。（　　）

あ ミーティング
い グローバル
う デリケート
え スローガン
お メッセージ
か テクノロジー
き エスカレート
く ジンクス
け メカニズム

4 次の語の意味を日本語にするとすればどのようになりますか。後の語群から漢字を二字ずつ選び、組み合わせて熟語で答えなさい。(1点×8)

① シンプル　　（　　）
② プライベート（　　）
③ メリット　　（　　）
④ プロセス　　（　　）
⑤ コスト　　　（　　）
⑥ エキサイト　（　　）
⑦ テーマ　　　（　　）
⑧ トラブル　　（　　）

的　程　費　単　純　週　題　私　興　用　主　点　利　奮
書　障

〔相愛中―改〕

上級レベル

88 外来語

時間 15分　合格 40点　得点 ／50点

学習日〔　月　日〕

1 次の外来語に最も近い意味を後から選び、記号で答えなさい。（2点×10）

① オリジナリティー（　）
② スケール（　）
③ ジレンマ（　）
④ コミュニケーション（　）
⑤ サイエンス（　）
⑥ シンボル（　）
⑦ アピール（　）
⑧ インテリア（　）
⑨ クラシック（　）
⑩ スキャンダル（　）

ア 板ばさみ　イ 科学　ウ 伝達・通信
エ 規模　オ 象徴　カ 独創性
キ 古典　ク 訴えかけ　ケ 室内装飾
コ よくないうわさ

2 次の文の（　）に当てはまる外来語を後から選び、記号で答えなさい。（2点×6）

① 運動が苦手だという（　）を克服する。（　）
② 妹の、明るい（　）は家族に愛されている。（　）
③ 日曜は川原のごみ拾いの（　）に行った。（　）
④ 彼の嫌がらせはしだいに（　）していった。（　）
⑤ 舞台はついに（　）をむかえた。（　）
⑥ 消費の拡大が経済回復の（　）だ。（　）

あ エスカレート　い クライマックス
う ボランティア　え コンプレックス
お バロメーター　か キャラクター

〔智辯学園中―改〕

3 次のそれぞれの外来語を、後に示した意味になるようにマス目に字を補いなさい。（2点×5）

① □□□ンス…広く知らせること。
② □□イル…書類などをとじるもの。
③ □□ージ…充電。
④ ニュ□□□…言葉の意味などのかすかな感じ。
⑤ ファン□□□…空想。

〔洛南高附中―改〕

4 次のそれぞれを外来語に直し、その頭文字をつなぐと、ある言葉ができます。その言葉の意味を漢字二字で答えなさい。（2点）

ア 避暑地。
イ 支持者。
ウ もよおしもの。
エ 最も盛り上がる場面。
オ 起源。

□□

〔洛南高附中―改〕

5 次のそれぞれの外来語が対比的な関係になるようにマス目に入る言葉をカタカナで答えなさい。（1点×6）

① サブグラウンド ↔ □□□グラウンド
② バランス ↔ □□バランス
③ メリット ↔ □メリット
④ フィクション ↔ □□□フィクション
⑤ インプット ↔ □□□□□□
⑥ バーチャル ↔ □□□

〔洛南高附中―改〕

学習日 [　月 　日]

時間 20分　合格 40点　得点 ＿＿ 50点

❶ 次の各文には、それぞれ一か所ずつ誤りがあります。例にならって正しい表現に直しなさい。（4点×4）

例 雨が降ったり、風がふいて、落ち着かない一日だった。
（ 　ふいて　 ）→（ 　ふいたりして　 ）

① お客様には、できるだけていねいに話すようにしましょう。
（ 　　　　　 ）→（ 　　　　　 ）

② 先生はいつも、私たちにもっと本を読むべきだと申し上げていました。
（ 　　　　　 ）→（ 　　　　　 ）

③ いろいろな人とお話をすることができたのに、大変意味のある集まりでした。
（ 　　　　　 ）→（ 　　　　　 ）

④ その件に関しては、あちらの受付でおうかがいください。
（ 　　　　　 ）→（ 　　　　　 ）

❷ 次の文を、後の①～③の指示に合うように書き直しなさい。（4点×3）

七月にアメリカに行った兄が帰ってきた。

① 読点（、）を使って、アメリカに行ったのが七月になるように直しなさい。
（ 　　　　　　　　　　　　 ）

② 読点（、）を使って、帰ってきたのが七月になるように直しなさい。
（ 　　　　　　　　　　　　 ）

③ 語の順番を入れかえて、帰ってきたのが七月になるように直しなさい。
（ 　　　　　　　　　　　　 ）

❸ 次の二つの文のうち、書き方が適切なものを選び、記号で答えなさい。（3点×4）

①
ア 多くの健康法を同時に行うと何のおかげで丈夫なのかわからなくなる。
イ 多くの健康法を同時に行うと、何のおかげで丈夫なのかわからなくなる。
（ 　　 ）

②
ア 私は、大きな声で「川にいるよ」とさけんだ。
イ 私は「大きな声で川にいるよ」とさけんだ。
（ 　　 ）

③
ア 友人から「先生が『校庭に来なさい』と言っていた」と聞きました。
イ 友人から「先生が『校庭に来なさい』と言っていた」と聞きました。
（ 　　 ）

④
ア あと十分で休けいしよう、というで君はおなかがすいていないか
イ あと十分で休けいしよう、というで君はおなかがすいていないか
（ 　　 ）

❹ 次の文は、後の文章からぬけ落ちたものです。（　）ア～エのどこにもどすのが適切ですか。記号で答えなさい。（10点）

（ぬけ落ちた文）中でも俳句は、十七音の世界で最も短い定型詩です。

（文章）俳句や短歌は、詩の仲間です。（ ア ）それらは、字数（音数）が決まっていて定型詩と呼ばれます。（ イ ）短歌は奈良時代より以前に、俳句は江戸時代ごろにできました。（ ウ ）つまり、短歌ができてから、俳句ができるまで八百年以上もの年月が経っているわけです。（ エ ）
（ 　　 ）

1 次の文章を読んで、後の問いに答えなさい。

「新聞で読んだ文章を考えてみてください。

『黒い目の大きな女の子』

という例文があります。これは、幾通りもの意味があります。

『子』が『黒い目の』だけにかかるのか、②（　）だけにかかるのか、③（　）にかかるのか……というように、いくつもの意味にとれるのです。

『大橋刑事は血まみれになって逃げる犯人を追った』という文も、刑事が血まみれなのか、犯人が血まみれなのか、はっきりしません。④（　）なのか⑤（　）なのか、わからないのです。

『子供の数の少ない国の学校』『美しい娘の母』なども、いくつもの意味にとれてしまいます。

『新聞社の国語の大そうじ』という言葉を新聞で読んだとき、①

をしたのか、新聞社の大そうじをしたのか、国語の大そうじをしたのか、わかりませんでした。」

（井上ひさし『日本語教室』）

(1) ① に入る表現を十字で答えなさい。(10点)

（　　　　　　　　　　）

(2) ② ～ ⑤ に当てはまる言葉を文中からぬき出しなさい。(4×5)

④（　　　）②（　　　）
⑤（　　　）③（　　　）

(3) ⑥ に当てはまる、別の意味になる文を「　」を使って答えなさい。(10点)

（　　　　　　　　　　）

---

2 次の文章はある文章からぬき出したものです。ア～カの[　]に当てはまる語を後から選び、記号で答えなさい。(10点)

「一週間はなぜ七日なのか。これは、人間が安当な理由から決めた時間の区切りであるとわかりました。

一日、一月、一年は天文学的な時間の区切りです。一日は地球が（ア）を一回転するのにかかる時間、一月は（イ）の運動、一年は（ウ）の公転……と、人間が決めたものではありません。

でも、一週間だけは人間が決めた区切りです。（エ）のように見える星は（オ）です。天体は、太陽に対して動いていて、私たちの肉眼で動いて見える星は、（オ）以外の火星・木星・土星・金星・水星のように天体の動きとして見えるものと、遠く離れて固定された（カ）のように見える星があります。

地球は、それらの星々の中にあり、（　）とともに太陽の周りを回転している星です。」

（ある文章より・一部改）

標準レベル 91　要約

① 次の文章を読んで、後の問いに答えなさい。

▶くまは、いつも人間から狩猟や駆除の対象にされながら、まだしっかりとその種族を保っている。その理由は何であろうか。

まず考えられるのは、くまが群れをつくらないで、単独で生活するため、狩猟によっていちどに多くの生命を失うことはないという点である。

また、食肉類でありながら、草の芽や根、木の実なども食物にすることができるのは、生命を保つのに都合がよいといえる。

もう一つの大きな理由は、冬期の穴ごもりにある。その穴ごもりは、ほかの野生動物の冬眠とは、大にちがうところがある。それは、くまが穴ごもり中に子を産み、乳をあたえ、育てるという、種族を保つうえでたいへん大事な営みをすることである。野生動物では、出生直後の子の死亡ということが起こりやすい。その点、くまは穴の中で安全に育てているのである。

では、くまは、このような生活をいつまでも安全に続けることができるだろうか。

かれらの生命や生活の安全をおびやかす最大のものは、天然林を切りはらうことであり、自然を開発することである。また、それにともなう狩猟や駆除のことである。

異常気象で山の木の実が不作になれば、えさ不足からくまが人里に出て人間に危害を加えるという事件が起こる。えさとしていたせっかくの芽や実をつけるぶなどの林が切りはらわれたら、くまは生活の場を失い、人里に出てくることがますます多くなって、それだけ事件も増える。そして、その分、狩猟や駆除も激しくなるのである。

石川県は、白山のぶなの原生林を三億円で買い上げ、くまたちの安息地を確保した。しかし、日本の各地で、ますます天然林の破壊が進むや自然の開発が進めば、このままでは種族を保ってきたくまも、これまで同様の保護が必要となるにちがいない。◀

②くまの行動は、人間に対する自然の警しょうであろう。

（阿部 永「くまが危ない」）

平成八年度版大阪書籍「小学国語6上」

*駆除…追いはらうこと。取りのぞくこと。
*警しょう…注意を呼びかけること。

(1) この文章の▶◀部分を二つに分けるとすれば、後半はどこから始まりますか。初めの五字をぬき出しなさい。(5点)

(2) ──線①をまとめた次の文の（　）に当てはまる言葉をぬき出しなさい。(5点×3)

群れをつくらず（　　　　　）で生活し、肉だけでなく（　　　　　）なども食べることで生命を保ち、また（　　　　　）に子を産み、育てることで子の死亡が少ないこと。

(3) ──線②とありますが、これはどのような行動ですか。「……という行動」に続くように簡単にまとめなさい。(10点)

（　　　　　　　　　　　　　　　　　　　）という行動。

(4) この文章をまとめた次の文の（　）に当てはまる言葉を答えなさい。(10点×2)

くまが人里に出てくるのは
（　　　　　　　　　　　　　　　）からであり、
（　　　　　　　　　　　　　　　）

やこうこ的な狩猟や駆除が進んでいることを示していると考えられるため、自然の警しょうであるといえる。

要約

1 次の文章を読んで、あとの問いに答えなさい。

ました。しかし、人間の頭角を現していくうえで、という「道」を知るということが、実際に進んでいく目的地に向かっての道がたいへん大事であるということを、受験勉強のなかで体験しているのであろう。

大学入試のための「道」を見いだして入学した人たちが、受験戦争その他の道を、味も素っ気もないもの、実際に進んでいく目的地に向かっての道としてのみ考える気持ちが強いようである。

人生における弱いものに味をつけてくれるような人、というのは、苦しいときに自分を補ってくれるような経験をしている人である。結核という病気がなおったということは、むだのように思われるが、それはむだではなく、成功した経営者というのは、若いときに病気をして安静にしていたとか、スポーツなどをやりすぎて病気になって安静にしていたとかいう体験をもっている人が案外多い。

このように、一見、意味のない時代、人生における味をつけてくれる時代というものがあるのだ、ということを知ると、むだと思われる時間が、人生に味をつけてくれるものとしての道草であると考えられるようになる。

病気について見ると、意味のない時代、むだな時間、というものが、それが人生の最良の道であるという道草があるのだ。

*結核…結核菌の感染によっておこる病気。伝染病の一つ。
（河合隼雄「こころの処方箋」）

(1) 次の一文は本文中のある段落の最後にある。直前の最後にある五字を答えなさい。（10点）

とすること、それはむだのようで、いちばん大切なことなのである。

(2) ——とあるが、それはどういうことですか。簡単にまとめなさい。（30点）

(3) この文章で筆者の考えとして最もふさわしいものを、次のア〜エの中から選び、記号で答えなさい。（10点）

ア 人生における成功者や時間につまずいても、それが人生に味を教えてくれる道なのである。

イ むだな時間や時代であっても、あとからふりかえってみるとそれが最良の人生の道である。

ウ 必ずしもそれが、人生の選び方が最良の道であるとはいえないのである。

エ 病気について見いだす意味は、それがわかるよりもよい道にいたる道であるという道草の教えにある。

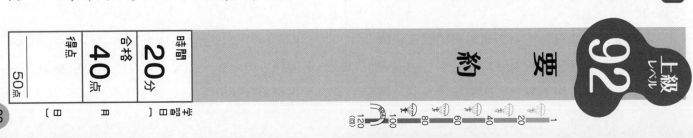

学習日 [　　月　　日]

| 時間 | 20分 | 合格 | 40点 | 得点 | ／50点 |

1 次の文章を読んで、後の問いに答えなさい。

日本を出ると言葉遣いで相手から判断されることになるのは、あまり英語が上手でない日本人にとっては、ありがたくないことなのです。

私は英語を話すことが嫌いではありませんが、高校卒業後は英語をきちんと学校で習ったことはないので、A英語が上手とは言えないのです。

では、どうしたらよいのでしょうか。まず背筋を伸ばしてきちんと立つことなのです。そして前に向かって姿勢よく歩くことです。どうも日本人は立ち姿、歩き姿が良くないと海外で会う日本人を見て思うのは、私だけでしょうか。

背筋を伸ばして顎を引いてすっきりたては、それなりに堂々としているものです。中国人は上の位になると意識的にこうやっているように思います。

また、気になるのは日本人の握手が下手なことです。お国柄によって多少の違いはありますが、握手というのは相手の手をきちんと握ることなのです。ドイツ人は力を入れて握ります。ドイツ人の大見本市に招かれて行った時には、私の手はその後*腱鞘炎になったほどです。

一方、日本人はB手を差し出すだけで、ちゃんと握らない人が多いようで、残念です。何か相手の誠意がないように受けとられます。握手の時は手を差し出されたら、きちんと握りましょう。(中略)

(　→　→　→　)、きちんと立ち、振る舞いがきちんとしていなくては、私は敬意を払われることはないのです。

そして最も大事なことは、その人が国際的な視野を持っていながら、日本のことを知っているかどうかということなのです。

(石井幹子「光が照らす未来」)

* 腱鞘炎…手足の筋などが痛くなる症状。

(1) A ・ B に当てはまる言葉を次からそれぞれ選び、記号で答えなさい。(5点×2)
ア せめて　イ だ　ウ まさか
エ たとえ　オ けして

A(　　) B(　　)

(2) 筆者が述べる、海外で日本人が心がけるべきことのうち、二つの点について次のようにまとめました。(　)に当てはまる言葉を文章中から抜き出しなさい。(5点×4)

・(　　　　)を伸ばしてきちんと立ち、(　　　　)歩くこと。

・(　　　　)をきちんと握って(　　　　)すること。

(3) (　→　→　)には、次のア〜エを正しく並べかえた文章が入ります。意味が通じるように正しくならべかえ、順に記号で答えなさい。(5点×4)

ア こういう人たちは、国際人として好意を持たれるのは当然のことです。

イ 特に出張中の日本のビジネスマンに目立つ行動です。例えば、女性やお年寄りに手を貸してあげたり、前を譲るといったちょっとした親切もおかまいなしの男性が多いのも日本人です。

ウ 英語が上手なことや、フランス語が喋れることだけが国際人の条件ではないのです。

エ 空港の通関や飛行機の乗り降りなどに、我先に行く日本人が多いのも困ったものです。

(　　→　　→　　→　　)

〔京都文教中一改〕

1　次の文章を読んで、後の問いに答えなさい。

電気製品は適して便利なものだ。（　ｂ　）自動車なども最近のものだ。それらはスイッチを入れたり運転したりすることで人間の生活を豊かにするものだ。

便利なものは人間にとって、内容をよく区別することで食べていくことである。それは以前に述べた「つくる」ことは同じ餅なのである。

柏餅というのは、五月の節句のときにわれわれが柏の葉で柏餅を今でも食べるということであるが、それは昔から少ないかもしれない。これをわれわれが食べるということは、家族で食べることの豊かさを感じるということで、家族でおいしいと感じながら食べることがわれわれの生活の豊かさなのである。

意味でいうと食べるということは栄養価が低いものであっても、家族でおいしいと感じながら食べることがわれわれの生活の豊かさなのである。その点での「貧困」な国は食生活「貧困」である。

村山先生を読んだ後、経済状態が豊かであることで「貧困」であるということがあるのだ。後者の間にはそのような家庭などは（中略）

①の経済的背景は先生に答えなさい。

食生活の経済状態が豊かであることで「貧困」であるという、その点での「貧困」な家庭など

（中略）

①の経済的背景は先生に答えなさい。

は適して便利なものだ。人間は便利なものを求める。それは働くということである。それらはスイッチを入れたり運転したりすることで、人間の生活を豊かにするものだ。

（ａ　）頃には、家族でおいしいと感じながら食べることがわれわれの生活の豊かさなのである。

（1）（ⓐ　）～（ⓒ　）に当てはまる言葉を、次の中から選び、記号で答えなさい。（5点×3）

ⓐ（　　）
ⓑ（　　）
ⓒ（　　）

ア　しかも
イ　ただし
ウ　むしろ
エ　しかし
オ　たとえば
カ　だから

（2）──線①「食生活が貧困」とありますが、どういうことですか。それを説明した次の文の□に当てはまる部分を、文中から二十五字以内でぬき出しなさい。（10点）

（3）──線②『豊かさ』の具体的内容を示すひとまとまりの言葉を、文中から二十三字以内でぬき出し、初めの三字を答えなさい。（10点）

（4）──線③について説明している次の文の□に当てはまる言葉を、文中から、ア・ウは三字、イは一字でそれぞれぬき出しなさい。（5点×3）

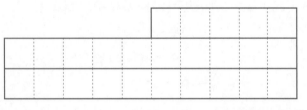

ア　人間は便利なものを求める。
イ　そのため時間を節約して便利な生活をしている。
ウ　それは生活を快適にするためだ。

ア［　　　　］
イ［　　　　］
ウ［　　　　］

標準レベル 95　物 語 文 ⑷

❶ 次の文章を読んで、後の問いに答えなさい。

　ワンのしっぽが小さく動いた。風が吹いて毛が揺れただけのようにかすかに、でも確かに、ワンはしっぽを振ってくれた。

　それがワンからの最後の「ありがとう」だった。

　獣医さんは聴診器を耳からはずして、①「ワンは天国に向かって走っていったよ」とぼくに言った。（中略）

　次の日、ぼくは学校を休んだ。

　「学校の勉強も大事だけど、②これはもっと大事なことなんだから」と言ったパパは、自分も会社を休んだ。

　ママも「今日は特別だもんね」と、連絡ノートに長い手紙を書いてくれた。

　三人でワンを車に乗せて、隣の市のペット霊園に向かった。他のペットと一緒のお墓だったから、ママは「みんなと天国で仲良くするのよ」と泣きながらワンを係員のおじさんに渡して、それで──「さよなら」と「③　　　　」の最後の最後のお別れをした。

　帰りの車の中で、パパが話しかけてきた。

　「ワンが死んだの、悲しいか？」

　「……うん」

　「④　　　　」

　「え？」

　「だってそうだろ。ヨシはワンのことをほんとうに大好きだったから、悲しいんだ。大好きじゃなかったら、悲しまずにすむけど、そっちのほうが悲しいじゃないか」

　パパの言葉は難しくて、よくわからなかった。

　でも、パパがつづけて言った「ヨシがワンのことを大好きでいてくれて、うれしいよ」の一言は、⑤　　　　胸に染み渡ってくれたのだ。

（重松清「くちぶえ番長」）

(1)──線①はどのようなことを意味していますか。「こと」という言葉につながるように文章中からぬき出しなさい。（10点）

（　　　　　　　　　　　）こと。

(2)──線②はどのようなことを指しますか。次から選び、記号で答えなさい。（10点）

ア　ワンを霊園に運ぶこと。
イ　ワンとゆっくりにしてやること。
ウ　ワンを車に乗せること。
エ　ワンと最後のお別れをすること。

（　　　）

(3)　③　に当てはまる言葉を文章中から五字でぬき出しなさい。（10点）

(4)　④　に当てはまる言葉を、次から選び、記号で答えなさい。（10点）

ア　だめじゃないか
イ　同じ気持ちだよ
ウ　よかったなあ
エ　かわいそうだったね

（　　　）

(5)　⑤　に当てはまる言葉を次から選び、記号で答えなさい。（10点）

ア　ぼんやり　　イ　すうっと
ウ　じっくり　　エ　ブサッと

（　　　）

〔四条畷学園中─改〕

次の文章を読んで、後の問いに答えなさい。

猛烈なスピードで、国道を西へ向かって走る自転車を追って、僕は大声を張り上げた。「お盆だって、お盆だって」という僕の声が、正面から見える小屋のトタンの壁にぶつかって、止まった。無理に答えようとする父の

「えっ」が聞こえてきた。僕は受話器を耳に当て、そして足を止め、その場から動けなくなってしまった。

「お盆も働いてるんだって？」という母の声がして、僕は __A__ そのまま背を曲げ、腰を下ろした。

「身を潜めて壁がくずれる音を聞いたような気がした。それは、昔、納屋の屋根を葺くトタンを全部、はがしてしまったときにも聞いた、あの音だ。」

だから「けっこうあぶないよ」ということも、「今年のお盆も」ということも、父には言えなかった。だから「じゃあ」と、それだけ言ってしまって、僕は電話を切った。

「②のおじいさんはそれに、どういう人だったのかね」と①に、どういうことを言ってしまうんだ。それはそういう匂いを、そのまま現に——他

父はおそらく、相当お盆は休けんどこれは、断っただろう。それで、若い方に代わってもらって、あらかじめ危険をさけて __B__ 今は今校は去年

やりのこしを、それもまた __C__ のまま寄近

（3）——②のとき、「父」のきもちを文章中からさがし出し、文章中の言葉をまとめて、「……ということ。」につづくように、最初の五字を答えなさい。（10点）

［　　　　　　　　　　　　　　　　　　　］

（4）——③の「それ」は「それ」、「それ」（「これ」・「それ」の指すは）それぞれ文章中の何を指すか、文章中から何を

（出題—日能研 改）

ヤンは休みなく遊びにいくんだね。それはすごい、すごい、と父は前のやから帰ってくる話だったのか、他

「それでも、遊びにくることは、いいことだよ」

と、父はまた言うのだった。

（2）——①「それもそういう匂いを」の指す言葉を次から選び、記号で答えなさい。（3点×5）

ア それで
イ だって
ウ そのまま
エ すると
オ やすいので

__A__〜__C__

（森　浩美『夏を拾ろって』）

「それは仕事がなくても、遊びにいくということだよ。連れてはくれるんだけど、いつもいつもじゃないんだ。気をつけてはいるんだよ。だけど去年の博多で、飲んだとかいって、可愛そうなやつだ。ほんとにね」

と、大きな声を出して、気がつくとそれに

「悪いきもちだけど。これはあんまり、連れていってあげられない。気がつくとあんまり、連れて行けない。結局、言葉を何行って

（3×5点）

それから毎年……と言い出した。それが……（3×5点）

それから毎年……そのような気がしていけない。

（題—日能研 改）

時間 20分／合格 40点／得点　　／50点

学習日 [月 日]

時間 20分 合格 40点 得点 ／50点

1 次の文章を読んで、後の問いに答えなさい。

店の庭では、みんなうれしそうにかき氷をほお張っている。あの時も、ひまわりが満開だった。確かに数年前、私たちはこのままいつまでも同じメンバーでいることに、何の疑いも持たずにここでかき氷を口にふくんだのだ。

「すみません」勇気をふりしぼり、まど所で四角い氷を機械ですってくれているおじさんに声をかけた。でも、周りがさわがしくて聞こえなかったのか、無視されてしまう。

「すみません!」二度目は声を強くした。 A おじさんができたての氷の山にとう明なシロップをかけながら私の方を見てくれる。けど、その先の言葉がつながらない。私はみるみる泣きたくなった。ただ、ベーベにかき氷を食べさせたいだけなのに、どうしてこんなに悲しくなってしまうのだろう。けれど、早く言えと何かが私の背中を強い力で前におしてくれた。

「ベーベが、いえ祖母が、もうすぐ死にそうなんです。それで最後に、このかき氷を食べたいって」

 B くちびるをかみしめ、なみだの落下を食い止める。①<u>しゅん、音という音が世界から消えた</u>。どうしてそんなことを口走ったのか。自分でもよくわからなかった。ママとの会話でもずっと気をつけてきて、通ってきた②<u>一文字の単語</u>。それが口をついて出たことに、自分でもおどろいてしまう。

「ちょっと待って」子供の言葉など相手にしてくれないかと懸念していたのに、おじさんは③<u>そう言うと</u>、またくるくると機械のレバーを回し始めた。目の前のカップに氷の山ができていく。私はポケットから小銭を取り出した。かき氷はぱぱは買える。

おじさんは、氷の小山の上から、とう明なシロップを④<u>たっぷりと</u>かけた。それをクーラーボックスの中に入れてくれる。

「ありがとうございます!」お金をはらい、深々と頭を下げて、その場を立ち去った。

(小川糸「あつあつを召し上がれ」)

(1) 文章中から季節がよみとれる言葉を二つぬき出しなさい。(5点×2)

（　　　　　）（　　　　　）

(2) A ・ B に当てはまる言葉を、それぞれ次から選び、記号で答えなさい。(5点×2)

ア ちっとも　　イ やっぱり　　ウ ぐっと
エ ようやく　　オ すっかり

A（　　　） B（　　　）

(3) ——線①はどのようなことを表現していますか。最も適切なものを次から選び、記号で答えなさい。(10点)

ア 祖母が死にそうだと人に告げたことをママに注意されるのではと不安になっている。

イ 祖母が死にそうだということに、周りの人たちがおどろき言葉をなくしている。

ウ 祖母が死にそうだと自分が認めてしまったことに強いしょうげきを感じている。

エ 祖母が死にそうだと口に出してしまったことをいうかいしている。

（　　　）

(4) ——線②とは何ですか。一字で答えなさい。(10点)

[　　]

(5) ——線③・④の文章中での意味を次からそれぞれ選び、記号で答えなさい。(5点×2)

ア ていねいに　　イ てぎわよく
ウ ゆっくりと　　エ おこり悪く
オ おだやかに

③（　　　） ④（　　　）

[同志社女子中一改]

1 次の文章を読んで、後の問いに答えなさい。

戦争が激化してくると、ぼくたちの飼い犬を殺せという命令が出た。ぼくたちは飼っていた大きな犬を、食糧事情が悪くなるということで、①一人ぼっちにしてしまった。

ぼくたちは犬を殺すなんていやだと思った。②「犬を殺すくらいなら、みんなといっしょに死にたい」と言って泣いた。でも、犬を殺さなければ、ぼくたちは非国民なんだ。非国民なんだ。

「安心しろ、みんな、大丈夫だから」

父はそう言って、③歯を食いしばって、犬を殺した。ぼくたちは泣きながら、犬の顔を見ていた。

その夜、母は、例のできごとがあったにもかかわらず、おいしいお米のごはんを食べさせてくれた。

（中略）

わたしたちは、④わたしはだまってみんなの顔を見合わせた。妻はとなりで半分ねむりながら、その瞬間に、胸に迫った。

（1）——線①「ぼくたち」は、サンルームのまどのところで、まどガラスごしに、この犬が読みあげてあるのを見て、「幼い時代におもちゃを書斎に」とありますが、この時のぼくたちのどんな気持ちを表していますか。次の中から一つ選び、記号で答えなさい。（10点）

ア わたしたちのことをうらやましく思う気持ち
イ わたしたちのことをうらめしく思う気持ち
ウ わたしたちのことをうらやむ気持ち
エ わたしたちのことをうらやましく思う気持ち

（2）——線②「犬を殺すくらいなら」とありますが、この時のぼくたちの気持ちを反省する方が変わるような気持ちを表す言葉を漢字二字で答えなさい。それは背景は（　　）それは背景は（10点）

（3）——線③の意味を次から選び、記号で答えなさい。（10点）

（4）——線④「　　」とありますが、「ぼくたち」は何を（　）（　）決心したのですか。当てはまる言葉を文中からぬき出して書きなさい。（5×2点）

（5）——線⑤「　　」とありますが、文章中からぬき出しなさい。読点をふくめて書きなさい。（10点）

1 次の文章を読んで、後の問いに答えなさい。

私はそれらを一びん一びん明かりにかざして見入り、「へえ……」というふうだったり、「ほう……」とため息をついたりした。（中略）

　私は三十五本の丸い小さなガラスびんを本棚に並べ、その横にドイツ製の四十八色のクレヨンを置いた。娘と同じく、仕方がなかった。②これほど絵の具が好きなら、たとえ下手でも、何か絵をかいてみようと試みるのが普通だと思うのだが、私はなぜか、まったくそんな気持ちにはならない。下手でも何でも、自分が楽しめればそれでいいのだと思えない性格なのである。

　何かにこりだしたら、もう徹底的にこってしまって、③小説を書くという自分の仕事をあとまわしにしてやりつづける。やれ、基本はどうの、やれ、④道具はどうのと、かまびすしい。もう目に見えている。（中略）

　私はなぜ絵の具に魅かれるのか。

　子どものときの感情は忘れてしまったが、いまの私の心を多少分析してみると、そこには「よくもこんなに微妙な色を作りあげたものだな」と感動するところがあるのだと思う。

　確かにそれらの色は、この現実の世に存在するのだが、絵の具は人間が作りあげたもので、画家も染色家もそれらを独自に混ぜ合わせたり重ね合わせたりして、現実から離れた世界へ橋渡しをする。私はそのことを尊敬し、ただすぐれた絵を観ると、その画家の才能や修練や精神に感嘆し尊敬する。すると、自分もまた言葉や文字という限られた薄っぺらな道具を混ぜたり重ねたりあるいは小説が書けるはずだと思いあらた、

に衝き動かされる。

（宮本輝「生きものたちの部屋」）

（1）——線①のときの筆者の気持ちを次から一つ選び、記号で答えなさい。（10点）
ア 感心　イ 失望
ウ 心配　エ あきらめ　（　）

（2）——線②「これほど絵の具が好き」なのはなぜですか。次から一つ選び、記号で答えなさい。（10点）
ア 絵の具に囲まれていると、気分が落ち着き、上手に絵がかけそうな気になるから。
イ 多くの色の絵の具を混ぜることによって、かける絵の可能性が無限に広がるから。
ウ 多くの絵の具に囲まれていると、子どものころが思い出されてなつかしくなるから。
エ 多くの絵の具を見ると、繊細な色の違いを作り出す人間の表現力に感動するから。　（　）

（3）——線③とありますが、小説家と画家の仕事に共通することは何ですか。文章中から十四字でぬき出し、最初と最後の三字ずつを答えなさい。（10点）
□□□〜□□□

（4）——線④「道具」とありますが、小説家の道具とは何ですか。文章中から五字でぬき出しなさい。（10点）
□□□□□

（5）この文章から読みとれる筆者の性格とはどのような性格ですか。文章中から八字でぬき出しなさい。（10点）
□□□□□□□□性格。

1 次の文章を読んで、後の問いに答えなさい。

［本文（縦書き）］

……この化石は新生代第三紀中新世のジャコウ（Ja-coma）の化石であり、今から約三〇〇万年ほど前のものである。

人はみな、だれでもひとつぐらい半分に割れた石を拾って来たことがあるのではないか。（　②　）子供は満身の力で国へ外へ四年

*三和土……玄関などの土間。
*発止……石などがぶつかり合った時の音。
*伊玖磨……遠藤 周作。

（1）——線①「子供」はなぜ大切なのか。当てはまる言葉を答えなさい。（10点）

（　　　　）が石を割る様子から

（2）②・③にそれぞれ当てはまる言葉を漢字一字で答えなさい。（2点×5）

②〔　　〕　③〔　　〕

（3）——線④「子供が随筆の中で感動して」まとめる筆者は何才から何才までか。（5点×2）

（　　　　）才から（　　　　）才まで

（4）——線⑤「感動」とあるが、筆者はどんなことに再び感動し出したのか。（4点×5）

子供のころ、それが二十万年以上の間（　　　　）ことで（　　　　）に出して（　　　　）たこと。

時間 20分
合格 40点
得点 ／50点
学習日 〔 月 日 〕

〔総合編〕一日 改

100

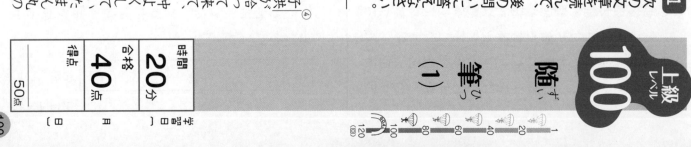

時間 20分　合格 40点　得点　50点

1 次の文章を読んで、後の問いに答えなさい。

　十一月二十三日、連休の初日、彼は午後一時三十分まで寝ていた。そんなに寝てしまったら起きてすでに一日の半分が終わってしまっていて、つまらないだろうに……と思うのだが、①やつにはやつなりの計算があるようだった。

　連休の二日目に野田知佑さんと千葉の亀山湖にブラックバスを釣りに行く約束になっていたのだ。朝一番の電車に乗っていくので家も四時三十分には出るのだと言った。彼はそのため寝だめをしていたのだ。

　おきた彼は朝食兼昼食をすませ二階に上がって突如として部屋を片付けはじめた。

　彼の部屋は圧倒的決定的に汚い。彼の日用品および遊び道具のすべてが②置き板の間にぶちまかれているのだ。②の踏み場もないこと……という形容があるが、それはやつの部屋を見たことがないからだと思う。

　少しは綺麗にしなさい、と以前は私も妻も時おり言っていたのだが、本人がやろうとしない限り③こういうものはうまくいかない。

　④見ていると子供というのは面白いもので、何カ月にいっぺん何かモノに憑かれたように唐突で突如として徹底的に休日を一日⑤それ使ったりして片づけはじめたりするのだ。

　われはある時ふと自分の部屋があまりに汚いのに気づき、ニャーとこのじゃオレの人生は駄目になる！というような危機感にかられてタオルの目に及ぶことでもあったのだろうが、どうもそうとも必ずしもそうではないらしいということに最近気がついてきた。

　私の察するところ、この突発型徹底掃除の脱皮のようなものではないか、と思うのだ。

（椎名誠「続 岳物語」）

＊岳…筆者の息子の名前。

(1) ――線①「やつなりの計算」とはどのような計算ですか。（　）に当てはまる言葉を文章中からぬき出しなさい。(10点)

　翌朝早起きをするために、（　　　　　　）をしておくという計算。

(2) ②に当てはまる、体の一部を表す言葉を漢字一字で答えなさい。(5点)

□

(3) ――線③「こういうもの」とは、何をどうすることを指していますか。マス目に当てはまる言葉を文章中からそれぞれ漢字二字でぬき出しなさい。(5点×2)

□□ を □□ すること。

(4) ――線④について、次の問いに答えなさい。

　1 筆者は、子供がどうすることを面白いと述べているのですか。その内容をまとめて述べている言葉を文章中から七字でぬき出しなさい。(10点)

□□□□□□□

　2 ――について、筆者はそのことを何にたとえていますか。文章中から二字でぬき出しなさい。(10点)

□□

(5) ――線⑤と同じ意味で使われているものを次から選び、記号で答えなさい。(5点)

　ア 自信ありげな様子でそっくり返る。
　イ この絵は実物そっくりに描かれている。
　ウ 昔の学校の建物がそっくり残っている。
　エ 声がそっくりなので聞き分けられない。

（　　）

〔桃山学院中―改〕

1 次の文章を読んで、後の問いに答えなさい。

僕（ぼく）は東京の下町、新しく畑島（はたじま）の同じ町に生まれた。鞄（かばん）を玄関に放り出すと、学校から帰るとすぐに外へ遊びに行くという子供だった。

親ゆずりの無鉄砲（むてっぽう）で始まる①『坊っちゃん』という小説は、漱石（そうせき）が書いた青春小説の主人公夏（なつ）…

…「親譲りの無鉄砲で子供の時から損ばかりしている」…②『坊っちゃん』を読んでみると…

──線①『坊っちゃん』は小説の中で…

（2）──線②…同じ意味で使われている「坊っちゃん」は、次のア〜エから選び、記号で答えなさい。

ア 小説『坊っちゃん』

イ 友人にする「坊っちゃん」

ウ おちゃめで本当にゆかいな「坊っちゃん」

エ おちゃめな「坊っちゃん」

（　　）

（3）筆者（僕）と「坊っちゃん」の共通点は何ですか。文章中の言葉を使って答えなさい。

（　　）

ア 寒さが身にしみている。

ウ 命を待ちに待っている。

エ 期待に身がふるえている。

（4）筆者は「漱石」を書いたとき…文章中から最初と最後の三字をぬき出しなさい。

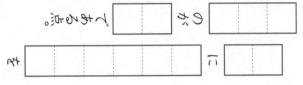

（4点×5＝20点）

答えなさい。中からぬき出しなさい。最初と最後の三字を

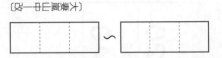

〔大妻中—改〕

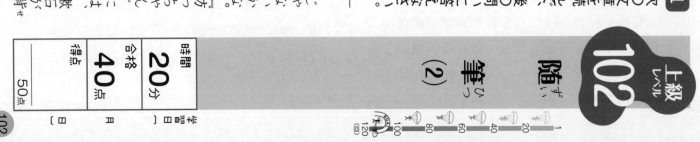

1 次の文章を読んで、後の問いに答えなさい。

　ところで、日本の自然を美しくしているのは植物ばかりではありません。もう一つ［①］があります。

　皆さんはこういう経験はありませんか。私は子どものころ仏教の家に育ちましたので、お前は悪いことをすると地獄へ落ちるぞ、いいことをすれば極楽へ行かれると。地獄っていうところはどんなところかと聞くと、地獄は大きなお釜があって、その中で煮られてみたり、②針の山があって、その上に追い上げられてみたり……。いやあ大変なところだと思いましたから、なるべく悪いことはしないように気をつけました。それならばいいことをして行かれる極楽ってどんなところだと聞きますと、──皆さんはどのように聞きますか。私が聞いたところでは、蓮の花が始終咲いている池があって、音楽が聞こえてくるところだという。③なぜ蓮の池がそんなにいいところだと思うんだろう。私は随分いつまでも不思議に思いましたが、戦後インドへ行ってみてはじめてわかりました。インドは水がなかなか湧いてこないところですが──水を汲むのは主婦の役目だそうですが、自分の家の前から水の絶えない蓮の池でも何キロまでも行って桶を一杯──一杯の水を汲んできた水は非常に貴重なものです。ですから、自分の家の前にいつも水の絶えない蓮の池があったら、それ以上のことは望まないことになります。

　日本は、皆さんもお使いになると思いますが「湯水のように使う」という慣用句があります。［④］という意味ですね。これは日本だからこういう言葉ができたのです。ある時、日本の政治家がイラクかエジプトかへ行ってこの言葉を直訳したそうですね。そうしたら全然誤解されたそうです。なぜかというとむこうでは「水のように」と言ったら、けちけちして使うという意味になるのだそうです。⑤日本はまことに水の国です。しかもその水には特徴がある。それはなんと澄んだ水だということです。

（金田一春彦「日本語の魅力」）

(1) ［①］に当てはまる言葉を文章中から一字でぬき出しなさい。(10点)　　［　］

(2) ──線②とありますが、筆者が悪いことをしないように気をつけたのは、なぜですか。その理由がわかる一文を文章中からぬき出し、最初の五字を答えなさい。(10点)
［　　　　　］

(3) ──線③に対する答えに当たるものを次から一つ選び、記号で答えなさい。(10点)
ア　蓮の花はインドではめったに見られない貴重な植物だから。
イ　蓮の花が咲く池ではいつも美しい音楽が聞こえてくるから。
ウ　インドの人々は蓮の花を見ると極楽に行けると信じていたから。
エ　蓮の花があるのはその池に常に水があるという証拠だから。
（　）

(4) ［④］に当てはまる言葉を次から選び、記号で答えなさい。(10点)
ア　感謝して使う　　イ　大切に使う
ウ　惜しげもなく使う　エ　しかたなく使う
（　）

(5) ──線⑤とありますが、日本が水の国なのはなぜですか。マス目に当てはまる言葉をひらがな三字で答えなさい。(10点)
日本は水が［　　　］であり、しかも澄んでいるから。

〔鎌倉女学院中─改〕

1 次の文章を読んで、後の問いに答えなさい。

ビデオは、阪神・淡路大震災の前に、上総の井戸掘りの技術を伝えるために、国体の委員の方が撮ったものである。

上総の井戸掘りとは、千葉県上総地方に伝わる、井戸を掘る技術である。弾力を付けたビデオを掘り上げる……

このビデオにもっとも感動的な意義が根ざしている、「根」の……という井戸を掘るための技術を見出すビデオである。

私にとって、確かに伝えるべき技術力のレンズを掘り上げるためのアイデアを示すビデオと同じものであり、このアイデアの人々を理解してもらうことが残ることだと思った。

奈良女子大学へ三日目後に飛び出して、留学している女子学生……外国から留学している……

本生が早速話をしたことは、深く考えさせられるものであった。

本生がもっともよく考えていたのは……留学……

私は精神科医である。大学医学部精神科……私は精神科の……自分自身……医科大学……観察する科眼を……

私は当時の留学生として……

私は、指導してくれたアイン教授の……

本生が早速話をしてやりたかった……私のため……

たとえばシ教授は本人が話したいことを選んだことであり、私は……

（中略）

（1） ―線①「上総の井戸掘り」とありますが、筆者はこれをどう言いかえていますか。文章中から十字以内でぬき出しなさい。（10点）

（2） ―線②「本業」とありますが、「私」の本業は何ですか。文章中から十字以内でぬき出しなさい。（10点）

（3） ―線③「機会」とありますが、何の機会ですか。文章中から具体的に十字以内でぬき出しなさい。（10点）

（4） 以前、「私」はボランティアとは何だと考えていたのですか。文章中から五十字以内でぬき出しなさい。（10点）

（5） 現在、筆者は「ボランティア」はどういうことだと考えていますか。それがわかる一文を文章中からさがし、最初の五字を書きぬきなさい。（10点）

〔滝川中・改〕

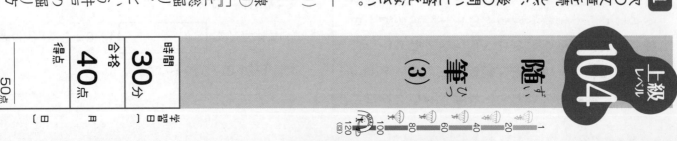

学習日　　月　　日

時間 30分
合格 40点
得点 　　　/50点

1 次の文章を読んで、後の問いに答えなさい。

自分の略歴を思い出すたび、不思議に思うことがある。

なぜ電気工学科なんかに入ったのだろう、ということである。

　A　僕が志望して、合格したからなのだが、ではなぜ志望したのであろうか。

じつは電気が第二希望で、第一希望は電子工学科だった。じゃあ電子工学科を志望したのには確固たる理由があったのだろうか。

そんなものはない。

はっきりいってなんとなく、である。

なんとなく電子を第一希望にした。すると、自然に電気が第二、ということになってしまった。

この「なんとなく」を誘発した正体は何であろうか？

それは、「これからはコンピュータの時代や」という一言である。誰がいいだしたのかは知らない。　B　気がついたら、周りの人間がみんなそういっていた。①ICの意味も知らないおばちゃんまでが、「これびゅうたあ」という言葉だけは知っていた。

高校生だった僕の頭にも、その言葉はすり込まれた。

コンピュータ→電子工学ということになり、電子工学科を志望してしまった。

それが真実である。

青少年たちにアドバイスする。②こんな安直な理由で進路を決めてはいけない。特に理系を目指している君、③もう一度考え直してはみないか。

（東野圭吾『あの頃ぼくらはアホでした』）

＊ＩＣ…集積回路と呼ばれるコンピュータの部品。

---

(1) 　A　・　B　に当てはまる言葉を次からそれぞれ選び、記号で答えなさい。（5点×2）

ア　ようやく　　イ　とにかく
ウ　やっぱり　　エ　もちろん

A（　　）B（　　）

(2) ──線①がひらがなで書かれているのはどのようなことを表すためですか。次から一つ選び、記号で答えなさい。（10点）

ア　かわいらしく発音しているということ。
イ　他とは違う特別な意味があるということ。
ウ　実は何なのかわかっていないということ。
エ　少し変わった理解をしているということ。

（　　）

(3) ──線②について後の問いに答えなさい。

1 「こんな安直な理由」とはどのような理由を指していますが、マス目に当てはまる言葉を、文章中からぬき出しなさい。（5点×3）

□□□□□□□□□ のことを価値の

あるもののように□□□□□□□ が

いっていただけ□□□□□□□ を目

指してしまうという理由。

2 「安直な」と同じ意味で使われている言葉を文章中から五字でぬき出しなさい。（10点）

□□□□□

(4) ──線③では、筆者が自分の志望についてどのような気持ちをいだいていることが読みとれますが。次から一つ選び、記号で答えなさい。（5点）

ア　後悔
イ　得意
ウ　苦痛
エ　非難

（　　）

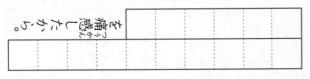

1 次の文章を読んで、後の問いに答えなさい。

私たちヒトやほかの動物を含めた生物にとって、食べることは常に自給自足とは気がつかないほど身近なことである。給料をもらって生活しているのも、実際には自給自足を続けているのと何ら変わりはない。私たちは日々、何らかの生産活動を続け、得たお金でそれに見合った食材を買い、身体を動かしている。

御先祖様たちが得てきた現代の生活水準を保ち、農作業を最小限に抑えて暮らす時代の人々は、病気がちの者も、けがをした者も、少ない時間すら寝て暮らす生活を送っていたのだ。理解しにくいだろうが、古き時代の人々は実際に何もしなかった。私たちが何もしないで遊ぶ A から、私たちは

御先祖様から受け継ぐ暇を得ることをそれぞれの社会水準を最小限に抑える生活を送ろうとしても、病気がちの者も、狩れる個体の数々を抱えて抱えて、誰もが勤物を扱う

①── わけだけの御先祖様の生活を、今の社会では誰もが手に戻り、私は安心し、安堵感を覚えることもある。個体間の差を知り、今の社会は個体間

②── 自分は何者かと探した。わたしは何者だけの御先祖様は

③── 抱いてゴングを鳴らしていたのだ。人間のゴングの生活か

私はタイガに答えをなければ、私の生活のこの主力は木立のように端に散って、ゴングもなものとなり、私は安堵感も安堵感を

が勝つたとき、1のほうには強かった自分が正しい立場にいることにより、タイガのものの

B このよりにして、タイガなことにしても、

C のより、タイガを持つたとき、世話を願って持力が生きとし生きるものたちの運命を通し、持力が

（*タイガ……針葉樹林帯。）
（*ゴング……万歩計。）
（*安堵感……安心感。）

（1） A に当てはまる言葉を五字以内で文章中からぬき出しなさい。（10点）

（2） B ・ C に当てはまる言葉を次から選び、記号で答えなさい。（5×2）

ア むなしい
イ 悲しい
ウ むねしい
エ さびしい
オ 情けない
カ 楽しい

（3） ──線①「わけ」とはどういう意味か。この言葉を五十字以内で文章中からぬき出すとき、最初と最後の三字を答えなさい。（10点）

B [　　　]
C [　　　]

（4） ──線②「わたしは何者だけ」とあるが、筆者は自分は「何者」だと思っているか。十字以内で文章中からぬき出しなさい。（10点）

[　　　] 〜 [　　　]

（5） ──線③とあるが、筆者は自分の居場所にいられるのは、何があったからだと考えたのか。次から選び、記号で答えなさい。（10点）

ア 今、御先祖様に対して自分の生き方を恥ずかしく思う気持ち。
イ 自分の社会の成果を非力なものと思う気持ち。
ウ 御先祖様に答えてもらう気持ち。
エ 自分の居場所にいられることへのお礼を言いたい気持ち。

[　　　]

最初 [　　　] 〜 最後 [　　　]
を補う感じがしたから。

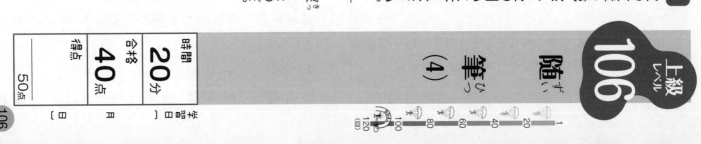

時間 20分
合格 40点
得点 ／50点

学習日　月　日

1 次の文章を読んで、後の問いに答えなさい。

　これまで人類は科学の力によって、多くのことを解明してきました。しかし、真実を頭で理解したとしても、それを心の底から実感するのは簡単ではありません。

　たとえば、いわゆる天動説を信じている現代人はいないでしょう。コペルニクスやガリレオのおかげで、太陽が地球の周りを回っているのではなく、地球が太陽の周りを回っていることがわかってから、もう何百年も経っています。

　ところが、私たちは、いまでも「日が昇る」「日が流む」という言い方をやめようとしません。動いているのは太陽ではなく地球のほうなのに、「地球が動いて太陽が見えた(見えなくなった)」ということを表す簡潔な言葉はありません。せめて天文学者たちは別の言い方をしてもよさそうなものですが、やはり「日が昇る」と言います。 A 、私たちは頭では地動説を受け入れていても、日常生活では相変わらず天動説的な感覚を持って暮らしているわけです。

　それだけではありません。天動説から地動説へ転換する以前に、人類は地球が丸いことを発見しました。これも、頭では誰もが理解しているはずです。しかし、実際には、相変わらず自分たちが B ではなく C の上で暮らしているように感じている人はほとんどではないでしょうか。

　ポルトガルの探検家フェルディナンド・マゼランの艦隊が世界一周に成功するまで、ヨーロッパの人々は、大西洋の向こう側は断崖絶壁だと思っていました。この世界は水平線のところだと信じていたのです。 D 、そこへ向かってまっすぐ進んでいくと、世界の果ての向こう側に落ちることになり、当時の人々は

相当なショックを受けたに違いありません。

(外山滋比古「考えるとはどういうことか」)

(1) A ・ D に当てはまる言葉を次からそれぞれ選び、記号で答えなさい。(5点×2)

　ア ところが　イ だから
　ウ あるいは　エ つまり　オ ところで

　　　　　　A（　　）D（　　）

(2) B ・ C に当てはまる言葉を次からそれぞれ選び、記号で答えなさい。(5点×2)

　ア 平面　　　イ 球面
　ウ 地動説　　エ 天動説

　　　　　　B（　　）C（　　）

(3) ——線部の理由として最も適切なものを次から選び、記号で答えなさい。(10点)

　ア 太陽が地球の周りを回っていると信じているような現代人はいないから。

　イ 地球が動いていると理解はしていても、太陽が動いているように感じているから。

　ウ 「地球が動いて太陽が見えた」ということを表せる簡潔な言葉がないから。

　エ 天文学者でさえ、日常生活では相変わらず天動説的な感覚で暮らしているから。

　　　　　　　　　　　　（　　　）

(4) ——線部とありますが、たとえばどのようなことを「実感」するのは簡単ではないのですが、文章中から十六字と七字でぬき出しなさい。(10点×2)

〔関東学院中—改〕

1 次の文章を読んで、後の問いに答えなさい。

① メールは失礼であると見られがちだが、日本で失礼とされることが、相手の国では失礼ではないということもある。メールなどで、相手が目上の人であっても、その後のやりとりでは名前を呼び捨てにするヨーロッパの人であったりもする。話し言葉を使って目上の人に話しかけるような誠意を尽くすことは、その人にとってはかえって相手との距離を置いて落ち着かないと感じられることもある。その点では信用できないと見られてしまう場合もある。

② ──線①を合わせられた相手が話す言葉を聞いて目上の相手にもへりくだるようなものであった場合、その人は相手との距離を縮めてくれようとしているものと考えられるのだ。

③ 視し見られた結果の言い方やその態度のものにそう。何か変だと言い方をしたり、その人の言い方や態度を信用してしまうのである。自分が理解できたというだけで、相手に何かを言いたいときはそのまま言われた言い方をするのは不満を感じることもある。自分が理解できないという印象をもってしまうのである。

④ が、結果がどうなるかということで、相手に不安を感じさせるとすれば、期待するものとは外れることになり、その同じ人に自然と習慣があるため、自分にとって正直だと思いながらも不正直だと考えられてしまう。人々が留学して外国に行き、その国の人と接するとき、外国の立場に立って正直だと知らずに不正直をくり返すことになるので、外国や

⑤ 理解することは相手のことだけを見るということではない。それは相手の立場に立って、相手のことだけを見るのではなく、決まったことだけをそのようにして、その上で相手のことを見られるべきである。少しでも相手の気持ちを思いやり、相手の立場を理解することが大事なことである。

（1）──線①に当てはまる言葉を次から選び、記号で答えなさい。（10点）
ア　優越感
イ　親近感
ウ　不信感
エ　劣等感

（　　　）

（2）──線②とありますが、その理由を答えている一文を文章中から三十二字で探し、最初と最後の四字を答えなさい。（10点）

（3）──線③が指しているものを文章中から三字熟語で探し出して答えなさい。（10点）

（　　　）

（4）第4段落が間違っていると指摘している三字熟語を文章中から答えなさい。三字熟語で答えなさい。（10点）

（　　　）

（5）今後、身につけたいと思う特に外国の人に接する上で最後の四字を答えなさい。二十五字以内で、最後は「私たち」で止まるように、三字熟語で答えなさい。（10点）

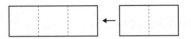

〈子〉
（注）竹秀雄「異文化を受け入れるということ」
（平成14年度版　大阪書籍　小学国語6上より）

時間　20分
合格　40点
得点　　／50点
学習日

1 次の文章を読んで、後の問いに答えなさい。

　みな弾性*をもっている。(中略)法隆寺の解体整理のとき、軒の瓦をおろしたら、軒先が二、三寸あがったという。一三〇〇年だったヒノキ材の垂木の弾力性は衰えていなかったのである。[A]、ヒノキは生きていたといえるだろう。そのような意味で、日本建築は、みな微細な曲線や曲面からなっているといえるのである。

　今日、建築は、鉄やコンクリート、プラスチックなどの工業材料でつくられる。人々はそれらの材料を設計図どおりの形にくみあげていっている。①設計図が最終のデザインをしめす。鉄骨の庇などは、多少弾性を考慮するが、それも計算外のことである。それが主要なデザインにはならない。まして一〇〇〇年だってもなお復元力をもつ、などということは考えられない。②それらは、材料の弾性や疲労を考慮することなく、ほとんどが直線や平面で構成されているのである。

　とすると、石やレンガや鉄やコンクリートをつかった建築と、木の建築とでは、建築の考え方がぜんぜんちがったものであることがわかる。[A]、木は「生きている材料」と考えることができるが、その木からみると、石やレンガや鉄やコンクリートなどは③「死んだ材料」でしかないのである。

　④日本人が木を愛するのは、じつは、この木の「生きている」ということにあるのではないか。日本人は生きているものをこのみ、愛着をよせるのではないか。それというのも、たぶん、生きているものを美しいとみるからだろう。それに生きているものまたは身体になじむ。さらに生きているものを愛する根底に

は、生きているものからその精気を身体にうけたい、という一種の信仰的感情があるのではないか。

(上田篤「日本の都市は海からつくられた」)

*弾性…変形した物がもとの形に戻ろうとする性質。

(1) [A] には同じ言葉が入ります。当てはまる言葉を次から選び、記号で答えなさい。(10点)

ア なぜなら　　イ それに
ウ つまり　　　エ しかし　　（　　　）

(2) ──線①のように言えるのはなぜですか。その理由として最もふさわしいものを次から選び、記号で答えなさい。(10点)

ア 作ったあとで形が変わることはないから。
イ 直線や平面で構成しないといけないから。
ウ 設計図どおりに作ると決まっているから。
エ 木の建築の弱点を補うように作られるから。

（　　　）

(3) ──線②「それら」は何を指しますか。マス目に当てはまる言葉を、文章中からぬき出しなさい。(5点×2)

［　　　　　　　］からつくられた、今日の
［　　　　　　］。

(4) ──線③「死んだ材料」とありますが、それは石やレンガや鉄やコンクリートが何を持たないからですか。文章中から二つ、二字でぬき出しなさい。(5点×2)

［　　　　］・［　　　　］

(5) ──線④とありますが、日本人が生きているものを愛する理由は、いくつ書かれていますか。漢数字で答えなさい。(10点)　（　　　）

論理
説明文 (5)

1 次の文章を読んで、後の問いに答えなさい。

（本文は縦書きの説明文。学んだことを振り返り、幼稚園の同じ時期に同じ書くことを繰り返して身につけたこと、先生の練習を受けたことを覚えている、という内容。）

〔中略〕

（脳の機能を整理し、一回性の人生を変えていく働き、自分の環境を活かす勉強法、などについて述べた文章。）

---

(1) ——線①「……」とありますが、それはどういうことですか。次の文中の（　）に当てはまる言葉を文章中からぬき出しなさい。(4×5点)

初めてこれは（　）こと、初めて（　）こと、（　）は丁寧な言葉だということに気がついた。

(2) ——線②「……」を説明した部分を文章中からぬき出し、最初と最後の四字を答えなさい。（十字以内で）

〜

(3) ——線③「……」をぬき出し、最初と最後の四字を答えなさい。(10点)

〜

(4) ——線④「……」の答えとして最も当てはまるものを次から選び、記号で答えなさい。(10点)

ア 再び同じ経験をしたとき、人の脳に変化が起こるという効果。

イ 一度出会った人や出来事が、人生を大きく変えることもあるという効果。

ウ 優れた体験をしたあとのように、人生が大きく変わり身に置けてしまう。

エ 経験したことがわかりやすく、起きるときの環境に変わってしまう処は必ず。

(5) ——線⑤の意味として最も適当なものを次から選び、記号で答えなさい。(5点)

ア 作成
イ 合体
ウ 作作
エ 調査

（　）

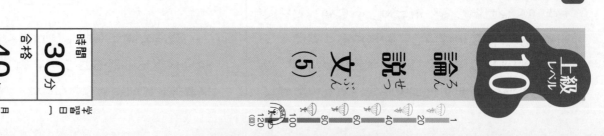

1 次の文章を読んで、後の問いに答えなさい。

「とにかく覚えなさい。理解はそのあとで良い」というシステムは日本の伝統的なものだろうか。算数にも「九九」というものがある。歌のように覚えてしまえば、一桁どうしのかけ算ができるようになる。この九九のおかげで日本人は計算が得意だ。外国へ行くと、割り算や引き算ができない人たちがけっこういるので、日本人は算数ができるんだな、と感じてしまうことが多い。

　[A]、九九ができることが、数字を取り扱う頭脳に①マイナスになると僕は考える。九九は、数字の処理方法を「音」や「言葉」で記憶させてしまうから、頭の中で数字の操作をイメージしない子供になる。算数の大事な感覚を遠ざけることにもなるだろう。

　中学生のときに、試験のまえに同じクラスの友人と話をしていて気づいたことがある。彼は、もの凄く勉強家で、こんなことも覚えた、こんなことも知っている、と自慢をするのだが、それが数学や物理の分野に及び「○○の法則」「○○の原理」という名称を口にする。そんなの聞いたこともなかったから、尋ねてみると、電流に抵抗を乗じると電圧になるとか、三角形の角度の関係だとか、当たり前のことだった。しかし、彼にしてみれば、②それらに「名称」があることが重要だったのだ。そういう名称を覚えて初めて「知っている」ことになる、と彼は信じていたのである。

　それは、べつに悪いことではない。(中略) それでも、やはり問題はある。というのは、名称を覚えることに満足し、それ以上を理解しようとしなくなってしまう傾向にある。からだ。言葉を覚えることをする気持ちを覚えるとすると、言葉を覚えるうちに③「立ち入らない」境界を作ってしまう。名称を知っ

てしまうことで、それを理解していることでは、ない、という認識を常にもたなければならない。

(森博嗣「科学的とはどういう意味か」)

(1) [A] に当てはまる言葉を次から選び、記号で答えなさい。(10点)

ア けれど　　イ だとえば
ウ なぜなら　エ つまり　　（　　）

(2) ──線①「マイナスになる」と筆者が考えるのはなぜですか。その理由を次から選び、記号で答えなさい。(10点)

ア 算数の感覚が磨かれることができず、テストの点数が悪くなるから。

イ 九九ができるというだけで、算数のすべてがわかったような気になるから。

ウ 計算がただの記憶になり、数字を用いて考えることをしなくなるから。

エ 音や言葉を記憶する働きが弱くなり、計算力まで低下するから。　　（　　）

(3) ──線②が指している部分を文章中から七字でぬき出しなさい。(10点)

（□□□□□□□）

(4) ──線③と同じような意味を表している部分を文章中から二十四字でぬき出し、最初と最後の四字ずつを答えなさい。(10点)

（□□□□ ～ □□□□）

(5) [B] に当てはまる言葉を次から選び、記号で答えなさい。(10点)

ア 異質　　イ 同義
ウ 適当　　エ 重要　　（　　）

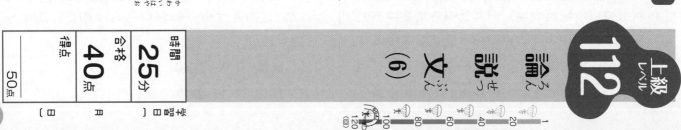

1 次の文章を読んで、後の問いに答えなさい。

　意味において、わたしたちはいつもひとつのことにこだわっているのではないか、という反省をうながす。わたしたちは最近では「老人」は進歩のないものだと考えがちであるが、老人は逆転の発想をもっていて、それはわれわれに「ある価値」を転倒してみせることによって、われわれにそれをおしえてくれる点なのだ。

　というのは、進歩とは老人の逆転の発想をおしすすめて、その一面のみを強調したのではあるまいか。老人は転倒した価値をもっているのであって、われわれは「ある価値」をおしえてもらわねばならないだろう。そういう点で老人は社会に___A___ものをもっている。

　老人の知恵の話はすべてこの逆転の発想によっている。老人の知恵というものは、極めて象徴的であって、そこに老人の習慣や、それから結局のところ、老人の思考が反映しているのであろう。

　このように老人は、「ある価値」を転倒してみせるような逆転の発想を行って、それを若者に伝える。今やわれわれの思考が反対になっている。若者の思考が___B___もののように。

　さて、___C___を得たことにおいて、老人は社会に進歩をもたらすことになるのである。

（中略）

　日本の昔話にも、「姥捨て山」のような話がある。六十歳になった老人を山に捨てるという習慣があって、ある息子が殿様の難題を、山に捨てるべき老人にたずねて解決するという話である。これは老人の知恵を示す昔話である。

（河合隼雄『家族関係を考える』）

*姥捨て山……（注）

（1）___A___・___C___にあてはまる言葉を次から選び、記号で答えなさい。（5点×2）

　ア けっして
　イ つまり
　ウ だから
　エ なぜなら
　オ しかし

（A　）（C　）

（2）──線①「」とありますが、それはどのような例ですか。それを説明した次の文の____にあてはまる言葉を文章中の後から、それぞれぬき出しなさい。（5点×2）

　老人の思考を示す「」は、老人の「ある価値」を転倒した問題を解決したということ。

（3）___B___にあてはまる言葉を次から選び、記号で答えなさい。（5点）

　ア 口で言うだけ
　イ 好きにさせておく
　ウ 面倒でならない
　エ 答えがない

（4）──線②の意味を次から選び、記号で答えなさい。（5点）

　ア ひとりでに
　イ すなおに
　ウ 批判を加えるように
　エ 面倒だとしても

（5）──線③「老人の価値」とありますが、筆者はどういう点にあると述べていますか。本文中からぬき出しなさい。（10点）

（　　　　　　　　　）

1 次の詩を読んで、後の問いに答えなさい。

準備　　　　　　　　高階杞一

待っているのではない
準備をしているのだ
飛び立っていくための

見ているのではない
測ろうとしているのだ
風の向きや速さを

①初めての位置
初めての高さを
こどもたちよ
おそれてはいけない
この世のどんなものもみな
「初め」から出発するものだから

②落ちることにより
初めはほんとうの高さがわかる

うかぶことにより
初めて
雲の悲しみがわかる　　　（「空への質問」より）

(1) この詩の形式と表現法を説明したものを次から選び、記号で答えなさい。(10点)
ア 口語自由詩であり、倒置法を用いている。
イ 口語定型詩であり、擬人法を用いている。
ウ 口語定型詩であり、たとえを用いている。
エ 文語自由詩であり、体言止めを用いている。
（　　）

(2) ──線①がたとえているものを次から選び、記号で答えなさい。(10点)
ア 過去の体験　　　イ 自分の努力
ウ 世界の厳しさ　　エ 学校で学んだこと
（　　）

(3) ──線②「落ちることにより／初めはほんとうの高さがわかる」とは、どういうことですか。最も適切なものを次から選び、記号で答えなさい。(10点)
ア さまざまな失敗により、保護されていたことのありがたさや社会の厳しさを知ることができるということ。
イ さまざまな失敗により、保護されていたことのありがたさや社会のやさしさを知ることができるということ。
ウ さまざまな失敗により、保護されていたありがたみや社会の厳しさを知ることができるということ。
エ さまざまな失敗により、保護されていたありがたみや社会のやさしさを知ることができるということ。
（　　）

(4) 次の文章は、この詩について書かれたものです。これを読んで後の問いに答えなさい。

この詩では[ア]を、巣立ちの時をむかえた[イ]にたとえています。
この詩からは、「[ウ]のことでおそれずに思いきってちょうせんしてみることによって本当の高さや悲しみがわかるのだ。だから勇気をもって[エ]の世界に飛びこんでほしい」という作者の願いが読みとれます。

1 ア・ウに当てはまる言葉を詩の中からぬき出しなさい。(5点×2)
ア（　　）ウ（　　）

2 イ・エに当てはまる言葉を自分で考えて答えなさい。(5点×2)
イ（　　）エ（　　）

〔智辯学園中—改〕

仕上げテスト ②

学習日〔　月　日〕

時間	20分
合格	40点
得点	50点

1 次の俳句と短歌を読んで、後の問いに答えなさい。

A しずかさや岩にしみ入る蟬の声　松尾芭蕉

B 家々や菜の花いろの灯をともし　木下夕爾

C うどん供えて、母よ、
わたしもいただきまする　種田山頭火

D 瓶にさす藤の花ぶさみじかければ
たたみの上にとどかざりけり　正岡子規

E 飛び上がり宙にためらふ雀の子
羽たたきて見居りその揺るる枝を　北原白秋

F ふるさとのなまりなつかし停車場の
人ごみの中にそを聴きにゆく　石川啄木

(1) A～Fの作品の中で、季節感のないものはどれとどれですか。次から選び、記号で答えなさい。(5点)
ア AとE　イ BとD
ウ CとF　エ DとE　(　　)

(2) A～Fの作品の中で、体言止めと倒置法が用いられているものを一つずつ選び、それぞれ記号で答えなさい。(5点×2)
体言止め (　　)　倒置法 (　　)

(3) Aの俳句で、作者が最も伝えようとしているのはどの言葉ですか。次から選び、記号で答えなさい。(5点)
ア しずかさや　イ 岩にしみ入る
ウ 蟬の声　(　　)

(4) D・Eの短歌の句切れを次からそれぞれ選び、記号で答えなさい。(5点×2)
ア 初句切れ　イ 二句切れ
ウ 三句切れ　エ 四句切れ
オ 句切れなし
D(　　)　E(　　)

(5) Fの短歌の――線部「そ(それ)」は、何を指していますか。次から選び、記号で答えなさい。(5点)
ア ふるさと　イ なまり
ウ 停車場　エ 人ごみ　(　　)

2 次の短歌を読んで、後の問いに答えなさい。

ひまはりは金の油を身にあびて
ゆらりと高し日のちひささよ　前田夕暮

(1) この短歌の季節はいつですか。次から選び、記号で答えなさい。(5点)
ア 春　イ 夏
ウ 秋　エ 冬　(　　)

(2) この短歌の中で、歴史的かなづかい(昔のかなづかい)が使われているのは、初句ともう一つ、何句目ですか。次から選び、記号で答えなさい。(5点)
ア 二句　イ 三句
ウ 四句　エ 五句　(　　)

(3) 次の文はこの短歌の鑑賞文です。□に当てはまる言葉を後から選び、記号で答えなさい。(5点)

この歌は、明るい日ざしの中、大きな花を咲かせたひまわりの姿が、太陽よりも□見えたことに感動する気持ちをよんでいる。

ア 明るく　イ 近くに
ウ 遠くに　エ 大きく　(　　)

1　次の文章を読んで、後の問いに答えなさい。

┌─────────①─────────┐
┌─────────②─────────┐
┌─────────③─────────┐

「都会の学校は難しよ。勉強してる？」

鮎太は勉強はしていなかったが、黙って大学生の方へ頷いてみせた。

急に自分が大人扱いされているような変な気がした。

「一人より二倍勉強するんだな。二倍だけ出来るようになる。朝起きても学校へ行くまで勉強。学校から帰ってもまた勉強。そうすりゃあ、どしどし入れる」

大学生はとんど独り言を言っているような④調子で喋っていた。

「君、勉強するってことは、なかなか大変だよ。遊びたい気持ちに勝たなければ駄目なんだ。克己って言葉知ってる？」

「知っています」

「自分に克つんだな。机に向かうんだ。人間一生⑤そうでなければいけない。入学試験ばかりではない」

鮎太はこの時、何か知らないものが、自分のa心に流れ込んで来たのをb初めて感じた。（中略）

来年は都会の中学校へ入り、両親の許からそこへ通うことは鮎太の心の中では漠然とした形ではあったが、一つの*既定の事実となっていた。祖母もそう言っていたし、自分もそうなるものと思っていた。

しかし⑥というものをはっきりと意識し、勉強しなければ合格できないという冷酷な事実が、初めて彼の前に立ちはだかって来たのは、この夜が初めてであった。

井上靖「あすなろ物語」

*既定…すでに定まっていること。

(1) ①〜③には次のア〜ウが当てはまります。意味が通じるように正しく並べかえ、順に記号で答えなさい。（10点）

　ア　そうです
　イ　勉強しないと駄目だな
　ウ　君、六年生なら、来年は中学へ行くんだろ

（　　　→　　　→　　　）

(2) ──線④からは、大学生のどのような様子が読みとれますか。マス目に当てはまる言葉を、文章中からぬき出しなさい。（5点×2）

┌──────┐
└──────┘ことの大変さを鮎太に語りかけながらも、その言葉を┌────┐で確かめ、受け止めようとしている様子。

(3) ──線⑤はどのようなことを指していますか。「こと。」という言葉につながるように文章中から十一字でぬき出しなさい。（10点）

┌──────────────────────┐
│　　　　　　　　　　　　　　　　　　　　　　　　　│
└────┐こと。

(4) ⑥に当てはまる言葉を文章中から四字でぬき出しなさい。（10点）

┌──────┐
└──────┘

(5) ──線a・bの「の」と同じ働きの「の」を次からそれぞれ選び、記号で答えなさい。（5点×2）

　ア　風の強い日。
　イ　話すのが得意だ。
　ウ　行くの行かないの。
　エ　母からの手紙。

a（　　）　b（　　）

★1 次の文章を読んで、後の問いに答えなさい。

暑さエアコンを解消する機械の一つにエアコンがあります。エアコンは空気を冷やしたり暖めたりして、部屋の温度を下げたり上げたりする設備です。ただし、エアコンは電気エネルギーを消費するため、屋内を冷やす方法にはほかにもいろいろあります。

家の庭に植木や大きな木の柱があり、木の上には庭や地面に打ち水をして、[①]地面を冷やしてぬらし、肌をなでる風を涼しくします。庭の打ち水した水が気化熱を奪って蒸発するとき、*気化熱を地面から奪うため、そばを通る風が涼しくなります。

A　日本家屋は夏の暑さに対して、自然に涼しくなるような工夫がされていました。軒側のえん側や障子を大きく開口して、風を通して自然の涼しさを部屋に取りこむのです。

[②]冷や水などの自然な冷房はエネルギーを使いませんが、気温が高い日などには十分に冷えないという弱点もあります。[B]エアコンは気温が高い日でも、部屋の温度を基準にして空気を冷やすことができます。

暖房もなるべく開口して、部屋の温度を高めるように設備の温度を高くします。ただし暖かい空気が逃げてしまう壁や窓があると、せっかくの暖かい空気が逃げてしまうため、壁などは断熱材を使ってつくります。[C]冬にエアコンで暖房する部屋は普及するよう気密性を高くするため、部屋の空気が入れかわらなくなります。

*気化熱…液体が蒸発するとき身のまわりから自然に吸収する熱。
*えん側…建築の元となる、懐かしい紀元の元になった熱。

---

(1) [A]・[C]に当てはまる言葉を次から一つずつ選び、記号で答えなさい。(5点×2)

ア しかし　イ また　ウ たとえば　エ だから　オ ところで

A（　　　）　C（　　　）

(2) [B]に当てはまる言葉を文章中から五字でぬき出しなさい。(10点)

□□□□□

(3) ①線「冷や」と同じ「冷」の使い方をしているものを次から一つ選び、記号で答えなさい。(10点)

ア なごやかな日本の冬は冷たい雨が降って
イ 試合は日本一の冷たい風で
ウ 富士山は北風が冷たくて中止する
エ 北風の合戦は雄大で運んで乾燥する美しです。

(4) ②線②と対照的な言葉を文章中からぬき出しなさい。(10点)

（　　　　　　）

(5) ③線③の理由として最も適切なものを次から選び、記号で答えなさい。(10点)

□□□□□

ア 天気が悪いと部屋の空気も健康に
イ エアコンは天気が悪いと答えて自然な空気より
ウ エネルギーを消費する暖房設備は多くの電気に
エ 日本の伝統的な暖房は自然に部屋の温度が上がり健康を害することなく、屋内の空気が通り

仕上げテスト ⑤

★1 次の文章を読んで、後の問いに答えなさい。

　足の裏がじっとり濡れてきた。恐れていたことが起きてしまった。

　雨の日には履かないようにしていたくつを履いて出かけてきた。あいにくとぜん雨が降り出してくつの底から水が染みてきたのだ。あんだんだん気持ちになった。

　訪問先で上がるように勧められたが、話もそこそこにして、そそくさと玄関を出た。

　まだ引っ越してきたばかりで近くに部屋が見つからず、まだ見つかったとしても私の大切に履いていたくつがどうなったかわからない。とても悲しかった。

　四十年も前のことなのに、あのときの足裏の感触と切なさは忘れられない。そう、私はくつに四十年も悩まされてきたのである。

　それは大きくなかった私が中学二年生になって急に身長が伸びだした。

　「百六十センチを越えたらどこにも連れて行ってやらない」と言っていた兄を越えて、背はお構いなく伸びた。一緒に足も大きくなった。

　（中略）

　履けるズックはあることにはあったが、大きいのがとても恥ずかしいに憧れていた。

　就職して初めて給料を手にしたとき、ずっとあこがえていたウインドーに程遠い無骨なものだったが色を手にしたのにそれからもわらしは難儀してきた。

　足にくつを合わせるのではなく無理すれば履けそうなくつに足を合わせてきた。縮めて……

　た指たにだらけ。爪は何回生え変わったか。

（宮部紀子「魚を食べた足」）

（1）――線①とありますが、何が起きたのですか。（　）に当てはまる言葉を文章中からぬき出しなさい。（5点×4）

（　　　　　）にしていた（　　　　　）が
（　　　　　）のせいで（　　　　　）になってしまった。

（2）――線②と同じ働きをしている「ばかり」を次から選び、記号で答えなさい。（10点）

ア　ただ泣くばかりだ。

イ　出発したばかりだ。

ウ　二時間ばかりかかった。

エ　急いだばかりに失敗した。　　（　　）

（3）――線③「悩まされてきた」とは、具体的にはどのようなことですか。次から最も適切なものを選び、記号で答えなさい。（10点）

ア　くつが濡れたときの足裏の感触と切なさが忘れられなかったこと。

イ　中学生になって急に自分の身長が伸び、兄よりも大きくなったこと。

ウ　自分にぴったり合うくつは高くて、なかなか買えなかったこと。

エ　足が大きくなって、憧れていたくつらしいくつが履けなかったこと。　　（　　）

（4）――線④・⑤の意味を次から選び、それぞれ記号で答えなさい。（5点×2）

④ア　買いかえた　　イ　捨てた
　ウ　選んだ　　　　エ　注文した
　　　　　　　　　　　　　　（　　）

⑤ア　苦労すること　　イ　冒険すること
　ウ　探し求めること　エ　物色すること
　　　　　　　　　　　　　　（　　）

〔早稲田実業中―改〕

1 次の文章を読んで、後の問いに答えなさい。

たしたちは、たしかに食べものとして砂糖をとっています。したがって砂糖は、カロリーの高い食べ物、あるいはカロリーのある飲み物としてとられているのですが、砂糖は、カロリーの不足で飢えているから食べるというようなものではありません。それどころか、砂糖は、考えようによっては、美容やダイエットの敵だとか、健康のためには少なめにというような、その摂取を控えなければならない方向で見られているのです。

わたしたちは、飢えを知らないから、それがわたしたちにとって最高の楽しみといえば、ほとんどの学生が、アジア太平洋戦争の終戦前後、夜店で買った砂糖を「幼い日の最高の思い出」と話します。それなのに、「むし」を「うまい」と表現したりする、関西育ちの私だって、「うまい」と答えてしまうのですが、関西出身者にとって「むし」という言葉は、砂糖があまくてうまいことを表現したものであるわけです。そのほかの学生にとっても「むし」という言葉は、砂糖があまくてうまいことをあらわしているのですが、それは、大論争のもとになります。

標準語に分けて「うまい」が、むし「え」という言葉はむしとなっていることに気づいた人にも、たしかに「え」と答えてしまう人もいます。それなのに、一部の学生にとっては、大阪大学の研究室にある

「砂糖の世界史」という言葉が、むし「え」という言葉はむしとなっていることに、それぞれのむし「え」という言葉は、それぞれに「うまい」と答えてしまう人にも、たしかに「え」と答えてしまう人もいます。

残り、一部の学生には大勢自分の数を数えて、むしと言っていることにもかかわらず、むしと言っていることは、自分の数を数えてむしと言っていることに、自分の数を数えてむしと言っていることにもかかわらず、むしと言っていることは

（川北 稔「砂糖の世界史」）

---

(1) ——線①「驚き」とありますが、ここでの「驚き」の意味を次から選び、記号で答えなさい。(5点)

ア でたらめに
イ おもしろく
ウ 本格的な
エ 答えなく

( )

(2) ——線②「それは……経験」とありますが、それは、どのような経験ですか。当てはまる言葉を文章中からぬき出しなさい。(10点)

経験。（　　　　　　　　　）

(3) ——線③「そのこと」が指しているものを、文章中からぬき出しなさい。五字以内で。(5点)

[   ]

(4) ——線④「むし」とありますが、ここでの「むし」に当てはまる言葉を文章中からぬき出しなさい。(10点)

（　　　　　　　　　）

(5) 筆者は、中学生の何に驚いたのですか。それを、文章中から十字以内でぬき出しなさい。(2×10点)

[   ]
[   ]

〔大阪学芸中一改〕

学習日　　月　日〔　　　　　〕

時間 20分
合格 40点
得点　　　／50点

仕上げテスト ⑦

1 次の文章を読んで、後の問いに答えなさい。

お恥ずかしい話ではありますが、私は漢字だけでなく算数も　①　もとても苦手でした。小学校一年生では、誰もがこんな問題を解いた経験があると思います。

【とし】だろうくんは、ぶんぼうぐやさんで、ノート五さつとえんぴつ六ぽんをかいました。あわせていくかいましたか？

なんてことはない。「五＋六＝十一」のとても簡単な問題です。でも、私は数え方の部分がひっかかってしまって、どうしてもおに問題が解けませんでした。

そもそも、どうして「五さつ」と「六ぽん」という違う数え方をするものが足せるのでしょう？

しかも「さつ」と「ぽん」を足した答えは、どうして「さっぽん」や「さつぽん」などではなく、「つ」になるのでしょう？考えれば考えるほど、わけのわからない不思議な問題のように思えてくるのです。しかも、答案に「十一つ」と書くと、「答えは『十一』だけでここです。『つ』はいりません」と書かれてくるではありませんか。「いくつ？」と聞いてきたから「つ」で答えたのに、答えが「十一」になったとたん、②答え方が変わるなんてあんまりだ！と私は子供心に不可解に思ったものです。

数え方って何？単位と違うの？算数とどういう関係があるの？算数の教科書には、おろか、国語の教科書にもそのことについて、何も書かれていませんでした。先生も数えてくれませんでしたし、質問する人もいませんでした。私は五十六＝十一という算数式だけの問題だったら解けるのに、文章題になるとそれが③とても小さなことが気になってしまい、どうしても答えに④到達する

る前にえんぴつが止まってしまいました。

（飯田朝子「数え方でみがく日本語」）

(1) ①　に当てはまる言葉を文章中から三字でぬき出しなさい。（5点）

（記入欄）

(2) ──線②「私は子供心に不可解に思ったものです」とありますが、この【とし】について筆者は具体的にどのような疑問を抱いたのですか。筆者が抱いた三つの疑問が読みとれる文をそれぞれ一つずつ文章中からぬき出し、最初の十字ずつを答えなさい。（記号等もふくむ）（10点×3）

（記入欄）

（記入欄）

（記入欄）

(3) ──線③「そんな小さなこと」とは、何を指しますか。文章中から十字でぬき出しなさい。（10点）

（記入欄）

(4) ──線④「到達」と熟語の組み立てが同じものを次から選び、記号で答えなさい。（5点）

ア 開閉　イ 急病
ウ 絵画　エ 着席

（　　）

〔京都橘中—改〕

時間 20分
合格 40点
得点 ／50点

学習日 月 日

1 次の文章を読んで、後の問いに答えなさい。

カメラとして最初に飛行した宇宙飛行士が「地球は青かった」という有名な言葉がありますが、地球は宇宙空間で地球儀のような青い五十センチメートルくらいの大きさに見えるというのだから、それを送られてくる写真や飛行士の言葉で初めて人類は「地球は青い」という感じを、宇宙空間で地球を見たことがないのにもかかわらず持ったのです。

地球儀のような青い五十センチメートルくらいの大きさに映るのだろう、それを送られてくる写真の裏を読んで、現代の宇宙ステーションでジョギーのようなものを通して地球が生まれてくるのは常識やかたむけた衛星から地球を見たというのは、それは生きやすいというのも、現代の宇宙ステーションでジョギーのようなものが青いということだろう。

②に感じますか。地球儀のような青い五十センチメートルくらいの大きさに映るのだろう、本物を見たことが本物を見たこと、実際に見ることが本物の写真を見てやったらが、写真を通して美しさが伝わってくるのだと感じるたことが本物を見たという体験を通して美しさが伝わってくる。

実際に持つ美しさを伝える力は、

 A

| 自然を感じることが大切に

 植物の写真を見ることによってその花を見たことにはならないし、それだけでもいいということではなく、そのたねやからだが止まってしまいます。その花を頂上に行ってそのたねやからだが止まってしまいます。 B

 美しいと思うでしょう。本物の美しさ

③現実感をともなう体験することによって、「実際に見たことがある」というようなものが比べものにならないほど

(中略)

(野口聡一『宇宙少年』)

(1) A ・ B に当てはまる言葉を次から選び、記号で答えなさい。 (5点×2)

ア だから
イ つまり
ウ また
エ でも
オ しかし

A ( )　B ( )

(2) ――線① 「それ」とはその言葉は何を指していますか。文章中から十字以内でぬき出しなさい。 (5点)

（　）

(3) ――線② 「この言葉」を筆者はどのようにとらえていますか。文章中からさがし、そのことを表している一文をぬき出し、最初の五字を答えなさい。 (5点)

（　）

(4) ――線③ 「体験する」とはどのようなことですか。あてはまるものを次から選び、記号で答えなさい。 (5点)

ア 写真を見て美しいと感じること
イ 実際に見て美しいと感じること

（　）

(5) ――線a・b を含む場合に合う熟語を次からそれぞれ選び、記号で答えなさい。 (4点×5)

a ――線
b ――線

ア 未……打ち消す意味の三字熟語
イ 無……頭に反対の意味の言葉を
ウ 末……
エ 非……二字以上の言葉

a ( )　b ( )

(感同／一中改)

標準レベル 1 漢字の読み

解答

❶ ①せけんてい ②ふぜい ③したく
④ほっさ ⑤らい ⑥きもの ⑦やちん
⑧きらけいこう ⑨れんめい ⑩じゅつちゅう

❷ ①こうみょう ②おおや ③す ④のぞ
⑤もっ ⑥にょ ⑦ちぢ ⑧つやま ⑨そな
⑩きば ⑪つ ⑫お ⑬おさな ⑭ほが ⑮す
⑯きざ ⑰おび ⑱とうと（たっと） ⑲いとな
⑳にな

❸ ①イ ②イ ③ア ④イ

❹ ①ア ほっ イ むく ②ア すじょう イ おじ
③ア にこみょう イ ゆるやか

❺ ①どきん ②きちょう ③そつぎょうしき
④たんしゃく ⑤なつしょ ⑥ずいしん

解説

❶ ①「世間体」は、「世間に対する見栄」。「体」を「てい」と読む熟語は他に、「体裁」・「風体」がある。
②「風情」はここでは、「独特な味わいやおもむき」という意味。
③「支度」の類義語は「用意」・「準備」。
④「発」を「ホッ」と読む熟語は他に、「発足」・「発起」などがある。

注意 ❷ ①「快く」や②「営む」の送りがなを「快よく」、「営なむ」としないよう注意しよう。

❸ ①「目下」は「もっか」と読み、「今のところ」という意味。
②「大家」は「ある分野で特にすぐれた知識や技術をもっている人」。「おおや」と読むと、「貸し家の持ち主」など、別の意味になる。
③「養生」は、「健康を保つこと」、または「病気やけがが治るように努めること」という意味。
④「ひきいる」は「率いる」と書く。

❹ ①「ホウ（じる）」は音読み、「むく（いる）」は訓読み。
③「功名」は、「手がらを立てて有名になること」。「功名心」は、「手がらを立てて有名になりたいと思う気持ち」のこと。

上級レベル 2 漢字の読み

解答

❶ ①じしょうせき ②りゅう ③くじせつ
④げか ⑤じしゃく ⑥てにい ⑦ゆうおう
⑧しん ⑨ふきん ⑩とうにゅう

❷ ①あや ②く ③いちぢる ④ね ⑤ゆ
⑥いた

❸ ①ウ ②ア ③ウ ④イ ⑤ウ

❹ ①なまり ②こいじ ③そでなら ④けしき
⑤しょうじん ⑥まいり ⑦やほ
⑧せつから ⑨こうき ⑩はっぷん

❺ ①ア おそ イ ぎ ②ア す イ の
③ア こよ イ し ④ア つら イ つ
⑤ア とお イ かよ

❻ ①伝導 ②精算 ③検討 ④家畜

解説

❶ ①「定石」はもともと、「もっともよい石の置き方」という意味で、囲碁の言葉。ここでは、「もっともよいとされるやり方」という意味で使われている。
③「平生」は、「日ごろ」という意味。「平常」・「平成」と混同しないようにしよう。

❷ ②「経る」は、「（年月が）たつ」という意味。

❸ ②「工面」は、「（お金を）やりくりすること」という意味。
⑤「弟」を「ティ」と読む熟語は他に、「舎弟」・「子弟」・「義弟」などがある。

❹ ③「相殺」は、「差し引きゼロにすること」。

❺ ①「厳か」は、「真剣で重々しい様子」。

標準レベル 3 漢字の書き

解答

❶ ①散財 ②推移 ③光景 ④納税 ⑤温泉
⑥孝行 ⑦視力 ⑧時刻 ⑨乳牛 ⑩翌日
⑪異物 ⑫歌詞

❷ ①許 ②果 ③謝 ④耕 ⑤干 ⑥済 ⑦疑
⑧座 ⑨補 ⑩除

❸ ①ア ②イ ③イ ④ア ⑤ア

❹ ①一堂 ②善後策 ③〇 ④心臓 ⑤野性

❺ ①ア暴 イ許 ウ家
②ア利 イ降 ウ復
③ア都 イ絵 ウ我
④ア代 イ要 ウ転

解説

❶ ④「納」を「ノウ」と音読みする熟語は他に、「納品」がある。また「納」には「トウ」「ナッ」という音もある。例として「納得」「出納」という言葉を覚えておこう。「出納」は、「お金やものを出し入れすること」という意味。

❸ ②「形相」は、「ぎょうそう」と読むと「顔つき・表情」という意味。「けいそう」と読むと「ものの形」という意味になる。アは「装備」イは「首相」。
④「引き受ける・になう」という意味の場合は「負う」と書く。「責任を負う」。アの「おう」は「せおう」という意味で「負う」と書く。イの「おう」は「追いかける」という意味で「追う」と書く。

注意 ❹ ①「一堂」…一つの部屋や建物。
「一堂に会する」…一か所に集まる。
「一同」…そこにいる人みんな。
例—社員一同、一同大笑いした。
②「善後」は「善い後始末をつけること」、つまり、「うまく後始末をすること」。「善後策」は、「よい後始末の方法」という意味。

ポイント
❺ ②ウ同音異字「復」と「複」の使い分けについて整理しておこう。
・「復」の意味…もとにもどる・ふたたび・くり返す。
熟語—復習・往復・回復・復活・反復
・「複」の意味…かさなる・二重になる・入り組む。
熟語—複合・複数・重複・複雑

上級レベル 4 漢字の書き

解答

❶ ①師事 ②専門 ③成就 ④景勝 ⑤成績
⑥土砂 ⑦操縦 ⑧軽装 ⑨幕府 ⑩朗読
⑪降雪 ⑫庁舎

❷ ①務める ②快い ③誤る ④失う
⑤空く ⑥役割 ⑦演奏 ⑧臨時 ⑨盛る

❸ ①ア意向 イ移行 ②ア核心 イ確信
③ア厚い イ熱い ④ア好感 イ交歓（交換）
⑤ア総意 イ相違 ⑥ア盛夏 イ聖歌

❹ ①必至 ②真価 ③収める ④勇ましい

解説

❶ ①「ある人の弟子となって教えを受けること」を「〜に師事する」と言う。「〜を師事する」としないこと。
②「専問」としない。「専門家は口出すな」と覚えておこう。
③「成就」は、「成し遂げる」という意味。読みもよく出題される。
④「景勝地」は、「景色のすばらしい場所」という意味。「景」には「景色」、「勝」には「すぐれている」という意味がある。

❷ ①「ある役目や任務を行う」ときは「務める」、「がんばって〜する」ときは「努める」、「仕事をする・会社に行く」ときは「勤める」を使う。
⑤「あく」は、「からになる」という意味の場合は「空く」。「席が空く」「空き地」「空き缶」「家を空ける」「穴が空く」などと使う。「ひらく」という意味の場合は「開く」。「店が開く」「窓が開く」「幕が開く」「かぎが開かない」などと使う。

❸ ③「あつい」は対義語といっしょに覚えるとよい。「厚い↔うすい」、「熱い↔冷たい」、「暑い↔寒い」。

❹ ①「負けるのはヒッシ」は「負けるのはさけられない」という意味なので、「必ずそうなること」を意味する「必至」を使う。「全力をつくす様子」を意味する「必死」と区別する。
②「シンカ」は「真価」と書き、「人やものの本当の能力や価値」という意味。「真価が問われる」とは、「本当の値打ちについて判断が下される」ということ。

ポイント
③「収める」「納める」「治める」「修める」の使い分けについて整理しておこう。
・「収める」の意味…①手に入れる、②中に入れる。
例—①成果を収める、勝利を収める。②目録に収める、胸に収めておく。
・「納める」の意味…（お金を）わたす。
例—税金を納める、月謝を納める。
・「治める」の意味…平和な状態にする。
例—国を治める、水を治める。
・「修める」の意味…自分を高めるよう努力する。
例—身を修める、学問を修める。

標準レベル 5 漢字の読み・書き

解答

❶ ①そうじゅう ②かいさつ ③ねっとう
④じゅんのう ⑤いんが ⑥くちょう
⑦ほんもう ⑧ていさい ⑨こんりゅう
⑩いっさい ⑪そんちょう ⑫ほったん

❷ ①客観 ②印象 ③簡潔 ④思案 ⑤経過
⑥修理 ⑦興奮 ⑧承知 ⑨歓声 ⑩探検（険）
⑪候補 ⑫能率

❸ ①わ ②とな ③あたた ④か ⑤すこ
⑥う ⑦そこ ⑧すぐ ⑨はぶ ⑩すみ

❹ ①断 ②久 ③訳 ④預 ⑤貸 ⑥染 ⑦極
⑧責 ⑨過 ⑩退

❺ ①ア卒 イ行 ウ辞
②ア精 イ申 ウ穀

解説

❶ ③「熱湯」の「湯」の読み方に注意する。④「順応」はふつう「じゅんおう」とは読まない。意味は「まわりの変化に合わせて、自分もうまく変わること」。

注意 ⑦〜⑩などは、やや特殊な読み方をふくむが、漢字そのものは難しくない。入試ではこのような読み方をする熟語がねらわれる。

❷ ④「思案」は「どうしたらよいかと考えること」。⑩「検」は「調べる」を意味し、「険」は「けわしい」を意味する。したがって、あぶない場所に分け入るような場合は「険」

を用いる。例えば「冒険」など。ふつうは「検」を使う。
③⑤「健やか」は「体がじょうぶで元気な様子」。
④②「久しい」は「長い時間がたったこと」。⑦「極める」は「これ以上ないほどの状態になること」。

上級 レベル6 漢字の読み・書き

解答

1 ㈠げどく ②じゅう ③びんじょう
④ごふじょう ⑤ふんき ⑥ちゅうかい
⑦…がら ⑧せ ⑨ほんね ⑩いえじ
⑪まちがい ⑫…ぶ

2 ①痛感 ②加減 ③推定 ④保証 ⑤縮尺
⑥生地 ⑦図 ⑧仏閣 ⑨筆舌 ⑩化身
⑪素手

3 ①ウ ②ア ③エ

4 ①意気投合 ②異口同音 ③急転直下

解説

1 ㈠「解毒」の「解」を誤って「かい」と読まないこと。
3 ①ア可 イ果 ウ価 エ過となる。②ア因 イ引 ウ院 エ飲となる。③ア裁 イ採 ウ祭 エ再となる。
4 ㈠一段目「投」二段目「気」三段目「合」四段目「意」が入る。②一段目「音」二段目「同」三段目「異」四段目「口」が入る。③一段目「転」二段目「下」三段目「急」四段目「直」が入る。

標準 レベル7 送りがな・かなづかい

解答

1 ㈠みがき ②ねんじゅう ③みちか ④ねえ
⑤とお ⑥じめん ⑦れんちゅう(れんじゅう)
⑧こおり ⑨ぶつみ ⑩あさがえ
⑪じみち ⑫ずが

2 ㈠ぢんまり ② ③ ④つなぐ
⑤塩づけ ⑥希じ ⑦町じゅう
⑧片づく ⑨ ⑩ ⑪竹づつ ⑫

3 (順に)つ・お・こ・ぢ

4 ㈠ア ②ウ ③イ ④ア

5 ①短い ②現し ③報じる ④冷たい
⑤導く ⑥交わる ⑦閉じる ⑧縮れる
⑨築く ⑩捨てる

解説

1 ㈠「三日」＋「月」という意味なので「ず」ではなく「づ」。③「身に近い」という意味なので「ぢか」。
2 ㈠「こ」＋「ぢんまり(小さくまとまっている様子)」なので「ぢ」ではなく「ぢ」。
③「底」＋「力」なので「ず」ではなく「づ」。

④昔の言葉(古語)と言うのは「うなづく」だが、現代の言葉では「うなずく」と書く。「ひざまずく」「つまずく」も「づ」ではなく「ず」。また「力ずく」「納得ずく」「腕ずく」も「ず」である。あわせて覚えておこう。
⑤「漬ける」がもとになった言葉なので「づけ」。

3 ㈢「言う」「言って」は「いう」「いって」と書く。「ゆう」「ゆって」とは書かない。
「近」＋「付く」なので「ず」ではなく「づ」。他に「気づく」「感づく」「勢いづく」「活気づく」「調子づく」「基づく」なども「づ」である。

覚えておこう
「オー」とのばす発音は、基本的には「オ段の音＋う」と書く。そのため「おとおと」ではなく「おとうと」と。ただし、以下は例外。
おおかみ・おおやけ・こおり・こおろぎ・ほお(頬)・ほのお・とお(十)・おおう・こおる・とおる・おおい・おおきい・とおい・おおよそ
これらは「おお」と書く。1の⑤「とおい」、2の②「おおやけ」、3の「こおろぎ」がその例外に当たる。

注意 5②「現す」と「表す」「著す」の使い分けについてまとめておこう。
・「現す」…今までかくれていたもの、なかったものが出現する。
例―姿を現す、正体を現す。
・「表す」…①感情や考えなどを(表情や言葉で)表に出す。②意味する。
例―①悲しみを表す表情、②赤は太陽を表す。
・「著す」…本を書く。
例―歴史の本を著す。

上級 レベル8 送りがな・かなづかい

解答

1 ㈠温かい ②○ ③幸い ④幼い ⑤訪れる
⑥自ら

2 ①みる ②こ ③う ④ぐ ⑤はず ⑥り
⑦む ⑧ら ⑨める

3 ①勇ましい ②退く ③乱れる ④失う
⑤費やす ⑥垂らす ⑦激しい ⑧至る
⑨危か ⑩従う ⑪比べる ⑫障り
⑬背く

4 ①少しゆつ→少しずつ、おおきそうぶ→おお…、おおどおり→おおどおり、ゆうだ→…、たがやりこと→たがいこと、ほおきする→ほうき
②病院ずとめ→病院づとめ、言ごちそう→言づ…

解答 9 標準レベル 漢字の音訓

1
(1) 音・訓 (2) 音・音 (3) 訓・訓 (4) 訓・音

2
(1) ア (2) イ (3) ア (4) イ (5) ア (6) ア
(7) イ (8) イ

3
(1) あらた (2) した (3) もっと (4) す
(5) おぎな (6) みちび

4
(1) ウ (2) イ (3) ア (4) ウ (5) ア (6) イ

5
(1) イ (2) は (3) ア (4) ヘ (5) おさ (6) まね

6
(1) ア (2) イ (3) ア (4) ヘ (5) す (6) まち

7
(4)・(1)

⑧⑤③①（重箱読み）
⑥④②①（湯桶読み）

解説

1 (1)「の」の訓、「野」は音は「ヤ」。(2)「ば」は訓、「場」は音は「ジョウ」。(3)「は」は音、「羽」の訓は「はね」。(4)「生」は訓読みが多いので注意。音は「セイ」「ショウ」と読む。

2 (3)「仕（える）」「は」音、「え」は訓。（同訓異字）「備（える）」。

3 (4)「生」は音は「ショウ」。ウは音が「ジ」、「生」は音が「ナマ」、「ン」と読む。

4 (1)「温（かい）」は訓読みの「あ」＋「たた（かい）」。「送りがな」に注意。

解説 （上の解説欄）

⑤「増」「す」は「ふ（やす）」「ふ（える）」の訓。音は「ゾウ」。

⑥「増す」と「増やす」は送りがなで区別する。

（中段・上）
「円」は「エン」、「王」「主」「役」「客」「愛」「図」など、音読みだけで訓読みのない漢字もある。また、訓読みだけで音読みのない漢字もある。

解答 10 上級レベル 漢字の音訓

1
(1) ア訓 イ音 (2) ア音 イ訓 (3) ア訓 イ音
(4) ア音 イ訓 (5) ア訓 イ音 (6) ア音 イ訓
(7) ア音 イ訓

2
(1) ア現す イ表す (2) ア開ける イ明ける
(3) ア着る イ切る (4) ア会う イ合う
(5) ア済む イ住む (6) ア答える イ応える

3
(1) ア誌 イ詞 (2) ア洗 イ衛 (3) ア閣 イ関
(4) ア探 イ誕 (5) ア策 イ冊 (6) ア批 イ非
(7) ア賃 イ真 (8) ア素 イ相

4
(1) エ (2) ア (3) ウ (4) ア (5) ウ・エ

5
(1) イ (2) ア (3) ア (4) イ (5) イ

6
(1) こ・ばけ (2) あたま・とう (3) ず・ゆ

解説

1 (1)「物」は「ブツ」と読む熟語「物質」などと、「モツ」と読む他の熟語「禁物」「貨物」がある。

4 (3)「頭」を「かしら」と読むのは「頭文字」「頭目」が世に出る「頭角」など。「頭」は「トウ」「ズ」「ト」などと読む。

5 (4)「木」の訓。

解答 11 標準レベル 同音・同訓異字

1
(1) ウ (2) イ (3) ウ (4) ア (5) ウ (6) イ
(7) ウ

2
(1) ア (2) イ (3) ア (4) ア (5) ア (6) ウ
(7) イ (8) ア (9) ア (10) ウ

3
(1) ア覚 イ折 (2) ア冷 イ織

4
(1) 英・往 (2) 差・射
(3) 指・応 (4) 横
(5) 主 (6) 横

解説

1 同訓異字。複数の訓読みがある。(2)「半」年の「半」。上の字も下の字も訓読みの熟語が多い。④「楽」⑨「薬屋」など音読み・訓読みなど。②「石段」「石」⑩「棒が湯」の読みは訓読み。熟語の読みには、音読みと訓読みが混じっているものがある。

解説

❶ ②イ「終生」とは「一生」のこと。「終生の思い出」で「一生の思い出」という意味。
⑤ウ「私事」は「シジ」または「わたくしごと」と読む。「個人的なことがら」という意味。

❷ ①ア「相性」、イ「愛唱歌」、ウ「愛称」。
②ア「関心」、イ「感傷的」、ウ「感動」。ア「関心」は「興味」という意味。同音異義語「感心」は「すぐれたものごとに心を強く動かされること」、「寒心」は「ぞっとすること」という意味。
③ア「再開」、イ「再会」、ウ「最下位」。
④ア「基地」、イ「規定」、ウ「規則」。

❸ ③アは「指さす」という意味で「指す」、イは「光が当たる」という意味で「差す」または「射す」。

❹ ④「横転」は、横だおしになること。「横」を「オウ」と読む熟語は他に「横暴」・「縦横」・「横断」・「横着」など。
⑤「往年」は、「昔」という意味。

上級 レベル 12 同音・同訓異字

□**解答**

❶ ①後世 ②全快 ③再興 ④証明 ⑤適正
⑥存分 ⑦討論 ⑧異義 ⑨器械 ⑩開放

❷ ①識 ②健 ③光 ④簡 ⑤神 ⑥早 ⑦解
⑧劇

❸ ①ア映 イ栄 ②ア移 イ映
③ア建 イ絶 ④ア経 イ減 ⑤ア計 イ測

❹ ①空 ②現 ③潮 ④暖 ⑤留 ⑥至 ⑦修
⑧返 ⑨激 ⑩周 ⑪従 ⑫姿 ⑬厚
⑭写 ⑮温

❺ ①今 ②拾 ③窓 ④岸

解説

❶ ①「後世」は「のちの世」という意味。読み方もあわせて覚えておこう。
②「全快」は、病気や傷が完全に治ること。
③「再興」は「いったんおとろえたものが勢いをとりもどすこと」、または「もう一度さかんにすること」という意味。「興」を「コウ」と読む熟語には「再興」の他に「復興」、「興亡」、「興」を「キョウ」と読む熟語は「興味」「余興」などがある。

注意 ⑤「適切で正しい」という意味で「適正」と書く。「適性」（「適した性質」という意味）と区別すること。

❷ ②「保健」は「健康を保つこと」という意味。「保健委員」の他に「保健体育」「保健所」などの言葉がある。「保険」は「将来起こるかもしれない病気や事故に備えるための制度」のこと。
③「光」には「景色」という意味があり、「観光」で「景

色をみること」という意味。
④「簡潔」は「簡単で要領を得ている様子」という意味。

おぼえよう
①形のよく似た漢字「識」「織」「職」の使い分けについて整理しておこう。
・「識」の意味…言葉の意味を区別する。
　読み…シキ
　熟語例…認識・知識・常識・識別
・「織」の意味…織る・組み立てる。
　読み…シキ・ショク・お（る）
　熟語例…組織
・「職」の意味…役目・任務。
　読み…ショク
　熟語例…職業・就職・職人

❸ ①「映える」は、ここでは「光を受けてかがやく」という意味。「栄え」は「かがやかしく見えるさま」という意味。
②「うつす」には他に「写す」がある。
③家や建物を築く場合は「建つ」、消息・連絡・命などを終わらせる場合は「絶つ」。
⑤時間や数には「計る」、面積や長さには「測る」、重さには「量る」を使う。

❹ ③海の「しお」の場合は「潮」。

最上級 レベル 13 ①

□**解答**

❶ ①ちょうほう ②てっきん ③けいだい
④けわ ⑤つご ⑥すで ⑦にゅうわ
⑧こんりんざい ⑨ひとたち ⑩じょうず

❷ ①創立 ②専門 ③探検（険） ④景勝
⑤誕生 ⑥愛読 ⑦危険 ⑧郷土
⑨蔵書 ⑩世帯

❸ ①暖 ②預 ③経 ④外 ⑤承 ⑥留
⑦並 ⑧奮 ⑨熱 ⑩添

❹ ①性 ②理（議） ③学 ④観 ⑤演（家）
⑥段 ⑦風 ⑧会 ⑨国（軍・部）
⑩曲（人・家・品）

❺ ①頂く ②刻む ③収める ④営む
⑤述べる ⑥勤める ⑦難しい ⑧温かい
⑨届ける ⑩降りる

解説

❶ ①「重」を「チョウ」と読む熟語は他に「自重」・「貴重」・「尊重」などがある。
③「境内」は「お寺や神社の敷地内」。
⑤「集う」は「集まる」という意味。

❸ ②「預」の「予」を「矛」と書かない。
⑤「承る」は「る」だけを送る。

解答

最上級レベル 14 ②

1 ウ

2
(1)住む (2)危ない (3)宝物 (4)任せる (5)粉末 (6)机上 (7)養蚕 (8)障子

3
(1)さむ・さび (2)いとな (3)あぶ・あや (4)おさな (5)まか

4
(1)ただ (2)うつ (3)そ

5
(1)素上 (2)治 (3)移行 (4)対象 (5)開明 (6)紀 (7)行 (8)税務署 (9)景色 (10)頭上
④情 ⑤突 ⑥宿 ⑦折

解説

1 ウ 「治」を音読みする熟語には「治安」「政治」「治水」などがある。訓読みには「治める・治まる」「治す・治る」などがある。

2 「式」などの「自分で治す・治る」に対して「自治」「治安」などがある。

3 （同音異義語）「補償」「保障」「保証」の使い分けに注意する。
- 「保証」…確かであると認めること。例「品質を保証する」「保証人」「保証書」
- 「保障」…安全を守ること。例「安全保障」「社会保障」「老後の生活を保障する」
- 「補償」…損害をお金などでつぐなうこと。例「補償金」「労働災害補償」「損失を補償する」

4 （1）「対称」…対応する形がつりあっていること。「左右対称」
（2）「対象」…目的・相手とするもの。「調査の対象」
「照らし合わせること。「対照的」「新旧を対照する」

5 （1）「素」を「ソ」と音読みする熟語には、「素材」「素質」「要素」「素行」などがある。
この他に「素」を「ス」と読む熟語に、「素顔」「素足」「素手」「素直」などがある。

解答

上級レベル 16 部首・筆順・画数

1
(1)おさ (2)ふ (3)おぎな (4)まね

5
(1)エ (2)イ (3)ウ (4)エ (5)ウ

解説

1 (1)部首は「彡」(さんづくり)。
(2)部首は「氵」(さんずい)。
(3)部首は「衤」(ころもへん)。
(4)部首は「扌」(てへん)。

4
(1)「毎」は六画、「母」は五画。
(2)「糸」は六画、「細」は十一画。
(3)「困」は七画、「固」は八画。
(4)「泣」は八画、「沖」は七画。
(5)「暗」は十三画、「時」は十画。

5 (ア)「留」は十画、(イ)「県」は九画、(ウ)「急」は九画、(エ)「追」は九画。
(1)(ア)「直」は八画、(イ)「卒」は八画、(ウ)「育」は八画、(エ)「毒」は八画。

解答

標準レベル 15 部首・筆順・画数

1
(1)オ (2)ア (3)イ (4)ウ (5)エ

2
(1)秋 (2)辺 (3)冷 (4)登 (5)文
(6)洗 (7)額 (8)府 (9)徒 (10)変

7
(1)エ (2)エ (3)エ (4)エ (5)ウ

解説

1 (1)部首は「氵」(さんずい)。(2)部首は「辶」(しんにょう)。

2 (1)「のぎ(のぎへん)」は漢字の左側の部分。
(2)「しんにゅう(しんにょう)」は漢字の左側から下の部分。

4
(1)ア二画、イ四画、ウ三画、エ三画。
(2)ア九画、イ八画、ウ七画、エ七画。

⑧かくしがまえ ⑨こざとへん ⑩がんだれ

2 ①りっとう ②にくづき ③おおがい

④りっしんべん ⑤ひとやね

3 ①ア ②ウ ③オ ④オ ⑤イ

4 ①ア→オ→イ→ウ→エ

②エ→イ→ウ→ア→オ

③オ→エ→ウ→イ→ア

④オ→エ→イ→ア→ウ

⑤ア→イ→ウ→エ→オ

5 ①七 ②二 ③四 ④四 ⑤二 ⑥四

6 ①三 ②四 ③八 ④八 ⑤八 ⑥十

⑦十 ⑧十二

解説

1 それぞれの漢字の部首は次の部分。

①广(まだれ)

②辶(ふらとり)筆順に気をつけよう。

③阝(おおざと)「おおざと」は「つくり」で漢字の右側にくる。「こざとへん」と区別しよう。

④夊(えんにょう)えんにょうは三画。

⑤辶(そうにょう)

⑥灬(れんが・れっか)

⑦攵(のぶん・ぼくづくり・ぼくにょう)

⑧匚(かくしがまえ)

⑨阝(こざとへん)「こざとへん」は「へん」なので漢字の左側にくる。

⑩广(がんだれ)「一→ノ」の順に書く。

2 ①順に「別・創・刷」。部首は「刂」(りっとう)。「刀」の意味を持つ部首である。

②順に「胸・腹・脈」。部首は「月(にくづき)」。「身体・内臓」の意味を持つ部首である。「朝・期・望」の「つき」(月や時間の意味を持つ部首)と区別する。

③順に「顔・額・額」。部首は「頁」(おおがい)。「頭」の意味を持つ部首である。

④順に「情・慣・快」。部首は「忄」(りっしんべん)。「心」の意味を持つ部首である。「忄」は縦を最後に書く。「小」の字とは筆順が異なる。

⑤順に「会・倉・余」。部首は「ひとやね」。

3 ①ア「聞」の部首は「耳」(みみ)、他の漢字の部首は「もんがまえ」。

②ウ「空」の部首は「穴」(あなかんむり)、他の漢字の部首は「うかんむり」。

③オ「相」の部首は「目」(め)、他の漢字の部首は「き」。

④オ「席」の部首は「巾」(はば)、他の漢字の部首は「まだれ」。

⑤イ「牧」の部首は「牛」(うしへん)、他の漢字の部首は「のぶん(ぼくづくり)」。

4 ①ア「乗」は九画、イ「第」は十一画、ウ「階」は十二

画、エ「置」は十三画、オ「脈」は十画。

②ア「横」は十五画、イ「報」は十二画、ウ「意」は十三画、エ「魚」は十一画、オ「薬」は十六画。

5 ②「馬」や「長」は左上の縦から書く。その他「将・収・小」も縦から書くと覚えておこう。

ポイント

⑤「布」の一画目は「ノ」。「右・有・ナ・九・片」などもノから書き始める。これに対して、「左・反・友・石・存・在・圧・原・厚」の一画目は「一」。

標準レベル **17** 熟語の構成

□解答

1 ①ア ②ウ ③オ ④エ ⑤ウ ⑥ア

⑦エ ⑧イ ⑨オ ⑩イ

2 ①ウ ②ア ③イ ④ア ⑤エ ⑥イ

3 ①ウ ②ア ③エ ④イ ⑤イ ⑥イ

⑦イ ⑧ア

4 ①暗 ②喜 ③客(従) ④勝 ⑤因

⑥司(合・賛) ⑦無 ⑧少 ⑨生 ⑩暖

5 ①前・後 ②右・左 ③有・無 ④表・裏

⑤同・異 ⑥南・北

6 ①エ・ア ②カ・イ ③オ・ケ ④キ・ウ

⑤ク・コ

解説

1 ②「(国や政府などの)公が立てる」という意味。

③「期(限)を延ばす」という意味。

④「温かい室(部屋)」という意味。

⑤「人が造る」という意味。

⑥「指(す)」と「示(す)」は似た意味の字。

⑦「冷たい水」という意味。

⑩「公」と「私」は反対の意味の字。

2 ①同じ組み立ての三字熟語に「衣食住」「松竹梅」「上中下」がある。

②「関東の北のほう」という意味なので「北」+「関東」と分けられる。

⑤「記名」という熟語に「無」という打ち消しの語がついて「記名がない」という意味になる。

3 ②「副(二番目の)委員長」という意味。

③同じ組み立ての四字熟語に「春夏秋冬」「花鳥風月」がある。

④「所要の(必要な)時間」という意味。

⑧「軽(小型の)自動車」という意味。

4 ③「主客」は「しゅかく」と読む。「主人と客」また「自分と相手(対象)」という意味。

⑤「因果」は、「原因と結果」という意味。

⑥「可否」は、「よいかわるいか」また「賛成か反

19 標準レベル 対義語・類義語

解答

1
① イ ② ア ③ ウ ④ ア ⑤ イ ⑥ ウ ⑦ ア ⑧ イ

2
① 関心 ② 連続 ③ 動機 ④ 容易 ⑤ 誠実 ⑥ 手段

3
① はんだん ② じゅんじょ ③ じゅんちょう ④ ぶし ⑤ ぶそう ⑥ ざっし ⑦ せいみつ ⑧ げんき ⑨ じゅうほう ⑩ たんき

4
① 雑 ② 判 ③ 武 ④ 体 ⑤ 音

5
① 航行 ② 精製 ③ 原記 ④ 文 ⑤ 天
① 重 ② 好 ③ 救急 ④ 収集 ⑤ 全然

解説

1
① 順…「じゅん」と読む。「順序」など。
② 順調…「じゅん」と読む。
③ 武士…「ぶ」と読む。「武将」「武者」「武道」「武器」「武装」など。

注意! 「収集」は「集めること」という意味。同音異義語「収拾」は「混乱した状態を収め、おさめること」。使い方に注意しよう。
例—「収拾」…混乱を収拾する／「収集」…資料を収集する・趣味や研究のために使う

2
① 航行…自然の対義語は「人工」。「精製」「自然」「天然」の対義語は「人工」。船や航空機が水上や空中を行くこと。「飛行」

---

20 上級レベル 対義語・類義語

解答

1
① 当 ② 心 ③ 郷 ④ 高(書) ⑤ 期(測) ⑥ 不

2
① イ・エ ② ウ・イ ③ ア・ウ ④ エ・イ ⑤ イ・エ ⑥ ア・イ ⑦ エ・ア ⑧ ウ・エ ⑨ イ・ア ⑩ ウ・エ

3
① 異常 ② 放意 ③ 改善 ④ 内体 ⑤ 建設
⑥ 平和 ⑦ 過去 ⑧ 重宝 ⑨ 組織 ⑩ 念願

4
① ア ② オ ③ ア ④ イ
⑥ イ

解説

2
① 「縮小」の対義語は類義語は「拡大」の対義語。
② 「実」の良心の対義語は類義語は「容易」。
③ 「需要」は「必要とすること・求めること」。対義語は「供給」は
④ 「悲しむ」という意味で、対義語は「誠実」
⑤ 「親しい」は「報」と読み、
⑥ 「安全」の類義語は「向上」。対義語は「退歩」
⑤ 「進歩」の類義語は「向上」。対義語は「危険」
⑤ 「安全」の対義語は「危険」。

4
① 現実 ② 縮小 ③ 準備 ④ 同
⑤ 復習 ⑥ 朗実 ⑦ 染 ⑧ 後
⑨ 悪 ⑩ 欠 ⑪ 同 ⑫ 証行
③ 禁止 ④ 損失 ⑤ 供給 ⑥ 割
⑦ 無 ⑧ 延長 ⑨ 雑 ⑩ 世話
⑪ 会令 ⑫ 支出

---

18 上級レベル 熟語の構成

1
① 南船北馬…各地を忙しく旅行すること。
② 同工異曲…見かけはちがっているが、内容は大切り同じであること。
③ 有名無実…名前ばかり有名で、実質がないこと。
④ 空前絶後…今までにもこれからもないような、非常にめずらしいこと。
⑤ 順風満帆…物事が順調に進むこと。
⑥ 付和雷同…自分の考えがなく、他人の意見に同調すること。

128

③④は エ「危険」。オ「最後」の対義語は「最初」。
③イ「全体」の対義語はエ「部分」。ウ「苦手」の対義語はオ「得意」。ア「個人」の対義語は「団体」。
④ア「保守」の対義語はエ「革新」。ウ「利益」の対義語はオ「損失」。イ「失敗」の対義語は「成功」。

標準レベル21 三字・四字熟語

解答

❶ ①不 ②非 ③不(無) ④不 ⑤無
⑥無 ⑦無 ⑧未 ⑨未 ⑩非

❷ ①点 ②黒 ③主 ④度 ⑤事
⑥小 ⑦無 ⑧大 ⑨円 ⑩正

❸ ①エ ②イ ③ア ④ウ ⑤カ ⑥オ

❹ ①イ ②カ ③ウ ④エ ⑤ア ⑥オ

❺ ①一笑 ②縦横 ③千秋 ④回生
⑤空前 ⑥以心 ⑦一ウ ⑧七転

解説

❶ ③「不・無」の両方が接頭語になる三字熟語は「不作法・無作法」の他に「不器用・無器用」「不用心・無用心」などがある。いずれも「ぶ」と読む。

> **ポイント**
> 「無・非・不・未」のうちどの語が語頭につくかについては熟語ごとに覚えるしかない。便覧や辞書で調べて覚えよう。

❷ 読みは ①「いってんばり」②「だくてんはくてん」③「てこのうらみ」④「どがいし」。

❸ 読みは ①「うちょうてん」②「いしいっしょう」④「かみひとえ」⑥「じんつうりき(じんずうりき)」。

❹ 読みは それぞれ ①「ゆうめいむじつ」②「かんぜんむけつ」③「てんいむほう」④「じゅうおうむじん」⑤「せんさばんべつ」⑥「はほうびん」。

❺ ①「破顔一笑」は、にっこり笑うこと。
②「縦横無尽」は、自由自在に行動する様子。
③「一日千秋」は、非常に待ち遠しいことのたとえ。
④「起死回生」は、絶望的な状況を立て直して、一気に勢いをもり返すこと。

上級レベル22 三字・四字熟語

解答

❶ ①的 ②性 ③的 ④化
⑤化 ⑥的 ⑦性 ⑧性

❷ ①エ ②ア ③オ ④ウ ⑤イ

❸ ①前代未聞 ②金科玉条 ③枝葉末節
④大義名分 ⑤急転直下

❹ ①投・エ ②雑・ア ③歩・ウ ④意・イ
⑤無・オ ⑥器・カ

❺ ①口 ②機 ③単 ④雷

解説

❶ 接尾語の「性・的・化」がつくと、どのような意味になるかをおさえておくこと。
・「〜+性」で「〜の性質」という意味。
(例)可能性・安全性・重要性・野性
・「〜+的」で「〜の状態」「〜に関する」という意味。
(例)積極的・具体的・社会的・知的
・「〜+化」で「〜の変化」という意味。
(例)合理化・機械化・国際化・悪化

❷ ①「青二才」は、「若くて経験の浅い人・未熟者」という意味。
③「白昼夢」は、「非現実的な空想」。
④「有意義」は、「意味や価値がある様子」。
⑤「雪月花」は、「日本の四季おりおりの風流なながめ」のこと。

❹ ①「きゅうきゅうしゃ」と読む。
②「あこうろうし」と読む。
③「びくにごしょ」と読む。
④「そういくふう」と読む。「創意」は「独創的な考え」という意味。

❺ ①「異口同音」は、多くの人がみな口をそろえて同じことを言うこと。
②「心機一転」は、何かをきっかけにして気持ちがすっかり変わること。
③「単刀直入」は、前置きなしにいきなり本題に入ること。
④「付和雷同」は、自分の考えがなく、他人の言動にすぐ賛同すること。

最上級レベル3

解答

❶ ①りっとうへん・イ ②れんが(れっか)・オ
③にくづき・エ ④さんずい・ア
⑤けものへん・ウ

❷ ①一 ②七 ③三 ④一 ⑤九 ⑥四

❸ ⑴九 ⑵①秋・秒・科など ②後・待・律など

❹ ①オ・ク ②エ・カ ③イ・キ ④ア・ウ

❺ ①権利 ②精神 ③革新 ④従属
⑤形式 ⑥光明

❻ ①自業自得 ②意味深長 ③絶体絶命
④音信不通 ⑤電光石火 ⑥危機一髪

解説

❷ ②「医・区・匹」など「かくしがまえ」の漢字は上の「一」から書き始め、最後に「」を書く。一方、「くにがまえ」の漢字(国・四・図など)は縦から書く。

❹ ①「競争」・オ「円満」・ウ「救助」は、似た意味の漢...

24 最上級レベル ④

6 ①小 乱丁 ②風 ③天 ④整 ⑤頭
5 ①完 ②不 ③従
4 ①道行 ②路 ③弱点 ④作文
3 ①性 ②全 ③冒 ④刊
2 ②曽 ③副 ⑤祝
1 ①性

解説

・「順を追って出題される」「一生懸命」「風邪をひく」などの熟語は、一度覚えておきたい。「麻生内閣」「麻生総理」「大臣」「不敵」「大乱」などは、有頂天、天下特別、特急、高校前などと読む。

5 学校でよく使う熟語「入試」「入学試験」の略。「図工（図画工作）」「国連（国際連合）」「特急」「高校」「高等」などの略。

6 ・「大胆不敵」「油断大敵」「風林火山」は、一度は見ておきたい物事の解決する。

注意

※「油断大敵」「付和雷同」「心機一転」「言語道断」「以心伝心」などの四字熟語の意味と使い方を覚えておきたい。
・油断大敵…「諸行無常」同音異義句
・付和雷同…「不和雷同」短刀直入
・心機一転…「心気一転」新機一転
・言語道断…「言語同断」意味同音
・以心伝心…「異口同音」

※「深長」の意味が「意味深長」ということ。基本的に書くこと。四字熟語は「絶体絶命」の形のみ。

5 漢字熟語ア・イ・ウ・エ

4 日本語になった熟語ア私立

解答

25 標準レベル 詩(1)

1 (1)ほ へ
　(2)ウ→イ→ア→エ
2 (1)エ
　(2)エ
　(3)ア

解説

1 (1)この詩は第三連

・定型詩…一定の音数の決まりがある詩。
・自由詩…音数の決まりがない詩。
・口語詩…普段話している言葉（口語）文で書かれている詩。
・文語詩…普段使わない言葉（文語）で書かれている詩。

ポイント

（例）詩は、①使われている言葉、②音数の決まりで次のように分類される。
・定型詩…一定の音数の決まりがある詩。
・自由詩…音数の決まりがない詩。
・口語詩…普段話している言葉（口語）で書かれている詩。
・文語詩…普段使わない言葉（文語）で書かれている詩。

上級 レベル 26 詩 (1)

解答

① (1)来年の春が　まちどおしいな

(2)秋

(3)ゲートボール場がなくなる

(4)ウ

(5)来年の春(春)・花・入園

解説

① (1)「来年の春が　まちどおしいな」はあきちゃんの発した言葉。

(2)詩の季節を読みとる場合、詩の中に季節に特徴的な言葉がないかをさがして季節を判断しよう。「春がまちどおしい」とあきちゃんが言っているので、今は「春」ではないことがわかる。「さくらの紅葉が／……ふりつもる」とあることから、木が紅葉する季節、つまり、秋であるとわかる。「さくら」は、「さくらの花」を意味する場合は春に特徴的な言葉となるが、ここは「紅葉」という言葉が続いているので、「さくら」は「花」ではなく、さくらの「葉」を意味していることに気をつけよう。

(3)「どういうことをさみしく感じているか」という問いなので、だれかがいなくなったり、何かがなくなったりしたことがえがかれていないかを詩の中でさがすと、「ゲートボール場をなくして」とあるのが見つかる。「おじいちゃん」はそのゲートボール場でゲートボールを楽しんでいたのだろう。そして、そのゲートボール場がなくなることを「おじいちゃん」はさみしく感じているのである。

(4)「やさしさ」とはここでは、保育園ができるのを楽しみにしているあきちゃんのうれしさを思いやる気持ちのこと。「うなづいた」という表現から、「おじいちゃん」が「素直に納得することができた」ことが読みとれる。「おじいちゃん」はあきちゃんのうれしさを思いやることで、ゲートボール場がなくなることに納得がいったのだろう。

(5)「その葉かげで……小さな花芽たちが」とある。「その」がさすのは「さくら(の葉)」だから、「花芽」とは「さくらのつぼみ」のこと。入園式を祝っているかのように咲くさくらの花をイメージしよう。

ポイント

(5)「花芽たちが……はなしあっている」のように、人ではないものを人であるかのように表現する表現技法を「擬人法」という。この詩からもわかるように、擬人法にはものごとを生き生きと表現する効果がある。

例「空が泣いている。」「火山がおこった。」

標準 レベル 27 詩 (2)

解答

① (1)①水

②ぼくの小さなコップ

(2)みちみち

(3)イ

② (1)①さやえんどうのすじをとる

(2)①10

(2)8・11・12

解説

① (3)「コップをひっくりかえしてしまったら」という部分から考える。「ぼく」は、それまで水がこぼれてはいけないと心配している。その心配をふりはらうのは、イ「思い切って」という気持ちである。

② (1)①「お母さん」のお手伝いをするのだから、「お母さん」が何をしているのかを読みとる。4行目に「母はさやえんどうのすじをとる」とある。

②詩の中にある気持ちを表す言葉は「なつかしい」と「楽しい」の二つ。どちらがふさわしいかは、この詩の主題を読みとって考えよう。この詩の主題は、ある初夏の日曜の午後、母と二人ですごすひとときの「楽しさ」や心地よさなので、5行目から読みとれる作者の気持ちも、「なつかしい」ではなく、「楽しい」である。

ポイント

(2)文や語句の最後を名詞で終える「体言止め」は、詩などでよく使われる表現技法の一つ。文や語句の終わりを名詞にすることで、調子を強めたり、感動のよいんを残したりする。

上級 レベル 28 詩 (2)

解答

① (1)春

(2)イ・ウ

(3)ウ

(4)蝶・菜の花・帰って(もどって)

解説

① (2)二行目「菜の花の咲く始発駅」には体言止めが使われている。また、九行目〜十一行目は、「時間が少しずつ早く／……になっているのもしらずに／蝶は舞いつづけている」が普通の言葉の順番。このように言葉の順番をひっくり返す表現技法を倒置法と言う。

(3)蝶のいる空間、つまり、電車の中が少しずつ速く移動

標準レベル 29 物語文(1)

解答

1 (1)①ウ ②百メートル (2)エ (3)道はつづいている (4)ウ

解説

1 (1)① この物語の同じ一つの場面での登場人物同士の関係を説明している文章が、本文の前に置かれている。物語の場面や登場人物の関係をとらえる。

② この場面での登場人物や場面の説明を説明している文章が置かれている。物語の場面や登場人物の関係をとらえる。

■ここに注意
○表現技法
・直喩（明喩）……「ようだ」「ような」「ように」「みたいだ」などの言葉を使ったたとえ方。
（例）夏の太陽を浴びるような海。
・隠喩（暗喩）……「ようだ」などの言葉を使わないたとえ方。
（例）君は海だ。
・擬人法……人でないものを人のように表す表現技法。
（例）月が顔を出した。
・体言止め……文の終わりを体言（名詞）で止める表現技法。
（例）遠くに見える神社。
・倒置法……普通の言葉の順番を逆にして言いたい言葉を最後に置く表現技法。
（例）行こうよ、みんなで。
・反復法（くり返し）……同じ言葉や句をくり返して強調する表現技法。

(2) 作者の願っていることを読み取る。「だれかがいる」という気持ちからはじまって、出発駅が見える、出発駅が見えなくなる、電車が田舎へ移動する、電車が都会へ移動する、「花の咲く田舎へ早く帰れ」という表現、駅が見える、という順に気持ちが表れている。

(3)「道はつづいている」は作者の見ている蝶に対する気持ちの表れである。

(4) 田舎から都会へ向かって移動する蝶の姿を見て、作者は「迷子」の蝶と表現している。

上級レベル 30 物語文(1)

解答

1 (1)(二)父の足は (2)ウ (3)三羽がえしはむずかしい (4)丹念・訓練・見た (5)縄

解説

1 (1) 吉夫が言ったことに対する父の返事がどこにあるかを読み取る。吉夫が何を言ったかを読み取り、それに対する父の言葉を読み取る。

(2) 吉夫が出した言葉は何を表すかを読み取る。「……」という返事から自分の好きな心情を表している。

(3)「三羽がえしはむずかしい」という吉夫の言葉が出てくる段落を読み取る。その段落に吉夫の気持ちが読み取れる。

(4) 訓練する数を読み取る。「ロロ」「アワカ」「カワリ」という手縄の時間を調節する言葉と、訓練の時間を見ることがわかる。

(5) 最後の段落に「縄」が使われているだけで、手縄へ……という手縄へ三羽の縄を近く三羽の縄を使う手縄へ三羽の縄を使う手縄へ……という手縄へ三羽の縄がわかる。

■ここに注意
1 (1) 樹ら三人が遊んでいたルートでの人物関係である。それぞれの人の気持ちを問う情景が描かれている。

(2)「五年一組」が引きだすのはなぜか、その理由を読み取る。その理由が本文にあるかを読み取る。

(3)「そんなに知らせていたのか」という気持ちを表している。大樹のルートに「ア」大樹の注意が見られる。

(4)「美しく咲いた」というほど、集まった花を見て、大切だと思うやさしい気持ちが表れている。

に変身しているが、本当の姿はわからないようなので、エも当てはまる。さよばあちゃんの「なんにだってなれるらって」という発言から、ちょう以外のものにも変身することがわかるので、ウが当てはまらない。

標準レベル 31 物 語 文 (2)

解答

❶ (1)「ねえ、今
(2) ウ
(3) 澄子・うちに遊びに来る
(4) ア
(5) エ

解説

❶ (1)「その話は、すごく魅力的だった」とあるので、「すごく魅力的」な内容を述べている発言を、前の部分からさがし出す。

(3) 今度の日曜日にディズニーランドにさそわれて澄子が「困ってしまった」理由は、すぐ後の一文「澄子はその日、直子を……予定になっていた」に書かれている。その文中の言葉では字数に合わないので、その一文の内容を言いかえた、さらにもう一つ後の文「直子がはじめてこちらに遊びに来る」に注目して、当てはまる言葉をぬき出そう。

(5)「そんな」直子の態度とは、「ケーキをみんなで作ろう会」のとき、「お楽しみ会」の練習のとき、澄子・マッキー・しまちゃんの「お誕生日会」のときの直子の態度のことなど、その会にも結局直子は参加していないので、エが当てはまる。

上級レベル 32 物 語 文 (2)

解答

❶ (1) 季節ちがい・ちょう
(2) ア
(3) エ
(4) ウ

解説

❶ (1) 直後の「目の前をちょうちょうがとんでいる。……やっぱりほんものだ。」から、奈緒はちょうちょうを見ておどろいていることがわかる。「なぜ、奈緒はちょうちょうを見ておどろいたのか」は、さよばあちゃんの言葉「季節ちがいの虫じゃがかえって……」から読みとることができる。「季節ちがい」のチョウ(オオムラサキ)がとんでいたから、奈緒はおどろいたのである。

(2) 引用文を最後まで読むと、さよばあちゃんがおどろかなかった理由がわかる。「ようやく思い出したようだね」という発言から、オオムラサキの正体が「庭ぼこ」だということをさよばあちゃんが知っていたということを読みとろう。

(4) ほうをやりとり、くねくねさせながら「とびじまったり、またもとにもどしたり」するというふうにじゃれあっているので、アは当てはまる。「おじいちゃんの家の庭にいる」とあるので、イも当てはまる。じてはちょうちょ

標準レベル 33 物 語 文 (3)

解答

❶ (1) 飼育委員を押し付けられた
(2) ウ
(3) じゃんけん
(4) 動物の世話
(5) 付き合いにくい人・かわいげのない子

解説

❶ (1) 指示語が指す内容を答えるときは、答えを指示語の部分に入れてみて、意味が通るかどうかを必ず確かめるようにしよう。

(2) すぐ後の文から続く一文「飼育委員で、しかも……とわたしは思い込んでいたのだ」からその理由が読みとれる。

(3) ③ の直前に「光一くんも」とあることに注目する。この「も」は「光一くんもわたしと同じように」という意味。「わたし」は「じゃんけん」で負けて飼育委員を押し付けられたのだから、③ には「じゃんけん」が当てはまる。

(4)「わたし」は、光一くんが「すごくいいかげんで無責任で途中で仕事を放棄する」かもしれないと考え、「自分一人で飼育委員の仕事をする」ことを覚悟したのである。「飼育委員の仕事」を説明している五字の言葉をぬき出そう。

上級レベル 34 物 語 文 (3)

解答

❶ (1) イ
(2) きっといるはず
(3) 補習レッスン
(4) ウ

解説

❶ (2) 第四段落の最後の一文に注目しよう。この一文は「私」が「せっかくの休みにレッスンに行くなんてばかげている」と考える、二つの理由を述べている。一つ目の理由は「本番になればどうにかなる」から。そして二つ目の理由は「今までの経験からすると、きっと三日前ぐらいから猛練習をして、なんとか弾けるようにされるはず」だからである。この二つ目の理由が、時間は十分すぎるほどあると私が考える理由に当たる。

(3)「補習」という思いもかけなかったとんでもない隠し技とあるので、「思いもかけなかった隠し技」とは「補習」のこと。「補習」と同じ意味を表す六字の言葉を文章中からさがして、ぬき出そう。

37 慣用句・ことわざ　標準レベル

◆考え方◆

1 (1)
人物どうしの関係や文章全体の組み立てをとらえるには、本文だけでなく、本文の関係や文章全体の組み立てをとらえるには、その人物どうしの関係や、場面や場面や、登場人物が登場する場面などに注目する。

解答

1
① 歯　② 目　③ 耳　④ 口　⑤ 顔
⑥ 指　⑦ 足　⑧ 頭　⑨ かた　⑩ 骨

2
① ウ　② カ　③ エ　④ キ
⑤ オ　⑥ ア　⑦ ク　⑧ イ

3
① はな　② すず　③ した　④ まめ
⑤ へび　⑥ せみ　⑦ ます　⑧ かめ

4
(一) エ・イ　② ウ　③ ア・え

---

35 最上級レベル

解答

1
(1)ウ
(2)ウ
(3)ウ
(4)永遠
(5)黙って生きて行く(人)

---

36 最上級レベル

解答

1
(1)教室・逃げ
(2)逃げる・イ
(3)元也
(4)5年3組のみんな・迎えに・取り・足に・感動

右列

②「明るい月夜にちょうちんは必要ないことから」「月夜にちょうちん」は、役に立たないものや必要ないものにたとえ。似た意味のことわざは「昼あんどん」。「あんどん（行灯）」は木わくに油皿を入れて火をともす照明具。

⑤「老いたる馬は道を忘れず」は、年長者の豊富な経験は貴重だから大切にせよということ。似た意味のことわざに「亀の甲より年の功」がある。

標準レベル 39 ことわざ・故事成語

解答

1 ⑴ウ ②イ ③ア ④オ ⑤エ ⑥ク ⑦キ ⑧カ

2 ⑴ウ ②オ ③ア ④エ ⑤イ

3 ⑴三 ②百・一 ③七十五 ④手 ⑤九・一 ⑥十 ⑦十 ⑧八 ⑨一 ⑩二

4 ⑴イ ②エ ③オ ④ア ⑤ウ ⑥カ

解説

1 ③「井の中のかわず大海を知らず」は、自分のせまいものの見方や考え方にとらわれている、世間知らずな人のたとえ。

2 ②枯れ木でも、山にぶぜいをそえるのに役立つということに由来する。「人が集まればにぎやかになる」という意味で使うのはまちがい。

3 ⑴「三人寄れば文殊のちえ」は、くぼんな人でも三人集まって相談すれば、よいちえが出るということ。「文殊」はちえの神様の名前。

③「人のうわさも七十五日」は、うわさは長く続かず、しばらくすれば忘れられるものだということ。

④「悪事千里を走る」は、悪いうわさはほどなく広まるということ。

⑤「九死に一生を得る」は、危ういところでやっと奇跡的に助かること。

4 ⑤「画竜」は「絵にかいた竜」、「点睛」は「目玉」という意味。「画竜点睛を欠く」で、「かんじんなところがぬけている」という意味。

> **アドバイス**
> 故事成語とは、中国の昔の話（故事）からできた言葉・教訓のこと。故事成語は読み物としてもおもしろいものが多い。故事成語を覚えるときは言葉だけでなく、その語源となった故事も調べるようにしよう。楽しみながら、正確に覚えられるはずだ。

上級レベル 40 ことわざ・故事成語

解答

1 ⑴ウ ②ア ③オ ④エ ⑤イ

左列

けた習慣は年をとっても治らないことのたとえ。似た意味のことわざは「三つ子のたましい百まで」。

⑶③「とびがたかを産む」は、くぼんな親からすぐれた子供が生まれることのたとえ。反対の意味のことわざは「かえるの子はかえる」。

④「きじも鳴かずばうたれまい」は、余計なことを言うばかりに、自らわざわいを招くことのたとえ。似た意味のことわざは、「口はわざわいの元」。

4 ⑴「月とすっぽん」はどちらも丸いが美しさではおおちがいである、ということに由来する。似た意味のことわざは「ちょうちんにつりがね」。

②②似た意味のことわざは「馬の耳に念仏」「ぶたにしんじゅ」「犬に論語」。

> **アドバイス**
> 1・2 慣用句には、体の一部を表す言葉を使ったものが非常に多い。「手・足・首・腹」など、部分ごとに慣用句を調べ、ノートにまとめて覚えよう。

上級レベル 38 慣用句・ことわざ

解答

1 ⑴ウ ②エ ③ア ④イ ⑤キ ⑥カ ⑦ク

2 ⑴エ ②ア ③イ ④オ ⑤ウ ⑥カ

3 ⑴手 ②鼻

4 ⑴イ ②ア ③エ ④ウ

5 ⑴エ ②カ ③イ ④ア ⑤ウ

解説

1 ⑴「首を長くする」は、「期待して待ちこがれる」という意味。

②「目を皿にする」は、「目を大きく見開く」という意味。さがす様子だけでなく、おどろく様子にも使われる。「あまりのショックに目を皿にする」など。

③「口車に乗る」は、「おだてに乗る」という意味。

④「顔が広い」は、「交際はんいが広くて、さまざまな方面に知り合いが多い」という意味。

2 ③「急がば回れ」は、「回り道であっても安全で着実な方法をとれ」という意味。イ「急いては事を仕損じる」は急いてやると失敗しがちだからじっくり対処しろの意味。

④「転ばぬ先のつえ」は、前もってしっかり準備しておけば失敗しないことのたとえ。オ「泥棒をとらえて縄をなう」は、何の準備もせず事件が起きてからあわてて用意することのたとえ。「どろなわ」と略されることもある。

⑤「人を見たら泥棒と思え」は、「人を軽々しく信用するな」ということ。ウ「わたる世間に鬼はない」は、「世の中は悪い人（鬼）ばかりではなく、親切な人もいる」ということ。

5 ⑴「石の上にも三年」は、しんぼう強く続ければ成しとげられるということ。

標準レベル 41 多義語

POINT

- 漢字だけでなく言葉にもいろいろな意味を持つものがある。このような言葉を「多義語」という。
- 多義語は対応する文脈によって、様々な意味で用いられる。

解説

①
④ウ・イ・エ
③
(1)ア・オ・ク・カ (2)イ・ウ・キ
②
(1)頭 (2)目 (3)虫
①
(1)ウ・イ・エ・ア (2)エ・イ・ア (3)ア (4)イ・エ・ウ

解答

「手本」ということばは「自分の役に立つような他人のふるまい」の意味に近い。

「他山の石」は、「よその山から出た粗悪な石」の意味から、「他人の悪い言行も自分をみがく助けとなる」という意味を表す。正しい選択肢はイ。

③「圧倒」という意味の言葉は。ウの「雨雲が元気や勢いを奪われる」が「圧」と。エの「元気や勢いを奪われる」が「圧」と。

④「威圧」の意味は「権力などで無理に押さえつける」。イの「借りていた品物を返す」が正しい。「返す」。

⑤「事態が終わる」の意味で、エの「終わる」が正しい。

①
「紺屋」は「染め物屋」の意味。

解説

多義語

上級レベル 42 多義語

POINT

- 読み方が同じでも、それぞれの意味が異なる言葉も多い。
- 意味や漢字の違いから、意味を確認していくことが大切である。

解答

①
ア・エ・イ・ア・ウ

②
(1)ア・エ・イ (2)ア
(3)ウ (4)エ

③
見物(けんぶつ・みもの)
行(こう・ぎょう・あん)
市場(しじょう・いちば)
順(じゅん・うち)
人事(じんじ・ひとごと)

解説

②「大勢(たいせい)」「たいぜい」は、「物事のだいたいの様子」を意味する。

③「保存」は「保管」「保存」は同じように使われることがある。「保護」「保険」「保証」などの語がある。

標準レベル 43 同義語・同音異義語・同訓異字

POINT

- 意味の似た言葉を「同義語」という。その違いを理解しておくとよい。
- それぞれ、読み方が同じで意味や漢字が異なる言葉を「同音異義語」「同訓異字」という。

解答

④
(1)攻 (2)放 (3)採
(4)蓄 (5)温 (6)図
(7)治 (8)編 (9)欠
(10)効 (11)冷 (12)弾
(13)供 (14)代 (15)務
(16)経 (17)速 (18)分

③
(1)ア (2)イ (3)ウ (4)ウ (5)ウ
(6)イ (7)ア (8)ウ (9)ア (10)イ

②
(1)ア (2)ウ (3)イ (4)エ (5)ウ

①
（略）

解説

①「精算」は「細かい金額などを計算すること」。「清算」は「金などを整理すること」。
②「清算」は「結」。
③「体制」「体勢」は。「態勢」は。
④「規制」「規則」は。

など使う。ウ「成算」は「成功するみこみ・勝算」。
③①「採用する」という意味の「とる」は「採る」。
③「人が交代する」という意味の「かわる」は「代わる」。「交替する」という意味の「かわる」は「替わる」。「変化する・くいちがう」という意味の場合は「変わる」を使う。
⑤速度・スピードには「速い」、時期・時刻には「早い」を使う。
⑥「計画する・みはからう」という意味の「はかる」は「図る」。数や時間には「計る」、面積や長さには「測る」、重さには「量る」を使う。
⑦「解放する・自由にする」という意味の「はなす」は「放す」を使う。
⑧けがや病気については「治す」を使う。
⑨気温や気候には「暖かい」、物体・液体や人の心には「温かい」を使う。

上級レベル 44　同義語・同音異義語・同訓異字

☑解答
1　①ア 効果　イ 高価　②ア 事態　イ 辞退
　　③ア 改装　イ 回想　④ア 精算　イ 清算
　　⑤ア 移動　イ 異同
2　①立→率　②積→績　③健→検　④相→装
　　⑤無→夢　⑥極→局　⑦性→生　⑧精→生
　　⑨志→士　⑩成→生
3　①潮→塩　②供→備　③号→映
　　④望→臨　⑤指→差　射
4　①(わ)か(る)　②(と)ま(どう)　③さ(げる)
　　④は(たす)　⑤た(って)く　⑥(よわ)み
　　⑦あ(て)こ(すり)　⑧あ(たり)
　　⑨じ(じつ)　⑩な(か)な(おり)

解説
1　②「事態」は「ものごとの状態やなりゆき」。「辞退」は「へりくだって断ること」。「それ自身」という意味の「自体」も覚えておこう。
　⑤「異同」は「ちがい」、「移動」は「位置が変わること」。職場での仕事や地位・勤務地が変わること」を意味する「異動」もあわせて覚えておこう。
2　②「績」には「てがら」という意味があり、「成績」の他に「業績・功績・実績」などの熟語がある。「積」には「つみかさねる」という意味があり、「積雪・積年・積極的・面積」などの熟語がある。
　④「身なり」という意味なので「服装」と書く。「相」の字が下にくる二字熟語は、「人相・手相・真相」などがある。
　⑤「われを忘れること」という意味の「ムチュウ」は「夢中」。「無我夢中」という四字熟語もあわせて覚えておこう。
3　①「敵に塩を送る」は、争っている相手であっても、相手が苦しい立場にあるときは助けることのたとえ。

②「供える」は「神様や仏様にものをささげる」という意味。「備える」は「準備する」または「身につけている」という意味。「老後に備える」「気品を備える」などと使う。
③「スクリーンや鏡、水面などに映し出す」場合は「映す」を使う。「写す」は、「何かを（まねて）そっくりにコピーする」場合に使う。「手本を写す」「写真を写す」など。「移す」は「場所を変える」という意味。
⑤「指す」は「さし示す」場合に使う。

注意 3　④「臨む」と「望む」の使い分けに注意しよう。
・「臨む」は、①「ある事態に直面する」②「参加する」③「風景や場所などに面する」という意味。①は「危険に臨む」②は「試合に臨む」③は「富士山に臨む（＝富士山に面した）ホテル」などと使う。
・「望む」は、①「願う」または②「遠くをながめる」という意味。①は「平和を願う」②は「富士山を望む（＝遠くの富士山をながめる）」などと使う。
「臨む」の③の意味と「望む」の②の意味を混同しやすいが、「～に面する」なら「臨む」、「～をのぞむ」なら「望む」である。

標準レベル 45　言葉の意味

☑解答
1　①ア　②カ　③ウ　④イ　⑤オ　⑥エ　⑦ク
　　⑧キ
2　①エ　②ウ　③キ　④オ　⑤ア　⑥イ
　　⑦カ
3　①ア　②オ　③ウ　④エ　⑤イ
4　①オ　②エ　③ア　④イ　⑤ウ

解説
1　①「あやまちをとがめる」などと使う。「おとがめなし」は「悪いことをしたのにおこられたりばっせられたりしないこと」を表す。「気がとがめる」「良心がとがめる」の場合は「悪いことをした心を責める」という意味。
　③「かんばしい」は、もともとは「においがかぐわしい」という意味。それが「望ましい・りっぱだ」という意味を持つようになった。「かんばしくない成績」というように、打ち消しの言葉をつけて使われることが多い。
2　①「あか」には「それ以外の何ものでもない、まったくの」という意味がある。「あかの他人」は「まったくの他人」という意味。「真っ赤なうそ」は、「まったくのうそ」という意味。
　②「あおくさい」は「未熟である」という意味。
　③逆に「かれはくろだ」であれば、「かれは有罪だ」という意味になる。
　④「黄色い声」は「女性や子どものかん高い声」という意味。

46 言葉の意味　上級レベル

解答 ❏

2
①手　②足　③イ　④ウ　⑤ア　⑥カ　⑦ウ　⑧オ

1
①キ　②ア　③ウ　④エ　⑤イ

3
①するどい　②あたたかい　③ながめる
④あやまち（過ち）　⑤おさない（幼い）

4
（一）頭　②あたたかい　③ふた　④なか　⑤は　⑥な　⑦か　⑧ん

解説 ◀

1
①（はんだん力）が利く」の「目」で、ア。
②「目」をつける」の「目」で、ウ。

オ「判断力」という意味。

④「目をつける」というのは、「目」の
「ア」。「判断力」という意味。

2
あ「手」②「手」④「手」⑤「手」で、ア。
い「幸せな経験をする」の「運」で、「目」。

う「なれた手つき」の「手」で、ウ。

①「右手に見えますのが富士山で」の「手」、ア。「方」。

②「ねこの手も借りたい」というのは、「手」
の「ウ」。「人手」という意味。

③「手を貸す」というのは、「仕事をする手助け」
の「ア」。「手」。

（あ）お客さんがたくさん集まる」の「足」。
②「足が早い」というのは、「速い」という意味。

3
（あ）「行く」は「足を運ぶ」という意味。

④「あてがはずれる」は、「あてにしていたことが
必ずしもうまくいかない」という意味。

5
⑤「みみより」は、「耳」という意味。

2
②「うでがなる」は、「言葉がなめらかで、うまい」
という意味。

③「ある言葉」は、「言葉が足りない」という意味。

④「うでがいい」は、「うまい」という意味。

3
①「白い目」は、「冷たい目つきで見る」という意味。

②「ある手つき」は、「なれた様子」という意味。

③「ある手つき」は、「よくなれた様子」という意味。

⑤「腹」は、「口に出さないで、心の中で何か悪い
考えを持つ」という意味。

---

47 最上級レベル

解答 ❏

1
①イ　②エ　③ウ　④ア

2
①自態　②疑　③精算　④過程　⑤キ

3
①自態　②疑　③精算　④過程　⑤ク

4
①以外　②意外　③降止　④加工

5
①河口　②工上　③加工　④火口

解説 ◀

1
①「手におえない」は、「自分の力ではどうにもでき
ないくらいに気がかりな」という意味。

②「口が軽い」は、「言わなくてもよいことまで
ついしゃべってしまう」という意味。

2
ウ「歯が立たない」は、「かなわない」という意味。

イ「歯ぎしり」は、「くやしがる」という意味。

エ「歯にきぬをきせぬ」は、「思ったことを遠慮
なく言う」という意味。

3
「明るい」の「顔」は、「明るい様子」を示し、「イ」に。

「明らかにする」は、「事実や自分の罪を言い表す」
という意味、「自状」。

④「君子危うきに近寄らず」は、「君子は危険を
さけて行動する」という意味。

---

4 言葉の使い分け

④「つまり」は、言葉の使い方をかえるときに使う。

⑤「さて」は、最初から最後まで、「つまり」という意味。

⑥「参照」は、「コラム（囲み記事）」や「図表」
の人名などがのっているとき、「総合」、「横書き」
の意味。「つまり」、「国語辞典」、「反対」の
意味がある。

「支持」、「つまり」、「熟語」、「総合」、「反対」の
意味がある。

☑解答

1 ① (一)○ ②×
2 ①イ ②ウ ③ア ④エ
3 ①様子 ②立派 ③無事 ④節約
　　⑤理由
4 ①× ②ウ ③イ ④ウ
5 ①ウ ②オ ③ア ④エ

解説

1 ②「かれ木も山のにぎわい」は「つまらないものでもないよりはましだ」ということのたとえ。ここでは「すぐれた科学者」を「かれ木（＝つまらないもの）」にたとえているので、まちがった使い方である。

2 ①「五十歩百歩」は「ごじっぽひゃっぽ」と読む。

4 ①「新しい機械を」とあるので、「ためしに作ってみること」という意味の「試作」が当てはまる。アは「使用」、イは「簡素（「そまつ」という意味）」、ウは「仕事」。
②「話す」と続いているので、「議論や争いの原因になっている重要な点」という意味の「争点」が当てはまる。
③「ビルを」とあるので、「設備などをとりしきること」という意味の「管理」が当てはまる。アは「簡素」で「かざりけがなく質素な様子」という意味。イは「試験管」、ウは「高官」。

5 イ「身の置き所がない」は「（はずかしさなどで）その場にいられない」という意味。
①「枚挙にいとまがない」は「数え上げるときりがない」という意味。
②「その右に出る者はない」は「それよりもすぐれた人はいない」という意味。
③「非の打ち所がない」は「完全で、非難する所がない」という意味。
④「取りつく島がない」は「話しかけようとしても相手の態度が冷たくて、話しかけるきっかけがつかめない」という意味。「島」を「ひま」とするまちがいが多いので気をつけよう。

☑解答

1 ⑴とがった頭・頑丈なあご
⑵イ ⑶ウ ⑷ア
⑸日本中から動くものが消える（十三字）

解説

1 ⑴狂暴であるかのような印象をあたえるカマキリの「外見」とは何かを答える問題。一つ目は直後の「とがった頭」

である。二つ目は続く第三段落のはじめに「しかも」とあることに注目して見つけよう。「しかも」は前のことがら（とがった頭）に後のことがらをつけ加える接続語（つなぎ言葉）。よって、この第三段落にもう一つの「外見」が述べられているということが予測できる。もう一つの外見はその第三段落中にある「頑丈なあご」。
⑵「まるしく」は、ここでは「いかにもそれらしく」という意味。
⑶直後の「……と悟るだろう」の意味に合うのはウ「賢明な」である。「悟る」は、ここでは「ものごとの本質やかくされていることがらに気づく」という意味。
⑸直前の「日本中から動くものが消え」の最後の部分を「こと。」という言葉につながるように変えて答えよう。

ポイント

⑴第三段落はじめの「しかも」のように、説明文を読むときは接続語に注目すると、文と文、段落と段落のつながりを正確にとらえることができる。接続語に注目して、次にどのような内容がくるかを予測しながら読み進めるようにしよう。

☑解答

1 ⑴ア
⑵ウ
⑶③ア 尻尾が変に長い
　イ 頭つきも幾分角ばって
　○私は、サル
⑷ア

解説

1 ⑵「猿の如く」は「（猿のように）ばしっこい様子」を表す言葉だが、難しい言葉なので、前後の文脈から意味を読みとろう。「元気一杯」に「岩から岩へと跳び移る姿」を表現する言葉であることから、ウ「すばやい様子」が当てはまるとわかる。

注意

⑷イを選ばないよう注意しよう。筆者は「あのサルは自分の思うニホンザルのイメージとは大分かけ離れている」と思ったあとに、「動物というものは偏見の目で見てはいけない」と自分に言い聞かせている。つまり、「ニホンザルとはこういうものだ」というイメージをもってサルを見ることを、ここでは「偏見」と呼んでいるのである。よって、この「偏見」は、ア「ニホンザルとはこういうものだという思い込み」という意味。イ「このサルはニホンザルであるという思い込み」は、筆者の見間違いの原因となった、極度の先入観のこと。

52 説明文 (2) 上級レベル

解答
(1) この社会に
(2) ウ
(3) 個人・社会・自然人（順）（同）
(4) エ
(5) 社会人としての連帯意識

51 説明文 (2) 標準レベル

解答
(1) オ
(2) ウ
(3) あ ウ い ウ
(4) ウ

54 説明文 (3) 上級レベル

解答
(1) イ A B
(2) 生体・重
(3) が、
(4) と
(5) エ

53 説明文 (3) 標準レベル

解答
(1) オ A B
(2) ウ
(3) 4段落
(4) 3段落
(5) マルハナバチの人工果

解答

1 (1)イ
(2)ひとつひとつ特殊な形をしている
(3)ⓐ体系 ⓑ具体的
(4)イ

解説

1 (2)第一段落の二文目にある、同じ表現の「分類がむずかしい」に着目する。
(3)ⓑ何を一般的命題に高めるのか、と考えると、それは具体的問題・具体例であるとわかる。
(4)思考の体系をつくるためには、個々の経験・考えたことを一般化して普遍性の高い形にまとめ、自分だけのことわざをつくっておくとよいと筆者は述べている。

解答

1 (1)ⓐねむっていない
ⓑ脳は半分ずつねむっている
ⓒなかば起きている状態でねむる
(2)ア
(3)動物のねむり

解説

1 (1)「おもしろい事実」の内容は、その段落(第二段落)と次の第三段落で説明されている。第二段落では、イルカやカモメを例にあげて、ⓐ「ねむっていない」ように見えても、ⓑ「脳は半分ずつねむっている」動物について述べている。また、第三段落では、キリンやシマウマを例にあげて、ⓐ「ねむっていない」ように見えてもⓒ「なかば起きている状態でねむる」動物について述べている。
(3)この説明文の主題(テーマ)を問う問題。この説明文がどのような構成になっているのかをつかんで、文章の主題をとらえよう。第一段落は「まったくねむらないように見える動物」について、第二段落は「ねむっていないようでも脳は半分ずつねむっている動物」について、第三段落は「ねむっていないようでもなかば起きている状態でねむっている動物」について、第四段落では「夜活動して昼間ねむる動物」について述べている。第五段落の冒頭で、第一〜第四段落を「このように」という言葉でまとめて、「動物のねむり」と呼んでいるので、この説明文の主題は、この「動物のねむり」であることがわかる。

ポイント
(3)文章の主題を問う問題で、引用文の最後に本のタイトルが出ている場合は、そのタイトルにも注目するようにしよう。本のタイトルはたいていの場合、その文章の主題、もしくはキーワードだからである。

解答

1 ①オ ②ウ ③イ ④エ ⑤ア ⑥ウ
⑦ア ⑧エ ⑨オ ⑩ウ

2 ①ウ ②イ ③ウ ④イ ⑤ア

3 ①ウ ②ウ ③エ ④イ ⑤ア ⑥エ

4 ①庭・花 ②ネコ・チョウチョ
③昨日・弟・かぜ・学校 ④箱
⑤きみ・本・ぼく
⑥兄・自転車・世界一周・夢

5 ①イ ②ア ③オ ④ウ ⑤カ ⑥カ
⑦オ ⑧ア ⑨エ ⑩キ ⑪ク

解説

1 ⑤「戦いは終わった」というように、文の主語になることができるので名詞。「戦う」であれば動詞。
⑥ウの段の音で終わっており、動きを表す言葉なので動詞。「悲しい」であれば形容詞。

2 ①「元気な」は「声」の様子を表している。言い切りの形にすると「元気だ」となる形容動詞。
②「話す」は動きを表す言葉で、ウの段の音で終わっているので動詞。
③「分厚く」は「本」の様子を表している。言い切りの形にすると「分厚い」となる形容詞。
⑤ものの名前を表す言葉で名詞。

3 ①ア「飛ぶ」、イ「書く」、エ「学ぶ」は、動きを表す言葉で動詞。ウ「おいしい」は、様子を表す言葉で形容詞。
②ア「深い」、イ「楽しい」、エ「熱い」は、様子を表す言葉で形容詞。ウ「悲しみ」は文の主語になることができるので名詞。「悲しい」であれば形容詞である。
③ア「速さ」、イ「長さ」、ウ「高さ」は名詞。エ「低い」は形容詞。

注意 ④「〜だ」という言葉が形容動詞かどうかを見わけるには、「こと」という言葉を後につけて、「〜な」という形になるかどうかを調べる。アは「急な(こと)」、ウは「静かな(こと)」、エは「素直な(こと)」となるので形容動詞だが、「流れな(こと)」とは言わないので、イは形容動詞ではない。

4 ①「赤い」は形容詞。
⑤「きみ」「ぼく」は代名詞、「本」は普通名詞。

ポイント
5 名詞は、ものの名前を表す言葉。「が」や「は」をつけて主語になることができる。「体言」ともいう。名詞は以下の四種類に分けられる。
①普通名詞…もののいっぱん的な名前
例)花・昼・プール・風
②固有名詞…人名や地名など

59 動詞・形容詞・形容動詞 標準レベル

解答

2
- (5) イ
- (4) ア
- (3) ウ
- (2) イ
- (1) イ

1
- (1) ア
- (2) ア
- (3) ウ
- (4) イ
- (6) ウ
- (7) イ
- (8) ア

解説

① 「深い」は「い」をのぞいた「深」をほかの言葉に変えることができる形容詞。他の「深まる」「深める」は言い切りの音がウ段の音で終わる動詞。「深さ」「深み」は言葉の終わりに「さ」「み」がついて名詞になるもの。

② 「み」を「さ」に変えると「深さ」という名詞になる。「み」を「める」に変えると「深める」という動詞になる。

③ 言い切りの音がウ段の音で終わる「走る」「読む」は動詞。様子を表す言葉のア「高い」イ「赤い」は形容詞、ウ「静か」は形容動詞。

④ 「だ」「な」で言い切れる「静か」は形容動詞。言い切りの音がウ段の音で終わる「送る」は動詞。

⑤ 「つ」であることから、主語をあらわす名詞。「一つ」は数を表す名詞(数詞)。

4
- (1) ア 親しい イ 深み
- (2) ア 明るい イ 重み
- (3) ア 話し イ 深み
- (4) ア 明るい イ 重み

5
- (1) イ
- (2) ア
- (3) 送る
- (4) ただ

3
- (1) イ
- (2) ア
- (3) ウ
- (4) イ
- (5) ウ
- (6) ア

2
- (1) ア
- (2) ア
- (3) ウ
- (4) イ
- (5) オ

1
- カ
- (1) イ
- (2) エ
- (3) ウ
- (4) オ
- (5) ア
- (6)
- (7) キ
- (8) ク
- (9) ア
- (10) ア

58 言葉の種類 上級レベル

解答

（例）代名詞…「わたし・かれ・それ・あれ・これ」・「あそこ・どこ」など使われる言葉。

（例）数詞…「一つ・二つ・三つ」「一番・二番目・三番目」数や順序をあらわすもの。

（例）名詞…「山田さん・ミキ・イス・ネコ」など。

解説

動詞・形容詞・形容動詞は活用する言葉(用言)。名詞は活用しない言葉(体言)。

「走る・遊ぶ」など、言い切りの形がウ段の音で終わるものが動詞。「大きい・静か」など様子をあらわすものが形容詞・形容動詞。言い切りの形が「い」で終わる形容詞、「だ」で終わる形容動詞。

解説

① ア「白い」ウ「軽い」は形容詞。言い切りの形が「い」で終わる。イ「走る」の言い切りの音はウ段の音。

② ア「楽しい」ウ「広い」は形容詞。イ「名」は名詞。

③ ア「苦しい」ウ「平和だ」は形容動詞。イ「苦し」は形容詞の言い切り。

④ 「読む」だから動詞。ウ「学校」は名詞。ア「読んだ」イ「読めば」はどちらも動詞「読む」の形が変化している形。

⑤ 「な」で言い切る形容動詞。

3
- (1) あらかた
- (2) 深か
- (3) 平ただ
- (4) ア
- (5) イ
- (6) ウ
- (7) エ
- (8) オ
- (9) カ

4
- (1) 暗い
- (2) 暗ける
- (3) 暗ける
- (4) 暗い
- (5) 暗がり
- (6) 浅か
- (7) 浅ける
- (8) 浅い
- (9) 浅い
- (10) 暗へ

5
- (1) 元気だ
- (2) 元気な
- (3) 元気に
- (4) 元気な
- (5) 元気だ

解答

1 ①知る・思う ②出す・聞く・し
③あつ・応じ・使い分け・いる
④見つかつ・泣い・謝つ
⑤食べ・なつ・くつ

2 ①から・かえ ②す・し ③き・り
④とば・とび ⑤よん・もつ ⑥だく・だくる

3 ①ア ②イ ③ア ④イ ⑤イ

4 ①明らかに・おおげさだつ
②おごそかな・堂々たる

5 ①着れる ②歩ける ③書ける ④話せる
⑤打てる

6 ①読ます ②飛ばす ③食べさす ④取らす
⑤行かす

解説

1 ①「動き」は名詞、「大切だ」は形容動詞。
②言い切りの形は「聞く」が「聞く」、「し」が「する」。「聞い」「しまう」とはぬき出さないようにする。
③言い切りの形は「あつ」が「ある」、「応じ」が「応じる」、「使い分け」が「使い分ける」。
④言い切りの形は「見つかつ」が「見つかる」、「泣い」が「泣く」、「謝つ」が「謝る」。「見つかつた」「謝つた」とはぬき出さないようにする。
⑤言い切りの形は「食べ」が「食べる」、「なつ」が「なる」、「くつ」が「くる」。「食べない」とはぬき出さないようにする。「たまらない」は形容詞。

> 注意 ①動詞を文中からぬき出す問題では、動詞だけを正しくぬき出す必要がある。「て」や「ない」（打ち消しの助動詞）、「よう・う」（意志・推量の助動詞）、「た」（過去の助動詞）はふくめずにぬき出すということを覚えておこう。

3 ①「こと」をつけると「おさないこと（こと）」で「～い」となるので形容詞。
④「こと」をつけると「まれなこと（こと）」で「～な」となるので形容動詞。

解答

1 ①イ ②ウ ③ア ④ア
⑤イ ⑥ウ ⑦ウ ⑧ア

2 ①ア ②イ ③エ ④ウ ⑤ア

3 ①行つた ②いる ③外国のような
④完成させた ⑤のいたのですか

4 ①イ ②ウ ③ア ④ア
⑤ウ ⑥ウ ⑦ア ⑧ア ⑨ウ

5 ①イ ②ウ ③ア ④エ ⑤オ

解説

1 ②主語は「姉は」、述語は「大学生だ」。
④「君はそんなにあわてて、どこに行くんだ。」が本来の言葉の順番で、主語は「君は」。「君は一行く」という文が問いかけ（疑問）の形になっている。

2 ①「ふきぬける」のは何か、と考える。「ふきぬける」のは「風」なので、主語は「風が」。
③「さいている」のは「花」なので、主語は「花が」。
④「選ばれるはず（だ）」なのは「作文」。主語は「作文」である。

> 注意 ②・⑤の「～も」、④の「～こそ」など、「～は」「～が」以外の主語に注意。また、主語を問われたときは「は」「こそ」「しか」などもふくめて答えよう。

3 ①「冬休みに行つた」とつながるので、「冬休みに」は「行つた」を修飾している。
③「まるで」は「ようだ／ように／みたいだ」につながって「たとえ」の意味を表す言葉。
⑤「どうして」は「～か」「ですか」などにつながって「問いかけ（疑問）」の意味を表す言葉。

4 ③主語・述語は「練習が／必要だ」で「何がどんなだ」の形の文。「勝つには」は「必要だ」を修飾している。
④「ほら、ウグイスも遠くで鳴いているよ。」の言葉の順番が入れかわった文。「ほら」は呼びかけの独立語。
⑤「雪が／降り始めた」で「何がどうする」の形の文。「ちらちらと降り始めた」とつながるので、「ちらちらと」は「降り始めた」を修飾している。

> チャレンジ
> ②「（じかんに）～つくる。」という「たずねかけ」の文には主語がない。この文の述語は「つくる」。「いつか」は「話しあう」、「話しあう」は「時間を」、「時間を」は「つくる」を修飾している。

5 ①「星が光る」とイ「声が聞こえる」は主語・述語の関係。
②「ゆらゆらと」は動詞「泳ぐ」、ウ「静かに」は動詞「泣く」を修飾している。用言（動詞・形容詞・形容動詞）を修飾する修飾語を「連用修飾語」と言う。
③「分厚い」は名詞「本」、ア「大きな」は名詞「絵」を修飾している。体言（名詞）を修飾する修飾語を「連体修飾語」と言う。
④「長くて暗かった」、エ「派手で大きな」と前後を入れかえても文の意味は変わらない。このような関係を「並立（並び立つ）の関係」と言う。
⑤「ひらひらている」の「いる」は「ひらひ」の意味を、オ「降つている」の「いる」は「降つ」の意味を補っている。

62 主語・述語・修飾語 上級レベル

解答

■1
(一) イ
(②) キ
(③) ウ
(④) オ
(⑤) ウ
(⑥) ウ
(⑦) エ

解説

（主語・述語・修飾語についての解説文）

■2
(①) カ
(②) ×
(③) ×
(④) イ

■3
(一) カ
(②) オ
(③) ウ
(④) ウ
(⑤) ウ

■4
(一) ウ
(②) ア
(③) イ

■1 解答
(①) 主・キ　述・イ　述・ウ
(②) 主・イ　述・キ
(③) 主・カ　述・×　述・エ
(④) 主・エ　述・ウ　述・ア
(⑤) 主・×　述・エ
(⑥) 主・ア　述・エ
(⑦) 主・キ　述・オ

---

63 接続語・指示語 標準レベル

解答

■1
(①) イ
(②) ウ
(③) エ
(④) イ
(⑤) ア
(⑥) エ
(⑦) ア
(⑧) エ

■2
(①) ア
(②) ウ
(③) エ
(④) イ
(⑤) オ
(⑥) カ

■3
(①) 雨
(②) 野菜
(③) 飲み物
(④) 時計
(⑤) 肉
(⑥) 図書館

■4
(①) その
(②) それ
(③) あの
(④) その

■5
(①) ウ
(②) イ
(③) エ
(④) ア
(⑤) イ
(⑥) ウ

■6
(①) この
(②) これ
(③) たった
(④) な
(⑤) の
(⑥) あの

解説

（接続語・指示語についての解説文）

④「ここ」は場所を指す指示語で、一語で言えば「ケーキ屋さん」のこと。

「こ」は話し手の近くにあるもの、「そ」は聞き手の近くにあるもの、「あ」はどちらからも離れているもの、「ど」は内容のわからないものを指す。

上級 64 接続語・指示語

解答

1 ①そのうえ ②それでは(ですから) ③だから
④あるいは(もしくは) ⑤たとえば
⑥なぜなら ⑦ところが(けれども)
⑧ただ(では)

2 ①イ ②ウ ③エ ④ア ⑤ウ ⑥イ

3 ①こう ②これ ③ここ ④この

4 ①テレビ番組で言っていた
②ぼくが持っている新しい自転車
③母が買ってきたドーナツ
④駅前にできたいケーキ屋さん
⑤世界で毎日二十万人の子どもが生まれている
⑥友だちと交かんした手袋
⑦窓から見える

解説

1 ④「あるいは\もしくは」や⑦「ところが\けれども」など、接続語には、同じグループ内の接続語で言いかえられるものが多い。ただし、説明の接続語は「説明は説明でも、どのような説明であるか」によって使い分けが必要である。たとえば、⑤に「なぜなら」、⑥に「たとえば」は入れられない。説明の接続語のそれぞれが「どのような説明をする接続語か」もあわせて覚えておくようにしよう。「なぜなら」は理由、「たとえば」は例示、「つまり」は言いかえ、「ただし」は条件の接続語である。

2 ③「五十音順」を「アイウエオ順」と言いかえて説明している。

3 ①「言っていた」にかかるので、様子を表す「こう」が当てはまる。
③「に」につながるので、場所を表す「ここ」が当てはまる。

4 ①「あの」が指すのは前の文の内容。「こと」という言葉につながるように、十一字でぬき出す。指示語(こそあど言葉)が指すものを答えるときは、指示語の場所にその言葉を入れてみて、文がちゃんとつながるかどうかを必ず確かめるようにしよう。
②「これ」は「もの」を指す指示語で、一語で言えば「自転車」のこと。どのような自転車であるかを、前の文の言葉を使って、指定字数でまとめる。「ぼくは」ではなく「ぼくが」とすることに注意しよう。「ぼくの」でもよい。
③「それ」は、一語で言えば「ドーナツ」。どのようなドーナツかを、前の文の言葉を入れかえて、指定字数でまとめる。

標準 65 助動詞・助詞

解答

1 ①イ ②ウ ③ア ④エ ⑤オ

2 ①②③⑤⑥⑦

3 ①ア ②イ ③ア ④ア ⑤イ

4 ①イ ②ア ③イ ④ア

5 ①イ ②イ ③ア ④イ ⑤ア ⑥ア

6 ①ウ ②ア ③ウ ④イ

解説

1 ①「～すると」という意味のつなぎ言葉のはたらきをしている。②「～といっしょに」という意味を表している。③前後のものを並べるはたらきをしている。④言ったとおり、いった内容や考えを示すはたらきをしている。⑤結果を表すはたらきをしている。

2 助動詞「ない」は、動詞などについて「打ち消し」の意味をつけ加える。助動詞の「ない」は「ず」や「ぬ」に言いかえることができる。①は「読めず」、②は「せず」、③は「見つからず」、⑤は「歩けず」と言いかえられるので、助動詞の「ない」。「しない」の「し」は動詞で、言い切りの形は「する」。「する」は「しない\せず(せぬ)」のように「ない」と「ず」とでは形が異なるので注意しよう。④「せつない」は「せつない」で一語の形容詞。

3 助動詞「まい」は、ア「打ち消しの意志」の場合は「～しないようにしよう」、イ「打ち消しの推量」の場合は「～しないだろう」と言いかえることができる。
①「これからこの公園では遊ばないようにしよう」と言いかえられる。
④「もう二度と会わないようにしよう」と言いかえられる。
⑤「あの人はもう二度と会えないだろう」と言いかえられる。

5 助動詞「そうだ」には、「伝聞」と「様態」の使い方がある。「伝聞」の場合は「～という話だ」という意味、「様態」の場合は「～な様子だ」という意味。「伝聞」の意味で使われている場合は、言い切りの形の用言(動詞・形容詞・形容動詞)につく。
①「暑くなるような様子だ」という意味で「様態」。
②「まだ食べたいという様子の顔をしている」という意味で「様態」。
③「なら」という言い切りの形の形容詞についている。「もう何もないという話だ」という意味で「伝聞」。
④「とても楽しいような様子をしている」という意味で「様態」。

6 ①「黄色い服を着ている女の人」と言いかえられるので「存続」の意味。
②「この絵は以前に見たことがある」というように「以

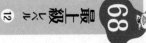

解説

２ 日本語では主語が省略されることが多い。そのため、主語や述語を答える問題は、先に述語から答えをさがすようにすると解きやすい。まずは文中にある述語をすべて見つける。次に、それぞれの述語に対応する主語をさがしたり補ったりして、主語・述語の関係を確かめる、という順序で解いていこう。

①文中にある述語部分は、イ「(医者に)なる」とエ「持っている」。文全体の述語部分はエ「持っている」。「ぼくはこういう夢を持っている」という意味の文で、「ぼくは」はエ「持っている」の主語。イ「(医者に)なる」の主語は省略されている。

②文中にある述語部分は、幼い・「遊ぶ」・イ「生きていく」・エ「身に付ける」・オ「大切なことだと」・カ「考えられている」。「遊ぶ」「生きていく」「身に付ける」の主語は省略されている。補うとすれば「子どもが」であろう。文全体の述語部分はカ「考えられている」。「考えられている」のは何かと考えて主語をさがしても、「何が」に当たるものがないので、ここでも主語は省略されているとわかる。そうして「大切なこと」であるのは何かと考えて主語をさがすと、大切なことは「遊ぶこと」。よって、主語「遊ぶこと」に対応する述語部分は、オ「大切なことだと」である。

③「待たれる」・イ「積み重ねる」・オ「勉強する」の主語は省略されている。補うとすれば「私たちが」などであろう。「(これこれという)効果は、(これこれを)上回るかもしれない」という意味の文で、カ「上回るかもしれない」の主語は「効果は」。「日々積み重ねるという条件付きだが」は、述語部分「上回るかもしれない」を修飾している。

４ ①「ここぞとばかりに」は「今が絶好のチャンスだと考えて」という意味。
②「そこここ」は「あちらこちら」という意味。
③「どちら様」は不明な人、また不特定の人を指す言葉。
⑤「どこもかしこも」は「どの場所も全部」という意味。

５ ①「さぞ」や②「きっと」は、後に「だろう」「でしょう」など「推量」の意味の言葉がくる。
④「まもや」は「いくらなんでも」という意味で、後に「まい」など、「打ち消しの推量」の言葉がくる。

準 69 短歌(1)

□**解答**
1 ①(1)ア
(2)ア
(3)緑(青)

(4)①エ ②風の音
(5)B
2 (1)エ
(3)イ

解説
1 (1)イ「古今和歌集」は平安時代、ウ「新古今和歌集」は鎌倉時代に作られた歌集。
(2)「月傾きぬ」(月が沈もうとしていた)とあるので、ア「夜明け前」だとわかる。
(3)「夏来たるらし(夏が来たらしい)」から「香具山」、樹木の「緑」をイメージしよう。
(4)①・②「おどろかれぬる」は「気づいた」ということ。歌は「秋が来たと目にははっきりとはわからなかったが、風の音で(秋が来たことに)はっと気づいた」という意味である。
(5)Bは歌の最後が「香具山」という名詞(体言)になっている。

ポイント
A～Cの歌のように、古典(日本の江戸時代以前の古い文学)の作品には、現代とはちがう古い言葉(古語)が使われている。そのままではわからない単語も、歌全体を通して味わうことで意味を読みとろう。

2 (1)「ふるさとの山」が、短歌の上の句と下の句で二度出てきている。
(3)下の句は「ふるさとの山はなんとありがたいものだろう」という意味。作者はふるさとの山を見て、なつかしさや安らぎの思いに感極まって、何も言うことができなかった。そして、ふるさとへの感謝の思いをしみじみと感じているのである。

上級 70 短歌(1)

□**解答**
1 (1)ウ
(2)エ
2 (1)イ
(3)ア
3 (1)イ
(2)ウ

解説
1 (1)歌の最後の言葉が「雲」という名詞(体言)になっている。
(2)「ゆく秋の」は季節、「大和の国の」はおおまかな位置を表している。「薬師寺の塔の」で位置をさらにしぼり込み、上空から見下ろす視点で歌っているが、「上なる一ひらの

短歌(2) 71 標準レベル

解答

1 (1)D (2)B

2 (1)ウ (2)イ (3)B (4)月 (5)春 (6)エ

解説

1 (1) 上の句とＢ句には「…大空の」とあり、下の句の「山」の心へあるへに対する答えとなるのは「Ｄ」である。
(2) この「やや」「Ｄ」のような言葉が少年の目だろう。自転車買
(3) (2)「あび」「ア」

2 (1)ウ (2)イ
(3) 「高」について「山」を見上げて、若い子の目の下ろしてゆく方からわかる子の青
(4) 作者は「高」について、現代語にしている方だろう「高」にしても、すわっている方だけ
(5) 作者は「空」から海を色色の歌へ言って、海にもおいてある「自鳥」はかなしからずや空の青
(6) この世界における楽の孤独感を歌っているので、身もまじえて言う。空の青

得点アップ

(1) 句切れ
短歌や俳句で、意味や調子の切れるところ。句点(。)や読点(、)が入れられるところが、短歌や俳句の意味の切れる目のところとなる。

2 作者は反語をともなう詠嘆の形できかしさを歌っている。「〜ないだろうか」には意味する。

2 全体にわたって視点がある。歌「…」では、「…」の見上げた視点が
(1) 全体にわたって現の語一語を変化して、下の「…」の語が置かれて。「…」が起点
(2) 上の句にまわりにおいて波風あり、色色の歌

短歌(2) 72 上級レベル

解答

1 (1)D (2)B (3)ア

2 (1)ア (2)①ア②ウ (3)イ (4)ウ

解説

1 (1)Ａは「軽き」Ｃは「青き」Ｄは「辺り」Ｅは「ゐて」で、文語(昔の日本語)だけが使われている。ＡとＤが口語(今の日本語)の「…」の部分に。
(2) 作者は「…」だけの書きあらわし方をしている。
(3) 母親「Ｅ」の実感があらわれているため、「ア」がふさわしい。

2 (1) 光の反射の「粒」を擬人法であらわした「川」が、四十川の浦やキラキラ言う手の様子がよく表現されているため、「ア」がふさわしい。
(2) 「志賀の（滋賀）の浦や」の琵琶湖の浜辺の様子をイメージして、琵琶湖や浜辺(岸)から遠く沖へと歌をよんだ部分
(3) 「寒さ」を「冬」として読み切れなく、「冬」から「雪」がたたえる表現である。
(4) ①下の句(風)が川面を歩かせる。源へといきいきと表現する手法が、作者ながら母へとあるため、「ウ」がふさわしい。

得点アップ

(2) 漢字の設問で、「鮪」に関する「冬」がよく出る。
(3) 句の様子「ア」は「冬」。「コーヒー」という音を立てる竹が竹林があるため、竹という寒い冬の季節を与えるような言いまわし、作者の恋
(5) 「心」電車という語が少年の目を待つという「君」だという季節は「春」で、作者の目の前に出て
(6)Ｄを読み直すと「…」いる様子がある。

標準レベル 73 俳句（1）

解答

1. (1) 季語…甲虫　季節…夏
   (2) イ
   (3) イ
2. (1) ア
   (2) 夏
3. (1) 秋
   (2) ウ
   (3) カ　ー
   (4) ウ

解説

俳句は十七音という限られた字数で表現する詩歌であるため、多くの言葉を補いながら情景や作者の気持ちを読みとる必要がある。俳句では、まず、季語をさがしてよまれている季節をつかむようにしよう。また、使われている言葉だけでなく、その語順や言葉のリズムなども手がかりにしながら情景や作者の気持ちを読みとろう。

1. (1) 甲虫は「夏」の季語。「季語」は季節を表す言葉。俳句には、原則として必ず季語を一つよみこむという決まりがある。
   (2) 「句切れ」とは、俳句や短歌の意味の切れ目のこと。「体言止め」や「切れ字」があると、そこが「句切れ」となる。「切れ字」とは、俳句において強く言い切ることで感動の中心を表す言葉。「や・かな・けり・なり・ぞ」などである。この句の場合、一句目に「や」という切れ字があるので、ここが切れ目だとわかる。
   (3) 甲虫が人の手から逃れようと必死になっている様子が「糸まっすぐや」から読みとれる。ぴんと張った糸から甲虫の「力強さ」が伝わってくる。

2. (1) カエルの青色（緑色）を塗ったばかりのペンキにたとえている点にこの俳句のおもしろさがある。カエルがみずみずしくあざやかな色をしていることを感じとろう。
   (2) 「青蛙」は夏の季語。

> **注意** (2)「青蛙」や「雨蛙」は夏の季語だが、「蛙」は春に冬眠から目覚めて田んぼで鳴くカエルを意味しており、春の季語である。

3. (1) 「もみじ」は秋の季語。
   (2) 「カーブ」は人ではないが、その「カーブ」が人であるかのようにもみじを見せたり隠したりすると表現している。このような表現技法はウ「擬人法」である。
   (3) (2)の解説にあるように、実際には車がカーブを曲がるたびにもみじが見え隠れしているのだが、作者がそれをまるでカーブのしわざのように表現している点に着目する。

上級レベル 74 俳句（1）

解答

1. (1) D
   (2) A
   (3) A
   (4) ウ
   (5) B
2. (1) D
   (2) B
   (3) エ
   (4) ア
   (5) A

解説

1. (1) Aの季語は「柿」で季節は秋、Bの季語は「滝」で季節は夏、Cの季語は「夜寒」で季節は冬、Dの季語は「おぼろ花畑」で季節は春である。
   (2) 「床に置く」の俳句の季語は「葡萄」で季節は秋。
   (3) Aは「手にとった柿の実を食べようとしたときに、ゴーンと鐘が鳴った。法隆寺（の鐘の音が）」という意味で、二句目の切れ字「なり」の後に意味の切れ目がある。
   (4) ふと身を起こすと自分の位置がわからなくなるほど同じ一面が広い花畑であった様子を想像しよう。
   (5) Bでは「滝の上」から下へと、上下にすばやく視線が移動している。

2. (1) Aの季語は「新米」で秋、Bの季語は「蛍火」で夏、Cの季語は「みんみんの声」で夏、Dは自由律俳句と言い、俳句の定型（五音・七音・五音）にしばられずにつくられた俳句で、季語もない。
   (2) Bの俳句は最後が「脈」という名詞（体言）で終わっている。
   (3) 「疾風」とは「急に吹く風」のこと。「蛍火」や「疾風」という言葉から、母の脈が強くなったり弱々しくとぎれとぎれになったりし、その命が今にも消えそうであることを読みとろう。
   (4) (1)の解説にあるように、Dは自由律俳句と言い、俳句の定型（五音・七音・五音）にしばられずにつくられた俳句。同じように「五音・七音・五音」でない俳句は、アの「動けば、寒い」である。
   (5) コントラストは「対比」という意味。Aの俳句からは「新米」の白と「梅干」の赤という色の対比が読みとれる。

> **ポイント**
> (4) 俳句には、Dや(4)のアのような自由律俳句もあることに注意しよう。自由律俳句には、「五・七・五」という俳句の定型にしばられていないという特徴の他に、「季語」や「切れ字」（「や・かな・けり」など）を用いないという特徴がある。

75 標準レベル　俳句 (2)

解答

1
(1)エ　(2)ウ　(3)ア

2
(1)方線　(2)ウ　(3)ウ

3
(1)ア　(2)秋　(3)ア　(4)天の川

解説

1
(1)「雪」が冬の季語で……
(2)「雪」が季語で、季節は冬である。

2
(1)「さめざめと」は「涙を流して泣くようす」という意味である。「目のあたり」は「自分の目の前で」、「積む」は「積もる」という意味である。
(2)「雪」が季語で……
(3)「はな」は遠く離れて……

3
(1)「万緑」から初夏を読む……「万緑」は夏の季語である。
(2)「夏」の季語……
(3)「生命力」……「歯」

---

76 上級レベル　俳句 (2)

解答

1
(1)B　(2)ウ　(3)イ　(4)D　(5)夏

2
(1)C・B　(2)ア　(3)ウ　(4)D　(5)季語…夏　季節…立夏

解説

1
(1)Bは「春風や」、Dは「塚も動け」
(2)……イメージをふくらませる
(3)だけの俳句……

2
(1)Aの季語は「桜」……C
……

---

77 最上級レベル　13

解答

1
(1)ア　イ　エ　ウ　②ア

2
(1)ア　(2)ウ　(3)エ　(4)イ　(5)ウ

解説

1
人の「にぎわい」……

---

1 (1)①「行水の水」を捨てるのは地面であり、地面に声がする生き物を選択肢からさがすと、ウ「虫」が当てはまるとわかる。
②「金色」とはいちょうの葉の黄色を表している。いちょうの葉がはらはらと空中を舞う様子を何にたとえているかを考える。
(2)Bの季語は「すすき」で、季節は「秋」。アは「春日」とあるので春、イは「青蚊帳」とあるので夏、ウは「かき」「落ち葉」とあるので秋、エは「しもやけ」とあるので冬の様子をよんだ短歌であるとわかる。
(4)この短歌は「目前に広がる大きな海を見ていると、今日まで私がついてきた嘘など、つまらないことだと、何もかも許されるような気持ちになってしまう」という意味。作者は海を目の前にして「安心感」や「安らぎ」を感じているのである。
(5)イは「表現技法を多く使い」が当てはまらない。この短歌はウ「三句切れ」ではなく「句切れなし」の短歌である。また、エ「夢の世界」ではなく、作者がア「目にした情景を率直な言葉で表現」している。

> **注意** (2)季語が必要なのは俳句だけ。ア〜エの短歌には季節を表す語があるが、短歌では特に季語は必要ないことに注意しよう。
> (3)Eの短歌の三句目「こちらむいてに」が六音で、字余りになっている。Cは自由律俳句であるが、Eは第三句のみ字余りの俳句で自由律俳句ではないことに注意。

2 (1)季語は「蛙」で、季節は春。
(2)初句「古池や」は「古池があるよ」という意味で、切れ字「や」に意味の切れ目がある。
(3)あたりの静かさを、「(蛙が飛びこむ)小さな音が聞こえた」という発想の転換により強調している。

---

78 最上級レベル ⑭

解答

1 (1)イ
(2)ア
(3)ア
(4)エ
(5)(例)みやげを買って帰れなかった(十二字)

2 (1)ウ
(2)イ
(3)エ
(4)ア

解説

1 (1)Aは「それぞれ思い思いにどんどん上空くとが、冬の空をみな同じ方向を向いてゆく風の群れだよ。冬の空をみな同じ方向を向いてい

る」という意味。作者の感動の中心は、「ア『競い合う様子』やウ『風の激しさ』エ『寒さの厳しさ』ではなく、みんながそろって同じ方向に尾をあげをする楽しげな様子にあることを読みとろう。
(2)「(緑が)したたる」とは、樹木の緑の葉があざやかでみずみずしい様子をたとえた表現である。
(3)俵万智はこの短歌の作者。「いてもらなくても」という表現に着目する。華北平原という大平原を目の前にして、作者は、ひとりの人間がいかに小さい存在かを改めて思い知らされたのである。
(4)Dは「遠くの炎天下に船の帆が見える。その帆は私のこころの帆だ」という意味。空高く指して真っすぐ立つ「帆」は、作者の志や信念を表している。
(5)設問の文の空欄の後に「ので」と続くから、空欄には理由が入る。Eの「子にみやげなき」に注目しよう。

2 (1)「咲くやこの花」を二度くり返していることから、ウ「反復法」が正解。
(2)この短歌は「難波津に咲くよ、この花が厳しい冬に耐えても春になったと咲くのだよ、この花が」という意味。二句目の切れ字「や」の後で意味が切れるので、二句切れとわかる。
(3)春に咲く花なのでエ「梅」が当てはまる。
(4)「春べ」の「べ」は「(春の)あたり」という意味で、「岸辺・浜辺」の「べ」と同じ意味である。「今は春べ」で「今は春ごろだ」という意味になる。

> **注意** (3)古典の短歌に出てくる「花」は「桜」を指すことが多いが、「梅」や「桃」を指すこともあるので注意しよう。

---

79 標準レベル 論説文(1)

解答

1 (1)昨日までは
(2)おたがう関係
(3)野生動物
(4)1 フン 2 病気
(5)ア

解説

1 (1)変わる前と変わった後の両方について述べている一文をさがす。第三段落の一文目に「昨日までは……今日からは」とあることに注目する。
(2)第四段落一文目の「それ」が──線部②「らう関係」を指していることから考える。
(4)「こんなこと」は一文前の「彼らのフンが……病気になる事態」を指す。設問の文に合うよう、キーワードである「フン」と「病気」をぬき出そう。
(5)次の文の「このルール」は ⑤ を指しており、 ⑤ には筆者の主張が入る。第四段落から「これまで野生動

という関係を築いてこられたのは、おたがいに干渉しあわなかったからだ」という筆者の考えを読みとろう。イ「エサを与えない」・エ「ペットにしない」も筆者の考えに合うが、これらはア「おたがいに干渉しあわない」という筆者の主張の一部（または具体例）に当たる。そのため、⑤に入る筆者の主張全体としては不適切である。

上級レベル 80 論説文 (1)

解答

1 (1) ウ
(2) お手本
(3) ア
(4) 正しく、美しい日本語
(5) 映像・ことば

解説

1 (1) ぬけた文にある「新しい世代」を、ウの後の文で「つい先日まで学生ことばを使い、……で会話を交わしていた世代」とくわしく言いかえていることから考えよう。
(2) 第三段落の「では、テレビは日本語の規範ではありえないのか」という問題提示に対して、第四段落で「テレビが日本語のお手本を示しているとはとても言い難い」と、答えを述べている点に注目しよう。ここでは「規範」という言葉が「お手本」と言いかえられている。「規範」とは「行動や判断の基準・手本」という意味。
(3) 「ら抜きことば」は可能（〜できる）の意味で「られる」という言葉を使うときにおこりやすい誤り。ア「来れる」は「来られる」が正しい。
(5) 「本来の」とは「もともとの」という意味なので、次の文「テレビは、……としてスタートした」に着目する。ここから、スタート時点でのテレビの機能、つまり、テレビ「本来の」機能とは、「映像やことばを大勢に向かってあまねく届ける」ことだということが読みとれる。

標準レベル 81 論説文 (2)

解答

1 (1) ①ア ③エ
(2) 選手（選手自身）・練習・精神力・勝利
(3) スポーツの話
(4) 部下
(5) イマジネーション（八字）

解説

1 (1) ③「やっきになる」は、「あせってむきになる・必死になる」という意味。
(2) ——線②は、同じ文のはじめの「このようなお話」と同じものを指す。つまり、「苦しい練習に耐えて……収めることができた。」の一文を指している。

(4) 人（ここでは「部下」）を指す場合は、「かれの（考え方）」「その人の（考え方）」などと言うことが多いが、「その」も人を指すことがある。
(5) 第二段落に「イマジネーションこそ、人間の『精神』のはたらきそのものではないだろうか」とあることから考える。

ポイント

(5) 第二段落の「イマジネーションこそ、人間の『精神』のはたらきそのものではないだろうか」が、この論説文の筆者の主張であることをおさえよう。この文のように、「こそ」や「ではないだろうか」といった「強調」の言葉が使われている文は、筆者の主張を表していることが多いので、特に気をつけて読みとるようにしよう。他に、「……はずだ」「……すべきだ」「が大切だ」「重要なことは……」などという形の文にも、筆者の主張が述べられていることが多い。

上級レベル 82 論説文 (2)

解答

1 (1) A イ B エ
(2) 類人猿・雑食的な食べ方
(3) 開けた平地
(4) 日和見的な雑食
(5) 多様なもの
(6) 雑食性・生きのびられた

解説

1 (1) Aの前では「草食動物であった」、Aの後では「雑食的な食べ方をしていた」と相反する内容が続いている。このような相反する内容をつなぐ接続語はイ「しかし」である。また、Bの前の段落と後の段落では似たような内容を言いかえて述べているので、Bには言いかえの接続語エ「つまり」が当てはまる。
(2) 「この基礎」とは、人間（人類）の祖先である類人猿という基礎のこと。よって、類人猿がどうであったかということについてまとめる。
(4) 「日和見」とは、「状況に応じて有利な策を選ぶこと」。自分の主義主張を持たず、状況に応じてころころ立場を変えるといった、あまりよくない意味で使われることが多い。
(6) ——線⑤をふくむ文の「これ」は「雑食性」を指す。第三段落に「人間はこの雑食性のおかげで生きのびられた」とあるのに注目しよう。

83 論説文(3)

解答

① (1)まず「全・もう一つ
(2)「全然いい」・「全然平気だ」
(3)ア
(4)ウ

解説

① (1)「問題は二点あります」と述べたすぐ後、「まず……という点です」と一つ目の問題点を述べ、第三段落で「もう一つの問題は……という点です」と二つ目の問題点を述べている。

(3)アは単に〈とても〉〈非常に〉という意味で使われている例。イ・エは「否定的な状況をくつがえし、まったく問題がないという場合」に使われている例である。

(4)「否定的な意味はなかった」とはどちらにも述べられていないので、「全然」は（昔からある）否定的な意味でも（若者の使う）肯定的な意味でも使われているのでアは当てはまらない。イは最後の段落と合わない。ウが最後から二つ目の段落の内容と合う。エは当てはまらない。

ポイント

(1)「まず……という点です。もう一つの問題は、……という点です。」は、いくつかの内容を並べる（並立）するときに使う言葉。説明文や論説文では、このような並立の言葉を見のがさないようにすると、段落同士の関係をつかみやすくなる。このような言葉には他に、「一方で、他方で」「まず、次に、最後に」「第一に、第二に」などがある。

84 論説文(3)

解答

❶ (1)A エ B ウ
(2)日本人・知らない
(3)イ
(4)公衆道徳・ゴミ集め
(5)だから・ま

解説

❶ (1)Aの前後は「日本人なのだから日本のことは何でも知っている」という思いこみがどこかにあるから、わたしたちは日本についてあまり勉強しないという文脈になっている。Bの後の「日本人は紙くずを捨てるとか何とかいう」は、Bの前の日本人が「性悪にみずからを批判する」例になっているので、Bには例示を意味する接続語「たとえば」が入る。

(3)筆者がどのような考えを説明するために、この段落で紙くず（ゴミ）や公衆道徳の例を挙げているかをとらえて考

えよう。筆者がこのような例を挙げているのは、ゴミ集めの仕組みのちがいというような「ほかの国の事情」を知らないままに、日本だけが特別だ（＝特に公衆道徳がない）と考えるのはまちがいだ、という自分の考えを説明するためである。

(5)この文章では最終段落に筆者の考え（主張）が述べられている。

ポイント

(5)この論説文は、
・第一段落……話題提示（序論）
・第二・第三段落……説明・具体例（本論）
・第四段落…筆者の主張（結論）
という形の論説文で、筆者の主張は最後に書かれている。
論説文・説明文では、筆者の主張が文章の①最初か②最後、または③その両方に書かれていることが多いことを覚えておこう。

85 敬語

解答

❶ (1)ご意見 (2)お便り (3)お客 (4)ご主人
(5)ご協力 (6)お祝い (7)お美しい
(8)ご判断 (9)ご確認 (10)お礼の品 (11)ご機嫌
(12)ご活躍 (13)おひま (14)お誕生日 (15)お言葉
(16)ご明察 (17)ごほうび

❷ (1)ウ (2)イ (3)イ (4)ア (5)ア (6)イ
(7)イ (8)ア (9)ア (10)ア (11)イ (12)イ

❸ (1)オ (2)エ (3)ア (4)ウ (5)イ (6)カ (7)キ

❹ (1)ア (2)ア (3)ア

❺ (1)いらっしゃい (2)おめにかけ（おまかせ）
(3)いられ (4)いらっしゃる

解説

注意 ❶訓読みの言葉には「お」、音読みの言葉には「ご」をつけることが多い。ただし、③「客」（キャク）のように、音読みで「お」がつく例外もあるので注意。「お」がつく音読みの語は他に、「お茶」「お返事」「お洋服」「お正月」「お電話」などがある。

❷(1)丁寧語「です・ます」は、聞き手に対して丁寧な言葉づかいをするときに使う言葉。
(2)「お～する」は謙譲語。
(3)「おる」は「いる」の謙譲。
(4)「来る」の尊敬語は「来られる」の他、「おこしになる」「おいでになる」「いらっしゃる」「お見えになる」「見える」がある。
(5)「めしあがる」は「食べる・飲む」の尊敬語である。

1
① ウ ② サ ③ ク ④ オ ⑤ ケ
⑥ ア ⑦ カ ⑧ キ ⑨ コ ⑩ エ
⑪ イ ⑫ シ

解説

2
① 「お」「ご」がつくものは尊敬語、「お〜になる」「お〜くださる」は尊敬語の言い方。「お〜する」「お〜申す」「ご〜する」は謙譲語の言い方。「お〜申し上げる」も謙譲語。

3
①「先生」は目上の人であるので、謙譲語の「うかがう」を使われる。
④「うかがう」は謙譲語なので、お客様に対して尊敬語の言い方「お〜になる」を使われる。

4
④「へ」の尊敬語は「おいでになる」。
⑤「聞く」の謙譲語は「うかがう」「拝聴する」「承る」。その他の丁寧語「ます」「です」も。
⑥「へ」「お〜する」は謙譲語。
「する」「いる」「くる」などがある。

1
① 行く ② 聞く ③ 来る ④ 会って
⑤ 着く ⑥ 着く ⑦ 来る ⑧ ○

2
① おっしゃる ② 言う ③ ○
④ お聞きになりたい ⑤ くださって ⑥ ○
⑦ うかがって

3
① A・② ④ B・⑥

4
① なさる ② いらっしゃる ③ おっしゃる
④ ごらんになる ⑤ いただく ⑥ めしあがる
⑦ まいる ⑧ おりだね

解説

1 敬語も問題の間違いやすい敬語のように、「お〜になる」「お〜する」「ご〜する」など特別な言葉は多い。注意して覚えよう。

2
① 尊敬語「へ」は「おいでになる」など。
② 「案内する」へりくだる「ご案内する」。「自分の会う」→「お目にかかる」。
③ 自分からの動作は謙譲語「お〜する」を使う。家族の「父・母・姉」は身内なので謙譲語を使う。

3
① 自分の祖父で目上の人でも、家族のことを話す場合、身内なので謙譲語を使う。
④ へりくだる謙譲語で「うかがう」「お目にかかる」など。

4
① 尊敬語「なさる」。
② 「へ」の尊敬語は「いらっしゃる」。
③ 尊敬語は「おっしゃる」。

1
① カ ② エ ③ ケ ④ ウ ⑤ オ
⑥ コ ⑦ ア ⑧ ク ⑨ キ ⑩ イ

2
① え ② う ③ あ ④ う ⑤ い
⑥ お

3
① い ② う ③ お ④ え ⑤ あ
⑥ い

4
① スパイス ② パソコン ③ パンフ
④ メンバー ⑤ アイコン

5
① メイン（メーン） ② ガイドライン
③ クレーム ④ エコ ⑤ タウン

解説

1 言葉は他に「チーム」「メーカー」「サーバー」「テーマ」などの形になる。

2
① 副詞の「とても」は、主な意味は「エ」。「メイン」は「主な・重要な」という意味。

3
① 「リサイクル」は「再利用」の意味がある。「ア」は「コピー」、「イ」は「ポスター」、「ウ」は「アナウンス」、「エ」は「メール」、「オ」は「ネット」。

4 「最高潮」は「クライマックス」、「ア」は「チャンス」、「イ」は「クライマックス」、「ウ」は「スタート」、「エ」は「ゴール」の意味。

1
① か ② お ③ え ④ う ⑤ い
⑥ あ

2
① い ② お ③ あ ④ う ⑤ え
⑥ い

3
① 申 ② え ③ 利点 ④ 過程
⑤ 単純 ⑥ 興奮 ⑦ 主題 ⑧ 慶事
⑨ 私的 ⑩ 費用

解説

1
⑤ 「アマチュア」は「アマ」、対義語は「プロ」。「専門家」という意味。

3
⑤ 「ローカル」は欠点をもつ「ローカル」などと使う。「グローバル」は反対語。「ローカル」など。
⑥ 「スムーズ」など使う。
⑫ 「ビジュアル化」が進むなど「ビジュアル」などと使う。

④おつかい→お聞き(おたずね)

❷ ①七月にアメリカに行った兄が、帰ってきた。
②七月に、アメリカに行った兄が帰ってきた。
③アメリカに行った兄が七月に帰ってきた。

❸ ①イ ②ア ③ア ④イ

❹ イ

解説

❶ ①「話す」につながるように「ていねいな」を「ていねいに」に直す。または、「ていねいな」につながるように「話す」を「話し方をする」に直す。
②「申し上げる」は謙譲語なので先生の動作には使わない。「言う」の尊敬語「おっしゃる」「言われる」に直す。
③「のに」は、相反する内容をつなぐ言葉。ここでは「いろいろな人と話ができた」「意味のある集まりだった」という順当な(似つかわしい)内容が続いているので、順当な内容をつなぐ言葉「ので」に直す。
④「うかがう」は謙譲語なので相手の動作には使わない。

❹「それら(=俳句や短歌)は、字数(音数)が決まっていて……」と「字数(音数)」について述べた後、「中でも俳句は十七音……」と続けていると考えられるので、ぬけた文はイに当てはまる。

上級レベル90 脱文挿入・悪文訂正

解答

❶ (1)新聞で、よごれた国の
(2)②血まみれ ③大橋刑事
④賊 ⑤あいまい
(3)黒い目の「きれいな女の子」
(きれいな女の「黒い目の子」)

❷ オ

解説

❶ (1)直前に「『新聞によってよごれた国』を大掃除してしまおうというふうにもとめますから」とあるので、それ以外の意味に取れるよう読点(、)を入れる。つまり、「よごれた国を新聞によって大掃除してしまおう」という意味になるよう「新聞で、よごれた国の大掃除」と読点を入れる。十字とあるので「新聞で、よごれた国の」までを答えよう。
(3)「黒い目をしたきれいな女の子」の意味がないので、⑥にその意味が当てはまると考える。

標準レベル91 要約

解答

❶ (1)では、くま
(2)単独・草の芽や根、木の実・穴ごもり中

---

(3)人里に出てきて人間に危害を加える(という行動)
(4)生活の場が失われた・天然林の破かいや自然の開発

解説

❶ (1)第五段落はじめの「では」に注目しよう。「では」は転換の接続語だから、ここから話題が変わっていることがわかる。第一〜第四段落は「くまがまだしっかりと種族を保っている理由」、第五・六段落では「くまの生活や種族の存続をおびやかすもの」について述べられている。
(2)「その」理由とは、「(くまが)まだしっかりとその種族を保っている」理由のこと。続く三つの段落(第一〜第四段落)で、一つずつその理由が述べられている。「単独」で行動するから(第一段落)、肉だけでなく「草の芽や根、木の実」なども食べることができるから(第三段落)、そして冬期の「穴ごもり中」に子どもを安全に産み育てるから(第四段落)、くまはその種族を保つことができているというのである。

上級レベル92 要約

解答

❶ (1)浦である。
(2)(例)人からおくれるくやしさや、誰もがさけることをできないつらさを味わったことによって、弱い人の気持ちがよくわかり、死や生について考えることができたということ。
(3)ウ

解説

❶ (1)元にもどす文に「くるしめられる」とあるので、第二段落の最後の「大変な苦痛である」に注目する。もどす文は「ただただ安静にしているだけ」ということがなぜ「大変な苦痛である」のかについて、その理由を述べている文である。
(2)「結核のおかげ」とは「結核による(ありがたい)結果だ」ということ。その経営者は「自分の生き方がゆたかなのは結核のためだ」と言っているのである。「結核」という「道草」はなぜ役に立つことになったのか、その理由について述べた第三段落最後の一文に注目しよう。

最上級レベル93 ⑮

解答

❶ (1)A オ B イ
(2)背筋・姿勢よく・相手の手・握手
(3)エ→イ→ア→ウ

解答

標準レベル 95　物語文 (4)

解答 1

(1) ウ（には死んだ（ん。）
(2) エ
(3) あがかん
(4) ウ
(5) イ

解説 1

(2) 「を食べる」だけでなく、「を食べる」に続く後の内容があるかどうかの過程があるかどうかの答えを見よ。

(4) 文になるだけでなく、その内容の「具体的に示している」。最後の段落がすべてであるだけの要点をとらえること。

最上級レベル 16

解答 1

(1) ⓐイ　ⓑエ　ⓒカ
(2) （あうつう）「心得られる食生活の機会が」と感じられる食生活の機会が
(3) 多くて餅
(4) 未前な①

解説 1

続け出すという言葉がこれられた「親切なやさいためこにそ出された「に」や……。

(2) に目の言葉が後の選ばれたＢは後の言葉「だけ」。

(3) 述べられている目に目の言葉は「そこ」だけれど、始まる第三段落から。

上級レベル 96　物語文 (4)

解答 1

(1) A エ　B ウ　C イ
(2) 断り・他に回す
(3) 父・相当お
(4) 飲んばい　大人な・遊びに連れて

解説 1

(2) 線③「それ」はそれ当たる意味にあるのか。

(4) 線——「それ」はその他に何回すことがわかる。

標準レベル 97 物　語　文 (5)

解答

① (1)かき氷・ひまわり
(2)Aエ　Bウ
(3)ウ
(4)死
(5)③エ　④ア

解説

① (2)Aは、一度声をかけたのにおじさんに気づいてもらえず、二回目の「すみませーん」で「やっと」こちらを見てもらえたわけだから、「やっと」という意味のエ「ようやく」が当てはまる。Bは、すぐ後の「くちびるをかみしめる」にあう言葉ウ「ぐっと」を選ぶ。「くちびるをかみしめる」はくやしさやくやしさをこらえる様子を表す。

(3)——線①の次の文「どうしてそんなことを口走ったか」の「そんなこと」は「ハーバが（もう）祖母がもうすぐ死にそうなんです」を指す。「口走る」とは「無意識のうちに口に出してしまう」ということ。「私」は、「祖母が死にそうだ」ということをどうしても認めたくなくて、その話を「ママとの会話でも」ずっと気をつけて通ってきた。しかし、人に対して「祖母がもうすぐ死にそうなんです」と口にすることは、「祖母が死にそうである」ということを自分が認めていることを意味してしまう。だから「私」は、自分が祖母の死について口に出してしまった（つまり、認めてしまった）ことにおどろき、「音という音が世界から消え」るほどの強いしょうげきを受けたのである。

(4)「私」が「ママとの会話でも」ずっと気をつけて通ってきた」ことは、「祖母がもうすぐ死にそう」であるということ。それを——線②「一文字の単語」で表現するならば、祖母の「死」である。

上級レベル 98 物　語　文 (5)

解答

① (1)ウ
(2)戦争
(3)ウ
(4)非国民・マヤ
(5)気をまぎらすため

解説

① (1)歯を食いしばっていたのは、二人の子どもである。また「歯を食いしばる」は「苦痛ややくしさなどをじっとこらえる」様子を表す慣用句。
(2)リード文の「戦争が激しくなって」に注目しよう。
(4)翌日、どのようなことが起きたかを読みとろう。このとき、「わたし」は「マヤ」を手放すことを決心したのであ

る。その夜、マヤにどうしてもごちそうを食べさせたのも、翌日、マヤを手放すからである。
(5)理由を問われているので、「……ため」「……から」「……ので」などの言葉に注目して文章中からぬき出そう。

ポイント

(1)「歯を食いしばる」のように、体の部分を使った慣用句には、気持ちを表す表現が多い。慣用句の意味を知っていると登場人物の気持ちをとらえやすくなるので、慣用句はしっかり学習しておこう。
・額から火が出る…はずかしさを表す。
・目頭が熱くなる…感動を表す。
・くちびるをかむ（かみしめる）…くやしさやつらさなどを表す。
・鼻につく…いやだと思う気持ちを表す。

標準レベル 99 随　筆　文 (1)

解答

① (1)ア
(2)エ
(3)現実から橋渡し
(4)言葉や文字
(5)こりにこりまくる(性格)

解説

① (2)筆者は第五段落で「私はなぜ絵の具に魅かれるのか」と、設問と同じ問いを提示した後、次の第六段落で、自分が絵の具に魅かれる理由について述べている。この第六段落から、筆者が「これほど絵の具が好き」である理由を読みとろう。
(3)第七段落に「画家も染色家も、……混ぜ合わせたり重ね合わせたりして」、第八段落に「(小説家である)自分もまた……混ぜたり重ね合わせたり」とあるので、小説家も画家も「混ぜたり重ねたり」するという点が共通しているということがわかる。しかし、「共通することは何か」という問いなので名詞の形で答えよう。第七段落の「画家も染色家も、……混ぜ合わせたり重ね合わせたりして」というのを、直後で「現実から離れた世界への橋渡し」をすると言いかえていることに注目する。
(5)「何かにこりだしたら……」から始まる第四段落で、筆者は自分の性格について述べている。この段落から筆者が「こり性」であることを読みとり、「性格」という言葉につながるように、答えをぬき出そう。

上級レベル 100 随　　筆 (1)

解答

① (1)割って　ほしがって

随筆(2) 標準レベル 101

解答 1
(1) ため
(2) 寝だ
(3) 部屋・足
(4) 1 説 2 突発型 徹底 掃除
(5) ウ

解説

―線⑤のような「こと」が「にへっ」て「しまうのだろう」を「まとめて」いるので、「……のように考える」「という問題なのである」としてまとめよう。

―線④「に」「い」と「で」の「直接指摘する」「設問の文」で、「同じ」「部屋を掃除」する。

(5) 「こと」という「言葉」に「発型」「徹底」として息子の岳が「部屋を掃除」する。

随筆(2) 上級レベル 102

解答 1
(1) ア
(2) イ
(3) 自分の気持ち・相手・伝える
(4) 「人」・まきた・苦手

解説

(2) ―線②「……」の意味として、イ・エの「返し」を「返す」の意味に「ある」が、アの「返し」は「……」

随筆(3) 標準レベル 103

解答 1
(1) (一)
(2) 水
(3) エ
(4) ウ
(5) ゆ(たか) ほ(こり)

解説

(4) 最後の「述べられている段落」について注意しよう。

筆者だけが「坊っちゃん」「坊っちゃん」と「坊っちゃん」『坊っちゃん』の部分が『坊っちゃん』という一般論として答える問題。

飛ぶが、第三段落の話題の流れは「①仏教→②極楽→③蓮の池→④水」という流れになっており、④「水」の話題を出すために③「蓮の池」、③「蓮の池」の話題を出すために②「極楽」、②「極楽」の話題を出すために①「仏教」の話題が順に出されているとわかる。このことから「仏教・極楽・蓮の池」はすべて「日本に特徴的な自然＝水」という筆者の考え(主題)を説明するための話題であり、この文章の主題は「(日本における)水」であることが読みとれる。

(2)──線②のはじめの「ここ」は「これは」という意味で、「地獄」を指す。筆者が「ここは大変なところだ」「悪いことをしないようにしよう」と思ったのは「悪いことをすると地獄に落ちるぞ」と聞いたため。その内容をふくむ一文をぬき出そう。

(3)──線③「なぜ蓮の池がそんなにいいところだと思うんだろう」は「なぜ仏教では蓮の池をそんなに良い場所(＝極楽)とみなすのだろう」という意味である。第二段落の最後の文「ですから……ことになります」からその理由を読みとろう。インドでは、蓮の花の咲いている池は、水があることを意味するから、それ以上ない良い場所(極楽)なのである。

(5)エジプトやイラクで「水のように使う」が「けちけち惜しがって使う」という意味になるのは、水がないからである。日本で「湯水のように使う」が「惜しげもなく使う」という意味になるのは、エジプトやイラクとは逆に、水が「たくさんある」からである。よって、たくさんある様子を表すひらがな三字の言葉を考えて答えよう。

ポイント
(1)「随筆」の「随」には「～にしたがって」という意味がある。つまり随筆とは、筆にしたがって(まかせて)自由に書いた文章という意味。そのため随筆は、説明文や論説文にくらべ、型にはまらず、比較的自由に展開される文章が多い。随筆では、筆者の考えや主題を引用文全体から読みとるようにしよう。

上級レベル 104 随筆(3)

解答
1 (1)「草の根」の技術(八字)
(2)大学医学部精神科の教授
(3)阪神・淡路大震災(八字)
(4)遠いもの(四字)
(5)ありとあら

解説
1 (4)阪神・淡路大震災以前について述べている第一～第三段落からぬき出す。第三段落の一文目に「私にとってボランティアというものが、やはり遠いものであった」とある。

(5)文章の最後に「人々の観察と自己観察とから、私はボランティアというものが何かを考えてみる機会を得た」とある。「人々」とは二文前の「ありとあらゆる層から来て走り回っていた人々」のこと、「自己」とは二文前の「だれからの指図も受けずに……最善と思うことをしていた自分」のこと。筆者はそのような人々や自分の行動を見た結果、ボランティアとはその二文のように行動することだと、今では考えているのである。

ポイント
(3)この文章の構成をとらえて考えよう。第一～第三段落は、阪神・淡路大震災の前のこと、「ところが」から始まる第四段落と第五段落は、阪神・淡路大震災のときのことを述べている。よって、第五段落の──線③「機会」は、具体的には「阪神・淡路大震災」のことである。

標準レベル 105 随筆(4)

解答
1 (1)A エ B イ
(2)ウ
(3)1 コンピュータ・周りの人間・電子工学科
2 なんとなく
(4)ア

解説
1 (2)──線①の前後に「……の意味も知らない」「言葉だけは知っていた」とあることから、ウ「実は何なのかわかっていないということ」が読みとれる。
(3)1「それは」から始まる段落から「これからはコンピュータの時代や」と周りの人間がいっていたため、筆者は電子工学科を第一志望にしたことが読みとれる。自分で考えてのことではなく、人だのみの志望理由だから「安直な理由」といっているのである。
2「安直な」は「安易な・いいかげんな」という意味。

注意 (3)1「電気工学科」と「電子工学科」という一文字ちがいのよく似た言葉が使われているうえに「工学科」という言葉が省略されていることもあるので、注意していこう。この二つを区別して読み進めよう。筆者の第一志望は電子工学科で、第二志望が電気工学科、筆者が入学したのは電気工学科である。この二つのちがいに気づかずに読み進めてしまうと、問われている志望理由はもちろん、文章全体の意味もとれなくなる。

解答 107 標準レベル　論説文 (4)

解答
(1) C　エ
　　D　ア
(2) A　エ
　　B　イ
(3) イ
(4) 地球が太陽の周りを回っている

解答 106 上級レベル　随筆 (4)

解答
(1) 自給自足
(2) B　エ
　　C　ア
(3) 普段~身近　ア
(4) ウ
(5) モノと人との総望的な生活力の差

解答 109 標準レベル　論説文 (5)

解答
(1) ウ
(2) ア
(3) 工業材料・建築
(4) 弾性・復元力
(5) 三

解答 108 上級レベル　論説文 (4)

解答
(1) ウ
(2) 自分の~ため
(3) 礼をつくす気持ち
(4) 可能←→不可能
(5) 実際に見~わかり

う、「工業材料でつくられた今日の建築。」と、名詞の形に直して答える。指示語の問題では、指し示していると思われる言葉を指示語に当てはめて読んだとき、意味が通るかどうかを必ず確かめるようにしよう。
(5)理由は、①「生きているものを美しいとみるから」②「生きているものはよく身体になじむ(から)」③「生きているものからその精気を身体にうけたい」という一種の信仰的感情がある(から)の三つ。理由をさがす場合は、「ので」「から」「ため」などの言葉に注目する。二つ目・三つ目の理由は「ので」「から」「ため」などの言葉がついていないが、「それに…」「さらに…」という形で、一つ目の理由と並べて述べられていることから、この二つも理由ということが読みとれる。

上級レベル 110 論説文⑤

解答
1 (1)先生・きたない・字・書かなくてはいけない
　　（書く）
　(2)「気づき」の機会
　(3)いつ、どこ、いく（働き）
　(4)ウ
　(5)ア

解説
1 (2)—線②を次の文で「人生を変えるような学びの機会」、次の段落で「(そのような)『気づき』の機会」と言いかえている。
(3)「機能」とは「働き」という意味。直前の「いつ、どこ…刻印し整理していく働き」を指している。
(4)優秀な人と出会える環境に身を置くことで、自分の人生を変える出来事に遭遇する確率を上げることができるとは述べているが、「必ず」とは述べていないので、ウは当てはまらない。

注意 (1)「自分の字がきたない」ことを知ってショックを受けたのではなく、「字は丁寧に書くものなのだ」という、今まで知らなかったことに初めて気づいたからショックを受けたのである、ことに注意しよう。

標準レベル 111 論説文⑥

解答
1 (1)ア
　(2)ウ
　(3)当たり前のこと
　(4)それ以上~てしまう
　(5)イ

解説
1 (2)直後の二文から理由を読みとろう。数字の処理方法

（=計算）が「音」や「言葉」によるたんなる「記憶」になってしまうから。そして、頭の中で数字の操作をイメージして考えるということをしなくなってしまうから、「マイナスになる」と筆者は考えている。
(3)「それ」は直前の「電流に抵抗を乗じると……関係だか」当たり前のこと」を指すが、七字で答えるので、最後の部分「当たり前のこと」をぬき出す。

上級レベル 112 論説文⑥

解答
1 (1)A エ　C ア
　(2)逆転・知恵
　(3)イ
　(4)ウ
　(5)進歩・意味のある反省

解説
1 (3)直前の文「おじいちゃん、おばあちゃんがうるさくて仕方ないので(原因)」つい放っておくことになる(結果)」の前半(原因)が B をふくむ文では後半(結果)に来ている。そのため、ここでは、原因と結果を入れかえるという「思考の逆転」が行われているとわかる。B には、直前の文の後半(結果)「放っておく」と似た意味の言葉が入るので、イ「放っておかれる」が当てはまる。
(5)第二段落の二文目「老人の知恵は『進歩』につながってゆく知識とは別のものである」と、最終段落の最後の二文「われわれは最近になって……もたらさないだろうか」から読みとる。

113 仕上げテスト①

解答
☆ (1)ア
　(2)ウ
　(3)ウ
　(4)1 ア 2 こどもたち 3 初めて
　　2イ 鳥 エ 大人

解説
☆ (1)この詩は、現代の話し言葉で書かれており、音数に七音や五音などの決まりがないので、口語自由詩。また、第一連・第二連・第三連に倒置法が使われているので、アが当てはまる。最終行「雲の悲しみ」では「雲」という人でないものを人であるかのように表現しているので、イ「擬人法」が使われており、第二連の「飛び立っていく」の部分は、こどもたちが鳥にたとえられているので、ウ「たとえ」が用いられている。しかし、定型詩ではないのでイ・ウは当てはまらない。名詞(体言)で終わっている行はないので、エ「体言止め」は使われていない。

右段上：

（5）「ゆ」「かな」などは「切れ字」である。五・七・五の句の意味の切れ目や文末に置かれて、作者の感動の中心を表す。

注目 （3）Aの俳句は松尾芭蕉の「おくのほそ道」の中にある有名な句。俳句の季語と季節は覚えておきたい。

（5）「それ」は五句目にかかる言葉で、「撮りし」は「雀の子」を「見たり」の連用修飾語である。四句目の「を」の後にある「それ」は四句目にかかる。

（4）「や」は「雀の子」を指す。「そこのけ」は「そこをどけ」という意味で、やさしい口調ではない。

（3）「撮れし枝」から飛び立つ様子から、名詞（体言）止めになっている。

（2）季語「藤」の花は春で、Dは春の季節。季語「若葉」は夏で、Eは夏の季節。

解答 ⭐2

（1）ウ
（2）A　E
（3）倒置法　体言止め
（4）オ　D　E
（5）イ　エ　エ
（2）エ
（3）エ

仕上げテスト ❷ （114）

本文枠内：

（4）詩の題名「準備」に応じた「大人」の世界は「進」という言葉の反対の言葉を「飛ばした」ことのない「大人」でなければならず、作者の考える「準備」とは何か、飛ばしたことのない「大人」がどういうものかを考えることが難しい。

⑦〜⑨マーク

「鳥」を「立つ」と考えると、この詩の文は「飛んだ」「立った」「はばたいた」となり、アの「へんしん」という文が入る。

仕上げテスト ❸ （115）

解答 ⭐1

（1）ア　イ
（2）ウ
（3）自分・自分
（勉強する机に向かう。）
（4）エ
（5）a　イ　b　エ

解説：

（1）（2）筆者は大学生の言葉に考えさせられた。「自分」という言葉を使うのは大学生の独特な言葉であるが、直前の言葉「a・エ」と直後の言葉「a・エ」が言葉を修飾する。

（4）「自分」という言葉を使うのは大学生の独特の言葉だということを、筆者は考えさせられている。

（5）a「自分」は直前の言葉「ア・エ」を修飾し、「か」は直後の言葉「ア・エ」にかかる言葉である。

仕上げテスト ❹ （116）

解答 ⭐1

（1）A　エ
　　C　ア
（2）大きな開口
　　E　イ

解説：

（2）作者の感動している意味を表す。大きな花が咲いたという意味で、「みごとな」は現代文のかなづかいで「みごとな」と書かれ、「みごとな」と読み、感動している様子が浮かぶ。

（3）「大きな花」は太陽を表し、花から太陽のような花を咲かせたとある。五句の「に」は初句の「の」にかかり、「の」は季節が夏であることを表す。

注目 （2）歴史的かなづかいは昔の書き方で、現代文のかなづかいとちがう。「ほ」を「お」に直して読む。古典の作品は昔のかなづかいで書かれているので、読み慣れておきたい。

右側縦列：

（2）方言は作者や登場する人の言葉を表す。やさしい電車のホームで話す方言は、自分の田舎から東京へ出てきた作者が、駅のホームでふと聞いた方言で、そのときの心情を表すことが大切である。

(3) ウ

(4) エアコンなどの機械

(5) エ

解説

⭐(1) Aの前の第三段落では「非常に暑い日はエアコンを使う」という内容、Aの後の第四段落では「(健康やエネルギーについて考えると)エアコンを使うのはときどきにすべきだ」という内容が述べられている。Aの前後で相反する内容が続いているので、エ「しかし」が当てはまる。Cは「日本の家は暖気が逃げやすいという弱点があるから」窓を小さくし断熱材を使うやり方が普及した」という文脈になるので、順当な(似つかわしい)内容が続くことを表すア「そこで」が当てはまる。

(4) 第一～第四段落は「エアコン」と「自然の冷房」(=パッシブ空調)とを比較して「自然の冷房」のほうがよいということを述べている段落。よって「エアコン」と同じ意味を表す九字の言葉を、第一～第四段落からさがそう。

【受験のポイント】
(4)(5)この文章は大きく二つに分けられ、前半の第一～第四段落では夏の空調、後半の第五～第七段落では冬の空調について述べられている。問(4)は――線部分が前半にあるから答えも前半部分に、問(5)は――線部分が後半にあるから答えも後半部分にあるだろうと予測して答えをさがすと、より速く答えにたどりつくことができる。

117 仕上げテスト⑤

解答

⭐(1) 大切・くつ・雨・だめ

(2) イ

(3) エ

(4)④ エ ⑤ ア

解説

⭐(1) 次の段落に「とうぜん雨が降り出し、くつ底から水が染みてきた」とあることから、何が起きたかが読みとれる。また、第四段落ではそのことを「大切に履いていたくつがまるでだめになってしまった」と言いかえている。この二か所から設問の文に合うようにキーワードをぬき出そう。

(2) ――線②とイは「直後」という意味。アは「だけ・のみ」、ウは「程度」、エは「から(理由)」という意味である。

(3) 直前に「四十年も」とあるので、四十年にわたる筆者の悩みに当たるものを選ぶ。ア・イは一時的な内容なので当てはまらない。また、くつの値段についての悩みはどこにも述べられていないので、ウも当てはまらない。足が大きくて履けるくつがなかなかないということに筆者は...はずっと悩んできたのだから、エが当てはまる。

(4)④「あつらえる」は「注文して作らせる・オーダーメイドで作らせる」という意味。⑤「難儀」は「困難・苦労」という意味。

118 仕上げテスト⑥

解答

⭐(1) エ

(2) 砂糖きびをしがんだ(経験。)

(3) 終戦前後(四字)

(4) 砂糖は健康や美容の敵のようにいわれて

(5) 「しがむ」という言葉(十字)・砂糖きび(四字)

解説

⭐(1)「れっきとした」は漢字で「歴とした」と書き、「しょうしょうしゅめものの・確かなものとして世間から認められた」という意味。

(2) すぐ後に「あるにしろないにしろ」と続いているので、この「経験」は、人によってしたことがあったりなかったりする経験。前の段落である学生は「もちろん(ある)」と答え、ある学生は「いいえ」と答えた内容に当たる。

(3)「その」は一文前の「まだ学校へ行かない幼い子どものころ」と、それを言いかえた「アジア太平洋戦争の終戦前後」を指す。この二つの部分から、五字以内で時期を表す言葉をぬき出す。

(5) 筆者の驚きについて述べているのは、第一段落と「それにしても」から始まる第三段落。第一段落では、筆者は「しがむ」という言葉の意味を調べているので、「いいえ」と答えた生徒に対してではなく、「しがむ」という言葉がわからない、つまり「しがむ」という言葉を知らない生徒がいたことに驚いたのだとわかる。第三段落では、「砂糖きび」を知らない生徒に驚いている。

119 仕上げテスト⑦

解答

⭐(1) 文章題

(2) そもそもどういう「しかも「さつ」とほしかも答案に「十一

(3) 数え方の意味や使い方

(4) ウ

解説

⭐(1)「私は……算数の ① もとても苦手でした」と述べたあと、その例として【とら】を挙げているので、筆者(「私」)はこの【とら】のような問題が苦手なのだとわかる。この【とら】のような問題のことを何と呼んでいるかを文中からさがすと、最後の段落に「算数式だけの問題だった...

この体験から「いつか見てみたい」と筆者が重視しているのが伝わるようにしたい。

（4）——線②の直前の文があてはまる。「地球を見るのに……」という「……」が注目する地球を回している「……」という部分が地球を実際に行くとしたらという仮定し、そこから考えられることを述べている印象を与える。

（3）ある仮定を例として挙げた上で、「……」が指す部分をなとがあてはまる。二文目で、「……」は一文目の内容をそのまま比較してあるものを指す。二文目で「……」は現実にはないが一文目で「写真で見るのと実際に行くのとでは、似ているようでも実感が全くちがう」のような「実感」を重視しているということがわかる。

「写真」「写真で見る」のような「キーワード」を重視していることがわかるので、筆者が重視していることが伝わると見えるもの。

☆21

□**解答**

120点 仕上げテスト❽

1 (1) A ウ B ア
(2) （九字）「地球は青かった」
(3) そこ
(4) ア・実際に行か
ない
・写真・現実・実感・
感じる
(5) a エ b イ

---

2 修飾語として熟語
を重ねた熟語である。ア「急気」は上の字の熟語に注目すると、ア「絵画」「開閉」「画」「到達」と似た意味の漢字を重ねた熟語。イ「開閉」は反対の意味の漢字を並べたもの。ウ「急ぐ」は似た意味の漢字を重ねた意味があてはまる。ア「到達」の上の字が下の字をくわしくしている熟語。エは上の漢字が下の漢字を修飾しているもの。

（4）——線②の「？」が前の段落にある。「？」という疑問があるので、前の文章から読み取ると、そこにある部分がわかります。……いという【三つ】の数え方がある。……という部分がわかりました。……というところから具体例を関するものを取り出します。